LE CHRIST & LA CULTURE

LE CHRIST & LA CULTURE

UNE ÉVALUATION DE LA PENSÉE DE H. RICHARD NIEBUHR SUR LA CULTURE

D. A. CARSON

230, rue Lupien, Trois-Rivières (Québec)
G8T 6W4 Canada

Édition originale en anglais sous le titre :
Christ and Culture Revisited
© 2008 par D. A. Carson
Publié par Wm. B. Eerdmans Publishing Co.
2140 Oak Industrial Drive NE, Grand Rapids, MI, 49505, U.S.A.
Traduit et publié avec permission. Tous droits réservés.

Pour l'édition française :
Le Christ et la culture : une évaluation de la pensée de H. Richard Niebuhr sur la culture
© 2017 Publications Chrétiennes, Inc.
Publié par Impact Académia
230, rue Lupien, Trois-Rivières (Québec)
G8T 6W4 – Canada
Site Web : www.impactacademia.org
Tous droits de traduction, de reproduction et d'adaptation réservés.

Traduction : Pierre Constant
Révision linguistique : Louise Denniss

ISBN : 978-2-924743-07-2
Dépôt légal – 3ᵉ trimestre 2017
Bibliothèque et Archives nationales du Québec
Bibliothèque et Archives Canada

« Impact Académia » est une marque déposée de
Publications Chrétiennes, Inc.

À moins d'indications contraires, toutes les citations bibliques sont tirées de la Bible à la Colombe (Segond révisée, 1978) de l'Alliance biblique française. Avec permission.

*Avec toute ma reconnaissance,
je dédie cet ouvrage à Scott et Cathy.*

Table des matières

Avant-propos 9

1. Comment réfléchir à la culture :
   se souvenir de Niebuhr.. 15

2. Niebuhr revu et corrigé : les répercussions
   de la théologie biblique... 51

3. Peaufiner la notion de culture, et redéfinir
   le postmodernisme.. 95

4. Le sécularisme, la démocratie, la liberté, et le pouvoir 155

5. L'Église et l'État... 193

6. Des programmes contestés, des utopies contrecarrées,
   et des tensions continuelles... 265

Index des sujets 295

Index des noms propres 303

Index des références bibliques 311

Avant-propos

Les préoccupations qui m'ont conduit à écrire cet ouvrage sont au nombre de quatre.

Tout d'abord, depuis le tout premier jour de la Pentecôte, les chrétiens ont été appelés à réfléchir à propos de la nature de leur rapport au prochain. Le nombre de chrétiens s'est rapidement accru, et ils ont vite franchi plusieurs barrières raciales et sociales, constituant une Église, une confrérie, un corps, au-delà des barrières habituelles telles que l'empire, l'ethnicité, la langue, et le statut social. À l'intérieur même du Nouveau Testament, les chrétiens sont appelés à considérer les autorités en tant qu'établies par Dieu, et à l'inverse à percevoir au moins un gouvernement en particulier comme étant le représentant de l'antéchrist. Les premières disputes dont il est fait état *à l'intérieur même* de l'Église se rapportaient en partie à des différences culturelles, à une distribution alimentaire perçue comme injuste vis-à-vis des membres de certains groupes linguistiques. À l'extérieur du Nouveau Testament, une lecture, même cursive, de l'histoire de l'Église, fait état d'une incroyable diversité de situations auxquelles les chrétiens ont été confrontés : parfois persécutés, parfois en autorité, isolés ou prééminents, ignorants ou savants, séparés de la culture environnante ou au contraire inséparables vis-à-vis de celle-ci, pauvres ou riches, zélés ou figés à communiquer l'Évangile, réformateurs sociaux ou partisans du statu quo social, soupirant après la venue du royaume de Dieu, ou au contraire désirant qu'il ne vienne que plus tard. Toutes ces possibilités, diamétralement opposées, se font l'écho de réflexions *culturelles* propres. Inévitablement, les chrétiens de toutes les époques ont réfléchi à ce que *devraient être* leurs attitudes à ce sujet. Ma contribution en est une parmi d'autres, sans plus, s'ajoutant à une longue lignée de réflexions chrétiennes.

La deuxième préoccupation ayant donné naissance à cet ouvrage est aussi contemporaine que la première préoccupation est universelle. Grâce aux communications instantanées de notre époque, les chrétiens peuvent aisément reconnaître que les situations culturelles dans lesquelles vivent d'autres chrétiens sont extrêmement variées. Nous entendons parler de chrétiens en Sierra Leone, le pays le plus pauvre de la planète; nous découvrons l'existence de chrétiens vivant à Hong Kong ou à New York. Nous voyons l'Église se multiplier en Amérique latine au vu et su de tous, et nous la voyons se multiplier en Chine de manière clandestine, du moins en partie. Nous sommes témoins du recul du christianisme presque partout en Europe de l'Ouest, et nous voyons le nombre de chrétiens en Ukraine et en Roumanie croître de façon exponentielle. Nous lisons qu'on arrête des chrétiens en Iran, qu'on les décapite en Arabie saoudite, et qu'on les massacre dans le sud du Soudan par centaines de milliers, tout en constatant le luxe dans lequel vivent certains chrétiens à Dallas et à Séoul. Dans un village de Papouasie Nouvelle-Guinée, nous nous asseyons aux côtés de frères et sœurs en Christ sachant à peine lire et écrire, apprenant même à lire pour la première fois, et nous pouvons difficilement oublier que leurs grands-parents étaient chasseurs de têtes; nous prenons place aux côtés de présidents d'universités chrétiennes, qui doivent sagement gérer plusieurs dizaines de millions de dollars par an. Il était jadis plus facile de parler de sa propre culture sans faire référence à celles des autres; mais aujourd'hui de tels essais littéraires semblent tout simplement dépassés ou s'adressent consciemment à des gens d'une seule culture – sans prétendre s'adresser à un plus large public. On pouvait autrefois facilement discerner la perspective culturelle des auteurs chrétiens dans plusieurs essais littéraires et dans plusieurs livres, même parmi les meilleurs, traitant des relations entre croyants et incroyants vivant à l'intérieur d'une même culture. Dietrich Bonhoeffer sera inévitablement différent de Bill Bright, et la plupart des gens reconnaissent que leurs expériences personnelles sont teintées par leurs propres orientations théologiques, surtout celles traitant des relations entre chrétiens et incroyants. Si Abraham Kuyper avait grandi dans les champs de la mort au Cambodge[1], on peut sans aucun doute croire que sa perception des relations entre le christianisme et la culture aurait été foncièrement différente. Même l'analyse culturelle influente de H. Richard Niebuhr, à laquelle je reviendrai en détail, bien qu'enrichie d'une analyse historique, donne des signes évidents d'avoir été rédigée par un Occidental du milieu du xxe siècle, imprégné de la mentalité protestante libérale de l'époque. De nos jours, cependant, la grande diversité culturelle à l'intérieur même de l'expérience chrétienne est plus évidente que jamais. Nous devenons tellement méfiants vis-à-vis d'analyses superficielles, qui semblent vraies dans une situation culturelle donnée, mais sonnant tellement faux dans une autre, qu'en fin de compte nous nous contentons d'analyses restreintes à notre propre milieu. Je soutiendrai qu'un tel manque de courage nous conduit à perdre quelque chose d'important, quelque chose de transcendant.

La troisième raison à la source de cet ouvrage est le «groupe de mentorat» – ce que certaines institutions appellent un «petit groupe», un «groupe de croissance» – que Scott Manetsch et moi-même avons dirigé conjointement pendant ces dernières années à la Trinity Evangelical Divinity School. Ce groupe est encore et toujours une des joies de ma vie, non seulement en raison du privilège de travailler avec Scott, mais aussi à cause de toutes les relations qui ont été établies, et même façonnées dans une certaine mesure, par

---

1. Voir en particulier Don Cormack, *Killing Fields, Living Fields*, Londres, Monarch, 1997.

ce groupe. Il y a de cela quelques années, nous avons fait une série d'études sur le sujet des chrétiens et de la culture. Un des points de départ de la discussion fut inévitablement l'ouvrage classique de Richard Niebuhr. La discussion qui s'en est suivie à ce moment-là m'a conduit à poursuivre ma réflexion et à mettre par écrit des pensées que j'entretenais depuis quelque temps.

Enfin, une invitation de la Faculté libre de théologie évangélique de Vaux-sur-Seine, tout près de Paris, à présenter quelques conférences lors d'un de ses colloques théologiques, servit d'élément déclencheur à mettre mes notes par écrit. Les deux premiers chapitres du présent ouvrage ont été présentés à Vaux. Je désire remercier sincèrement Émile Nicole et les autres membres de la faculté, sans oublier Henri Blocher, mon ami de longue date, de leur accueil chaleureux et de la perspicacité de leurs commentaires. Je dois ajouter que, même si j'ai grandi dans un milieu francophone et que je peux encore parler le français assez couramment, j'ai vécu à l'extérieur du monde francophone depuis des décennies. Par conséquent, je ne me sens pas la capacité d'écrire dans un français de haut niveau. Je suis donc très reconnaissant que Pierre Constant, un ancien étudiant en doctorat à Trinity (et très doué), ait bien voulu rendre ma pensée dans la langue de Molière et communiquer un tant soit peu quelque grâce par ces chapitres.

Quoique l'ouvrage de Niebuhr, *Christ and Culture*, date de plus de cinquante ans, on ne peut y échapper, du moins dans le monde anglophone. Cet ouvrage a orienté les débats pour le meilleur et pour le pire. C'est grâce à Niebuhr que plusieurs lecteurs ont pris connaissance de certaines distinctions célèbres provenant d'auteurs ayant écrit avant lui – telles que celle de Weber entre «Église» et «secte» : l'Église s'inscrivant à l'intérieur de la culture, alors que la secte s'y oppose. D'autre part, d'intenses débats au sujet de la définition même de la «culture» ont fait rage pendant les cinquante dernières années. Plusieurs auteurs, désillusionnés face à l'arrogance de certaines hypothèses provenant des Lumières, remettent en question ces hypothèses, et soulèvent toute une série de nouvelles questions sur la façon dont les chrétiens – ou, en fait, tout autre groupe religieux – doivent définir leurs rapports à la culture ambiante, tout en étant incapables d'échapper à celle-ci.

Dans les pages qui suivent, j'ai d'abord tenté de résumer la pensée de Niebuhr, puisque Niebuhr est devenu un point de référence dans le domaine, bien que, de nos jours, peu de gens le lisent avec attention. Suite à une première évaluation de la pensée de Niebuhr sur son propre terrain, j'ai essayé de poser les fondements d'une théologie biblique sérieuse à laquelle tout chrétien pourra souscrire, et d'indiquer comment ces points saillants de l'histoire du salut doivent structurer la pensée chrétienne dans le domaine des relations entre le Christ et la culture (chapitres 1 et 2). La théologie biblique génère des structures d'analyse suffisamment solides pour permettre à différents accents scripturaires de s'exprimer, de telle sorte qu'une analyse des relations entre le Christ et la culture à l'aide de « modèles » démontrera des signes de faiblesse évidents. Une telle réflexion mérite un examen plus attentif, non seulement des débats actuels touchant la « culture » et le « postmodernisme » (chapitre 3), mais aussi des principales influences culturelles de notre époque (chapitre 4). Une dimension importante de ces débats actuels consiste en la relation entre l'Église et l'État (chapitre 5). J'ai esquissé ici les positions, très différentes, sur la question de la séparation de l'Église et de l'État en France et aux États-Unis, tout en jetant un coup d'œil à quelques autres pays, afin d'identifier plus facilement le genre de lunettes culturelles à travers lesquelles nous lisons les Écritures, et de comprendre comment même l'équilibre scripturaire sera mis en œuvre différemment d'une culture à une autre. Le dernier chapitre met en lumière un nombre de tentations continuelles auxquelles les chrétiens doivent résister lorsqu'ils réfléchissent à ces questions. Il s'agit d'une tentative bien modeste d'exprimer une position stable, mais souple, et qui fera la sourde oreille aux appels des sirènes.

Plusieurs personnes ont lu le manuscrit original de cet ouvrage et ont proposé d'utiles suggestions. Je suis redevable à Mark Dever, Tim Keller, Andy Naselli, Bob Priest, Michael Thate, et Sandy

Willson. Mes remerciements aussi à Jim Kinney, des éditions Baker Book House, qui m'a fait parvenir deux ouvrages en prépublication afin que je puisse en profiter lors de ma propre rédaction. Pierre Constant a relevé le défi de rendre en français un manuscrit pour le moins difficile, et les mots me manquent à ce point-ci pour lui exprimer ma reconnaissance. Enfin, je remercie l'équipe des Éditions Impact d'avoir mené à bien de façon efficace le travail de publication de cet ouvrage.

Soli Deo gloria.

D. A. CARSON
Trinity Evangelical
Divinity School

–1–

Comment réfléchir à la culture : se souvenir de Niebuhr

Avant de nous lancer dans ce sujet, il est nécessaire de nous entendre à propos de ce que nous comprenons par le terme « culture ».

Il n'y a pas si longtemps, le terme « culture » renvoyait à ce que nous entendons maintenant par « haute culture ». Par exemple, on aurait pu dire au sujet de quelqu'un, « sa voix est tellement cultivée ». Si quelqu'un lisait Shakespeare, Goethe, Gore Vidal, Voltaire, ou Flaubert, et qu'il écoutait la musique de Bach ou celle de Mozart tout en lisant un petit volume de poésie, le tout bien arrosé d'un Chardonnay léger, cette personne était cultivée ; si, par contre, elle lisait des romans policiers bon marché, Astérix, et Agatha Christie – ou, mieux encore, si elle ne lisait pas du tout – en sirotant une bière ou un Coca-cola, tout en écoutant du ska ou du *heavy metal* et en surveillant du coin de l'œil l'écran de la X-Box avec le jeu violent le plus récent, cette personne était inculte. Toutefois, une telle compréhension de la « culture » est tôt ou tard remise en cause par ceux et celles qui croient que la « haute culture » est une forme d'élitisme, quelque chose d'arrogant et de condescendant par nature. Pour ces gens, le contraire de la « haute culture » n'est pas la « basse culture », mais la « culture populaire », sur la base de valeurs démocratiques. Même cet appel à la « culture populaire » n'est pas très utile pour notre propos, parce qu'elle ne renvoie qu'à une partie de ce qu'on appelle la « culture » : il doit vraisemblablement exister plusieurs formes de « culture impopulaire ».

De nos jours, le terme « culture » est devenu une idée assez élastique, signifiant à peu de chose près « un ensemble de valeurs communes à un sous-ensemble de la population humaine ». Ce n'est pas si mal, mais on pourrait certainement améliorer cette définition en la resserrant quelque peu. La définition qui fait probablement école, et qui provient des domaines de l'histoire intellectuelle et de l'anthropologie culturelle, est celle d'A. L. Kroeber et de C. Kluckhohn :

> La culture consiste en des motifs, explicites ou implicites, de comportements acquis et transmis par des symboles, et qui sont l'accomplissement distinctif de groupes humains, y compris leur personnification dans des artéfacts ; le cœur même de la culture consiste en des idées traditionnelles (c'est-à-dire provenant de l'histoire et sélectionnées par elle) et surtout en des valeurs leur étant associées ; les systèmes culturels peuvent d'une part être perçus comme étant le résultat de différentes actions, et d'autre part comme éléments promoteurs d'autres actions[1].

Plusieurs autres définitions vont dans le même sens. Celle de Robert Redfield est brève, succincte, et pertinente : « des compréhensions communes perceptibles dans des actes et artéfacts[2] ». La

---

1. A. L. Kroeber et C. Kluckhohn, *Culture: A Critical Review of Concepts and Definitions*, New York, Random House, 1952, p. 357.
2. Cité par Richard A. Shweder, *Why Do Men Barbecue? Recipes for Cultural Psychology* (Cambridge, Harvard University Press, 2003, p. 10), qui, en dépit de son titre, est un ouvrage sérieux et perspicace. Je dois à Robert Priest de m'avoir signalé le premier chapitre de cet ouvrage. On y trouve, à ma connaissance, l'un des survols les plus utiles du débat actuel au sujet de la nature même

définition de Clifford Geertz, maintes fois citée, joint la concision à la clarté : « L'idée de culture [...] désigne un modèle de significations incarnées dans des symboles qui sont transmis à travers l'histoire, un système de conceptions héritées qui s'expriment symboliquement, et au moyen desquelles les hommes communiquent, perpétuent et développent leur connaissance de la vie et leurs attitudes devant elle[3]. »

On pourrait sans aucun doute peaufiner ces définitions et en débattre certains détails ; en effet, une minorité importante d'anthropologues, ainsi que d'autres personnes, se méfient de l'idée même de culture[4]. La raison principale d'une telle méfiance est une confusion entre ce que signifient respectivement « culture » et « métanarration ». Les détracteurs présentent deux arguments. *Tout d'abord*, ils rejettent la possibilité même de l'idée de métanarration – le rejet de toute métanarration étant un truisme pour la majorité des postmodernes – comme étant prétentieuse ; aucune explication globale ne peut rendre compte de l'histoire de chacun. Et sans métanarration, il est impossible de parler de culture, puisque la culture

---

de la culture. Voir aussi Richard A. Shweder et Robert A. LeVine, *Culture Theory: Essays on Mind, Self, and Emotion*, Cambridge, Cambridge Univesity Press, 1984.
3. C. Geertz, *The Interpretation of Cultures*, New York, Basic Books, 1973, p. 89.
4. Pour un bon résumé, voir Shweder, *Why Do Men Barbecue?*, au premier chapitre. Pour un exposé plus détaillé de leurs théories, on consultera les ouvrages suivants (dont certains ne sont pas traités par Shweder) : Antonio Gramsci, *Cahiers de prison*, (trad. de l'italien par M. Aymard, P. Fulchignoni, F. Bouillot, G. Ganel, C. Perrus et P. Laroche, Bibliothèque de philosophie, Paris, Gallimard, 5 vol., 1978-1996 ; Michel Foucault, *Les mots et les choses. Une archéologie des sciences humaines*, Bibliothèque des sciences humaines, Paris, Gallimard, 1966 et *L'archéologie du savoir*, Bibliothèque des sciences humaines, Paris, Gallimard, 1969 ; Raymond Williams, *Marxism and Literature*, Oxford, Oxford University Press, 1977 ; Terry Eagleton, *Ideology. An Introduction*, Londres, Verso, 1991 ; *idem*, *The Idea of Culture*, Oxford, Blackwell, 2000 ; Edward Said, *Culture et impérialisme*, trad. de l'anglais par P. Chemla, Paris, Fayard/Le Monde diplomatique, 2000.

est inévitablement liée à des hypothèses sur ce qui est universel ou transcendant. *Ensuite*, pour ces détracteurs, toutes ces discussions au sujet de la culture présupposent que les intervenants se situent à l'extérieur de celle-ci, ce qui est tout à fait impossible. Par exemple, toute discussion entre le Christ (et par conséquent entre le christianisme) et la culture tient de l'incohérence, puisque toutes les formes de christianisme sont intrinsèquement et inévitablement situées à l'intérieur d'une forme culturelle. Comment peut-il y avoir dialogue lorsqu'il n'y a qu'un seul partenaire ?

Je tenterai de répondre à certaines de ces questions au chapitre trois ; ce n'est pas le moment (du moins, pas encore) de débattre de la question. Il suffit pour le moment de noter que mon propre emploi du terme « culture » se situe à l'intérieur du cadre des définitions mentionnées précédemment, surtout celle de Geertz. Ces définitions présupposent qu'il existe plusieurs cultures ; et elles ne prétendent aucunement attribuer une valeur supérieure à l'une d'entre elles[5]. On ne peut nier le fait que toutes les expressions de la foi, chrétienne ou autre, s'expriment sous forme culturelle. Les conséquences d'une telle pensée quant à la possibilité d'un dialogue entre le christianisme et la culture restent à définir.

Ceci m'amène au cœur du sujet dont je désire traiter.

---

5. Je prends ici mes distances par rapport à d'autres analyses qui, bien qu'elles possèdent une valeur pédagogique certaine, présupposent l'idée de « haute culture ». Par exemple, dans un de ses derniers ouvrages, T. S. Eliot, *Notes Towards the Definition of Culture* (New York, Harcourt, Brace and Company, 1949), affirme que le terme « culture » possède trois connotations, « selon que l'on se réfère au développement de l'*individu*, d'un *groupe* ou d'une *classe de gens*, ou encore d'une *société entière* » (p. 19 ; c'est l'auteur qui souligne). Selon lui, la culture d'un individu dépend de la culture d'un groupe, elle-même basée sur la culture de toute une société. Mais notons la terminologie employée : l'auteur pense au « développement » d'un individu, d'un groupe, ou d'une société ; il parle sans difficulté de « parfaire » la culture (p. 20). Selon les définitions les plus courantes de nos jours, appartenir à une culture est inévitable.

Le défi contemporain

Dans la foulée du changement de l'ancienne alliance vers la nouvelle, le peuple de l'alliance est passé du fait d'être une nation liée par l'ancienne alliance à celui d'être un peuple international lié par une nouvelle alliance. Ceci nous amène inévitablement à nous interroger au sujet des rapports que ce peuple devait entretenir avec les peuples environnants, qui *n'étaient pas* membres de la nouvelle alliance. Au plan politique, les chrétiens ont été obligés de réfléchir aux relations entre l'Église et l'État, entre le royaume de Dieu et l'Empire romain. Des réponses quelque peu différentes ont vu le jour selon les circonstances : il suffit de comparer, par exemple, Romains 13 et Apocalypse 19. Les problèmes que l'Église a dû affronter en étant une communauté internationale dont l'allégeance ultime allait à un royaume n'étant pas de ce monde ont cependant été beaucoup plus que des problèmes d'ordre politique. De nouvelles questions touchaient des domaines variés, tels que la participation des chrétiens à des cérémonies sociales tout à fait ordinaires, mais possédant des connotations religieuses (p. ex., 1 Corinthiens 8), des styles de direction (p. ex., Matthieu 20.20-28), des attentes au plan des relations personnelles (p. ex., Philémon ; 1 Pierre 2.13 - 3.16), d'éventuelles persécutions (p. ex., Matthieu 5.10-12 ; Jean 15.18 - 16.4 ; Apocalypse 6), et plus encore.

Bien sûr, toute cette dynamique a évidemment été transformée par la venue de Constantin – mais ceci ne signifie pas qu'à partir du début du IVe siècle, toutes les tensions aient disparu et que tous les débats aient été clos. L'accession au trône par Constantin a certes réduit l'urgence de savoir comment vivre sous la persécution, mais d'autres questions ont fait surface. Par exemple, la théorie de la guerre juste, que Cicéron avait déjà abordée d'un point de vue païen, a revêtu des couleurs chrétiennes lorsque les chrétiens eurent à vivre avec leurs nouvelles responsabilités au plan politique[6]. « Rendez à César ce qui est à César et à Dieu ce qui est à Dieu », a dit le Maître (Marc 12.17) ; il fut sensiblement difficile de tirer les conclusions nécessaires d'une telle parole, à la lumière du corpus complet des documents du Nouveau Testament, en une ou deux générations. Rien que dans le domaine politique, les chrétiens ont produit une quantité imposante d'ouvrages tentant d'établir des relations appropriées entre le Christ et la culture[7].

Toutefois, je ne désire pas traiter de l'historique de ces débats, sauf noter au passage que nous ne devons jamais succomber à la tentation de croire que nous sommes la première génération de chrétiens à nous intéresser à ces questions. Mon attention se portera plutôt vers la façon dont nous devrions réfléchir aux relations entre le Christ et la culture *maintenant,* en ce début de XXIe siècle. Nous possédons évidemment les mêmes textes bibliques que ceux que les générations chrétiennes précédentes ont examinés, mais nos réflexions sont façonnées par six facteurs en particulier.

(1) Dans le monde anglo-saxon surtout, il est impossible de discuter de ces sujets sans prendre en compte l'analyse fondamentale de H. Richard Niebuhr. Je vais y revenir.

(2) Nous vivons à une époque où diverses voix revendiquent haut et fort le droit de dicter ce que les relations entre le Christ et la culture *doivent* être.

(3) Les technologies modernes de communication et les tendances migratoires ont produit à travers le monde des mégapoles devenues d'extraordinaires centres de multiculturalisme ; des débats ont alors fait rage sur ce qui est « culturel » dans le « multiculturel ».

---

6. Pour un bref aperçu, voir D. A. Carson, *Love in Hard Places*, Wheaton, Crossway, 2002, p 108-144, surtout p. 143.

7. L'ouvrage d'Oliver O'Donovan et de Joan Lockwood O'Donovan, éd., *From Irenaeus to Grotius: A Sourcebook in Christian Political Thought* (Grand Rapids, Eerdmans, 1999) est sans égal à ce sujet.

(4) S'ensuivirent des débats traitant des avantages respectifs d'une culture vis-à-vis d'une autre, ou, exprimé d'une autre manière, sur la question de savoir si quelqu'un a même le droit d'affirmer qu'une culture est supérieure à une autre. Cela donna inévitablement naissance à des débats au sujet des revendications religieuses, puisque les religions, elles aussi, d'après la définition de la culture énoncée précédemment, sont nécessairement des formes d'expression culturelle. Qu'est-ce qui donne à une religion, quelle qu'elle soit, le droit de prétendre être supérieure, ou même unique ?

(5) Dans la majorité des pays occidentaux, mais certainement pas ailleurs, le christianisme connaît un fort déclin. Le statu quo dont nous avons hérité en Occident ne peut perdurer. Nous sommes obligés de réfléchir, une fois de plus, à ce que doivent être les relations entre le Christ et la culture.

(6) Enfin, l'histoire actuelle des tensions entre l'Église et l'État varie énormément d'un État à l'autre dans le monde occidental et au-delà, ce qui rend difficile toute généralisation, ou même le fait de présenter des exemples, sans devoir sans cesse nuancer son propos. Par exemple, le désormais proverbial «mur de séparation» entre l'Église et l'État vient colorer tous les débats aux États-Unis d'Amérique, mais un tel mur n'existe pas au Royaume-Uni, bien qu'on y jouisse de libertés semblables. En France, la «laïcité française» provient en partie d'un anticléricalisme solidement enraciné dans l'histoire, et dont on ne trouve aucun autre exemple, sauf très récemment, dans les pays scandinaves ou aux États-Unis.

Nous examinerons la plupart de ces points ultérieurement, mais il convient d'en développer quelques-uns ici, de manière à clarifier les enjeux auxquels nous sommes confrontés. La grande diversité des voix représente tout un défi. Dans la plupart des pays occidentaux, même si le christianisme a été l'une des puissances à la base de ce qu'est devenu l'Occident (en plus de la Renaissance et d'une pléiade d'autres influences moins puissantes), non seulement la culture s'éloigne du christianisme, mais souvent lui est carrément hostile. Le christianisme est toléré, à la condition qu'il se restreigne à la vie privée : les croyances chrétiennes empiétant sur la vie publique, surtout si elles tentent d'influencer la politique publique, sont souvent perçues, sans autre forme de procès, comme étant l'évidence même de la bigoterie et de l'intolérance. Presque partout en Occident, cette condescendance méprisante s'est imposée dans de nombreux organismes publics seulement au cours du dernier quart du XXe siècle ou à peu près. Cependant, elle s'est développée plus loin, plus rapidement, et plus tôt, dans des pays fortement anticléricaux tels que la France et dans des pays clairement séculiers comme l'Australie, que dans des pays où une Église nationale fut jadis assez puissante comme en Angleterre, ou encore dans les États du Sud des États-Unis. Et même dans ces deux derniers cas, la puissance des assauts varie en fonction de la géographie : elle est plus forte dans le Nord de l'Angleterre et, aux États-Unis, dans les États du Nord-Ouest et dans ceux de la Nouvelle-Angleterre, de même que dans des segments de la culture tels que les médias et les institutions d'enseignement supérieur.

Pendant ce temps, le monde est devenu à certains égards plus fortement religieux[8]. Dans le monde occidental, plus encore en Europe qu'en Amérique du Nord, cela se traduit par un nombre croissant de musulmans – une tendance destinée à perdurer, étant donné que le taux de natalité parmi la population européenne traditionnelle n'est pas assez élevé pour simplement maintenir cette population dans un seul des pays d'Europe. Et bien sûr, tous ceux d'entre nous qui vivent dans les grands centres urbains rencontrent des hindous, des sikhs, et même des animistes, au même titre que des gens très sécularisés. Comme le dit le nouveau slogan : « Personne ne laisse personne être tout seul et ne le laissera plus jamais. » La pluralité des expressions religieuses est entrée dans les mœurs et les gouvernements devront

---

8. Il n'est donc pas surprenant que certains érudits parlent du déclin de l'athéisme : voir, par exemple, Alister McGrath, *The Twilight of Atheism: The Rise and Fall of Disbelief in the Modern World*, New York, Doubleday, 2004.

s'y faire. L'urgence de réfléchir de nouveau aux rapports entre le Christ et la culture se fait sentir plus que jamais[9].

Les chrétiens réagissent inévitablement de manières diverses. Certains prônent une forme ou une autre de retrait ; d'autres désirent obtenir un meilleur accès aux médias. D'autres encore cherchent vaillamment à influencer le gouvernement et à faire adopter des lois adéquates ; certains, consciemment ou inconsciemment, développent une mentalité à deux niveaux, un pour les chrétiens et les activités chrétiennes, et un autre pour les rencontres culturelles plus générales occupant la plus grande partie de la semaine. D'autres encore réfléchissent peu à ces sujets, mais désirent seulement se mettre à l'œuvre, évangéliser et implanter des Églises.

L'hostilité croissante à l'égard du christianisme dans le monde occidental ainsi que les réactions chrétiennes à cette hostilité présupposent un certain nombre d'éléments par rapport à ce que devraient être les relations entre le Christ et la culture. Il en est de même dans le discours des autres religions. Par exemple, si nous adaptions l'approche de Niebuhr, qui consiste à étiqueter les différents types de relations entre le Christ et la culture, nous pourrions intituler l'hostilité la plus forte « La culture au-dessus du Christ ». De même, là où des voix s'élèvent et insistent pour que la religion, y compris la religion chrétienne, soit confinée strictement à la vie privée, alors on affirme évidemment que le Christ et la culture appartiennent à des domaines séparés, celui-là à la vie privée, et celle-ci à la vie publique. Lorsque des chrétiens souscrivent au modèle d'Abraham Kuyper, dont nous parlerons plus tard, ils ont visiblement adopté le paradigme du « Christ supérieur à la culture » (ce que Niebuhr précise être le modèle « conversionniste »). Richard Bauckham perçoit deux dangers opposés l'un à l'autre. D'une part, certains chrétiens tentent d'enchâsser leur foi

---

9. Ceci est un des thèmes centraux de David Herbert, *Religion and Civil Society: Rethinking Public Religion in the Contemporary World*, Aldershot, Ashgate, 2003.

dans la culture, et risquent de « diluer le christianisme au point d'en faire quelque chose qu'on ne peut distinguer des autres options de la culture occidentale[10] ». D'autre part, d'autres se retirent tellement du monde qu'ils n'y prennent plus part, créant ainsi pour eux-mêmes une rationalité tout autre, essentiellement défensive, que Bauckham identifie au « fondamentalisme »[11].

Même lorsque l'on ne souscrit à aucune option théorique, on en présuppose habituellement une. Lorsque certaines voix s'élèvent pour conduire des chrétiens dans une direction ou dans une autre, on présuppose *inévitablement* un genre de relation entre le Christ et la culture. Quant à savoir si ceux qui souscrivent à cette tradition ont réfléchi de manière systématique à cette relation à plus grande échelle, cela est une tout autre question. Voyons quelques exemples : (1) Nancy Pearcey prétend que lorsque la « vérité totale » de l'Évangile est clairement exprimée et défendue, le christianisme est libéré de sa captivité culturelle[12], ce qui dans le cas présent se rattache surtout à des formes américaines de postmodernisme. (2) Stassen et Gushee préconisent une forme de pacifisme du Royaume[13]. (3) Un autre ouvrage, une collection d'essais présentant divers points de vue, s'inquiète des effets de la mondialisation, et des diverses façons dont les États-Unis dirigent un « empire »[14]. Entre-temps, (4) la « théologie de la culture » de Gorringe tente

---

10. Richard Bauckham, *God and the Crisis of Freedom: Biblical and Contemporary Perspectives*, Louisville, Westminster John Knox, 2002, p. 54.
11. Bauckham, *God and the Crisis of Freedom*, p. 54-55.
12. *Vérité totale : le christianisme libéré de sa captivité culturelle*, La Lumière, 2015. Il m'apparaît toujours bien étrange de qualifier la vérité de « totale ».
13. Glen H. Stassen et David P. Gushee, *Kingdom Ethics: Following Jesus in Contemporary Context*, Downers Grove, IVP, 2003.
14. Wes Avram, éd., *Anxious About Empire: Theological Essays on the New Global Realities*, Grand Rapids, Brazos, 2004. Voir Chalmers Johnson, *The Sorrows of Empire: Militarism, Secrecy, and the End of the Republic*, New York, Owl Books, 2004.

essentiellement d'ancrer un socialisme bien marqué à l'intérieur d'une théologie chrétienne[15].

Pour l'instant, je ne critique ni ne défends aucune de ces options. Je tente simplement de noter que chacune d'elles suppose un genre ou un autre de relation entre le Christ et la culture, même si cette relation n'est habituellement pas abordée *de manière directe*.

Ceci nous amène donc à nous souvenir de l'utile taxonomie de Niebuhr pour définir ces options. J'essaierai de décrire les choix qu'il nous présente, et ce, de façon aussi soignée que possible. Je tenterai de les commenter au fur et à mesure, mais une évaluation plus complète sera notre propos des deux prochains chapitres.

H. Richard Niebuhr

Niebuhr[16] nous présente cinq options, chacune d'elles s'étendant sur un chapitre, et ces cinq options sont encadrées d'une longue introduction et d'un «post-scriptum non scientifique». Le but du livre, écrit Niebuhr,

> est de présenter des réponses chrétiennes typiques au problème du Christ et de la culture, et ainsi de contribuer à la compréhension mutuelle de groupes chrétiens variés et souvent d'opinions contradictoires. Cet effort, cependant, s'appuie sur la conviction que le Christ, en tant que Seigneur vivant, répond à cette question dans l'ensemble de l'histoire et de la vie, d'une manière qui transcende la sagesse de tous ses interprètes, tout en employant leurs idées partielles et leurs conflits nécessaires (p. 2).

La question n'est pas nouvelle. Les chrétiens furent obligés d'y faire face à l'époque de l'Empire romain. À certains égards, l'Empire

---

15. Voir surtout l'ouvrage de T. J. Gorringe, *Furthering Humanity: A Theology of Culture*, Aldershot, Ashgate, 2004.
16. H. Richard Niebuhr, *Christ and Culture*, New York, Harper Torchbooks, 1951, p. 2. Les références subséquentes à cet ouvrage seront données entre parenthèses dans le texte.

était indulgent : non seulement on tolérait un grand nombre de religions et de coutumes, mais on les encourageait. L'affirmation du christianisme, qui voulait que Jésus seul soit Seigneur (si peu politiques qu'aient pu être les chrétiens au début de l'ère chrétienne), était à la fois objet de mépris et perçue comme une menace. Tout comme ce fut le cas jadis, il en est de même aujourd'hui : certains clament que « toute préoccupation à l'égard du Christ et de Dieu devrait être bannie des domaines où d'autres dieux, que l'on appelle des valeurs, exercent leur suprématie » (p. 9).

Si Niebuhr doit parler du « Christ et de la culture », il lui faut utiliser des définitions suffisamment claires des termes « Christ » et « culture ». Il consacre ainsi plusieurs pages à chacun de ces mots. Niebuhr est bien conscient que toute compréhension du « Christ » est au mieux partielle ; aucune confession ne dit absolument tout, reproduisant ainsi la vérité objective, l'essence même de Jésus-Christ. Néanmoins, il insiste : « Si nous ne pouvons rien dire de manière adéquate, nous pouvons dire certaines choses de manière inadéquate. […] Quoique toute description soit une interprétation, elle peut être une interprétation de la réalité objective. On peut décrire Jésus-Christ, qui est l'autorité du chrétien, et ce, même si aucune description ne saurait être complète et ne peut inévitablement satisfaire d'autres qui l'ont rencontré » (p. 14). Même si ces définitions sont disparates et complémentaires, « on ne peut jamais confondre *[Jésus]* avec un Socrate, un Platon ou un Aristote, un Gautama, un Confucius, ou un Mahomet, ou même un Amos ou un Ésaïe » (p. 13). Cela conduit Niebuhr à parler des forces et des faiblesses, telles qu'il les perçoit, du Christ libéral, du Jésus existentialiste, etc., et en particulier de certaines vertus que les chrétiens chérissent lorsqu'ils pensent au Christ – la foi, l'espérance, l'obéissance, l'humilité, et d'autres encore. Bref, Niebuhr désire être le plus complet possible, acceptant comme étant le « Christ » les multiples représentations de Jésus-Christ des grands courants de la chrétienté.

L'approche de Niebuhr concernant ce que désigne le terme « Christ » dans son titre « Christ et la culture » suscite deux réflexions initiales. *Premièrement*, pour lui, le « Christ » n'est pas malléable. Niebuhr n'inclut aucun arien fondamentaliste, comme les témoins de Jéhovah ; il n'inclut pas non plus le Jésus mormon. Cependant, la gamme d'interprétations du « Christ » qu'il adopte est sans aucun doute trop vaste, si l'on désire se limiter aux formes du christianisme confessionnel qui tentent ouvertement et consciemment de se soumettre à l'autorité de l'Écriture. Par conséquent, certains éléments de sa compréhension des possibilités des relations entre le Christ et la culture devraient, à mon avis, être exclus, là où ils sont façonnés par une méconnaissance manifeste de ce que dit l'Écriture au sujet du Christ. Je reviendrai évidemment sur ce point. *Deuxièmement*, Niebuhr est tout à fait conscient que toute connaissance humaine est nécessairement à la fois partielle et interprétative – ou, comme on le dit maintenant couramment, que toute connaissance se situe nécessairement à l'intérieur d'une perspective donnée. La finitude humaine, sans parler de la déchéance humaine, justifie cette affirmation. Les postmodernes, surtout américains, tendent à laisser croire que tous les penseurs qui les ont précédés, notamment ces méchants modernes, s'imaginaient à tort que la connaissance humaine véritable était absolutiste. Franchement, cette évaluation du modernisme est, à maints égards, une caricature : bien qu'il soit moderniste, Niebuhr sait parfaitement que la connaissance humaine est partielle et s'inscrit à l'intérieur d'une perspective donnée. Toutefois, il évite sagement l'approche du postmodernisme extrême qui prône que la connaissance de choses objectives est impossible. Il nous est possible de dire certaines choses vraies de manière inadéquate, même si nous ne pouvons rien dire de manière adéquate, c'est-à-dire comme détenant toute connaissance, comme possédant toutes les perspectives. Malgré les calomnies de plusieurs postmodernes, Niebuhr n'est pas le seul moderne qui soit conscient des limites humaines[17].

---

17. Par exemple, voici ce qu'écrit Brooke Foss Westcott, il y a plus d'un siècle, alors qu'il critique le genre d'« histoire » adopté par von Ranke et d'autres : « On ressent actuellement un fort sentiment positif à l'égard d'une histoire réaliste, externe ; mais on doit se demander si une telle mode sera durable, et on doit

En traitant de ce qu'il entend par « culture » (p. 29-30), Niebuhr désire éviter les débats techniques des anthropologues. La culture à laquelle nous nous intéressons, dit-il, « n'est pas un phénomène particulier, mais général, même si une chose générale n'apparaît que sous des formes particulières, et même si un chrétien d'Occident ne peut réfléchir à ce sujet qu'en des termes occidentaux » (p. 31). Il écrit ensuite :

> Ce que nous entendons lorsque nous traitons du Christ et de la culture est ce processus entier de l'activité humaine et le résultat total d'une telle activité, que l'on nommera tantôt *culture* tantôt *civilisation* en langage courant. La culture est cet « environnement artificiel et secondaire » que l'être humain surimpose à l'environnement. Elle comprend le langage, les habitudes, les idées, les croyances, les coutumes, l'organisation sociale, les objets [*artéfacts*] hérités, les procédures techniques, et les valeurs. Cet « héritage social », cette « réalité *sui generis* », que les auteurs du Nouveau Testament avaient fréquemment à l'esprit lorsqu'ils parlaient du « monde », ce qui est représenté sous plusieurs formes, mais auquel les chrétiens tout comme les autres personnes sont assujettis, est ce que nous signifions lorsque nous parlons de culture (p. 31 ; c'est l'auteur qui souligne).

De plus, bien que Niebuhr refuse de parler de l'« essence » de la culture, il est prêt à en décrire certaines caractéristiques principales : elle est toujours sociale (c'est-à-dire liée à la vie humaine en société), elle est une réalisation humaine (supposant détermination et effort), elle est reliée à un monde de valeurs fondamentalement perçues comme étant pour « le bien de l'être humain » (p. 32-35). De plus, la culture sous toutes ses formes et variétés traite de la « réalisation temporelle et matérielle des valeurs » (p. 36). Et ainsi, puisque

---

reconnaître qu'elle devra éviter maints écueils. L'histoire dite réaliste traite de l'apparence et non de la structure vivante, et ne peut dépasser les circonstances externes d'une organisation inspirée d'une puissance vitale » (*The Gospel According to St. John: The Greek Text with Introduction and Notes*, réimpr., Grand Rapids, Baker, 1980, p. CXII).

la réalisation de ces valeurs s'accomplit « dans des choses passagères et périssables, l'activité culturelle se préoccupe presque autant de la *conservation des valeurs* que de leur réalisation » (p. 36 ; c'est l'auteur qui souligne).

Tout comme ce fut le cas pour la définition du « Christ » chez Niebuhr, ainsi en est-il de sa définition de la culture : nous devons donc procéder à une évaluation préliminaire avant de poursuivre. La définition que Niebuhr donne de la culture comprend les « idées » et les « croyances » tout comme les coutumes, l'organisation sociale, les objets hérités, etc. À première vue, si la culture inclut les idées, les croyances, les valeurs, les coutumes, et tout le reste, il est difficile de voir comment elle peut ne pas inclure le christianisme – et dans ce cas, il est encore une fois difficile de voir comment il est possible d'analyser la relation entre le Christ et la culture lorsque, selon cette définition, le Christ semble s'inscrire au sein de la culture. Niebuhr évite cet écueil en restreignant la culture au domaine de la « réalisation temporelle et matérielle des valeurs », et en associant la « culture » à ce que le Nouveau Testament appelle le « monde » : par « culture », il signifie quelque chose comme « la culture dénuée du Christ ». Ensuite, alors que la discussion se poursuit et qu'il explique ce à quoi la relation entre le Christ et la culture pourrait ressembler, cette culture peut, par exemple, être « transformée » par le Christ et ne plus être ainsi une « culture dénuée du Christ », mais quelque chose qu'elle n'était pas auparavant : une « culture transformée par le Christ ». On sent bien l'instabilité de la terminologie de la « culture ».

Il devient évident que Niebuhr parle moins de la relation entre le Christ et la culture que de deux sources d'autorité rivalisant au sein de la culture, à savoir le Christ (peu importe la façon dont on le comprend à l'intérieur des divers paradigmes des grands courants de la chrétienté) et toute autre source d'autorité privée du Christ (même si Niebuhr pense principalement à l'autorité séculière ou civile, plutôt qu'à l'autorité dont se réclament les religions rivales). Si nous ne prenons pas conscience que Niebuhr situe ses pôles selon ces critères, ses propos, bien qu'élégants, deviennent par la suite tout simplement incohérents. Toutefois, notre tâche maintenant est de tenter de comprendre son paradigme en cinq temps tel qu'il l'a formulé, avant d'y réfléchir de nouveau; j'emploierai donc pour l'instant sa terminologie.

1. Le Christ contre la culture

Niebuhr définit le « Christ » et la « culture » selon des critères où des prétentions contraires vis-à-vis de l'autorité s'affrontent les unes aux autres ; ceci est remarquablement illustré dans son résumé du premier paradigme : « La première réponse à la question du Christ et de la culture que nous examinerons est celle qui affirme sans équivoque l'unique autorité du Christ sur le chrétien, et qui rejette toute exigence de loyauté à l'égard de la culture » (p. 45). Cette position se retrouve dans le livre de l'Apocalypse, où elle est ressentie de manière encore plus vive en raison de la menace de la persécution qui pèse sur les chrétiens. Mais elle est aussi représentée dans 1 Jean. Bien qu'exposant profondément la « doctrine de l'amour » (p. 46) – c'est cette épître qui déclare que « Dieu est amour » (1 Jean 4.8,16) –, « l'auteur se préoccupe [...] autant de la Seigneurie du Christ que de l'amour » (p. 46). Être loyal au Christ a des répercussions dans le domaine doctrinal, moral, et social. De plus, « la loyauté au Christ et aux frères engendre le rejet de la société culturelle ; une nette ligne de démarcation est tracée entre la fraternité des enfants de Dieu et le monde » (p. 46-48).

Cependant, cette approche du « Christ contre la culture » n'a pas encore atteint sa forme la plus radicale, puisque Jean tient aussi pour certain « que Jésus-Christ est venu expier les péchés du monde » (p. 49). Tertullien énonce ceci de manière radicale : les chrétiens constituent une « troisième race », différente des Juifs et des Gentils, et sont appelés à vivre une vie tout à fait séparée de la culture. Effectivement, déclare Niebuhr, Tertullien

> substitue à l'éthique positive et chaleureuse de l'amour caractérisant la première épître de Jean, une moralité en grande partie négative ;

éviter le péché et se préparer dans la crainte au jour du jugement qui vient semble plus important qu'accepter avec reconnaissance la grâce de Dieu pour le don de son Fils (p. 52).

Inévitablement, donc, « le rejet par Tertullien des prétentions de la culture est particulièrement vif » (p. 52). Et la pire chose que peut contenir la culture est la religion païenne, surtout lorsqu'elle se trouve être le reflet de l'idolâtrie, du polythéisme, des fausses croyances et des rites, de la sensualité et de la commercialisation. Dans le monde antique, cette religion englobe tout, de sorte que, pour le chrétien, la politique est quelque chose à fuir, comme le service militaire, la philosophie, et les arts. Bien sûr, l'étude revêt une certaine importance pour le croyant ; ainsi, « apprendre la littérature est permis aux croyants » (citant *De l'idolâtrie* x), mais non pas l'enseigner, parce que l'enseigner entraîne l'enseignant à recommander cette littérature, et, ce faisant, à recommander et à soutenir « les louanges des idoles qui y sont parsemées » (p. 55).

Bien sûr, Tertullien ne peut être aussi cohérent dans cette approche du « Christ contre la culture » qu'il semble l'être, car il repousse l'accusation selon laquelle les chrétiens sont « inutiles dans les choses de la vie », parce que, comme il l'indique,

> nous habitons avec vous en ce monde, sans s'abstenir de fréquenter votre forum, votre marché, vos bains, vos boutiques, vos magasins, vos hôtelleries, vos foires et les autres lieux où se traitent les affaires. Avec vous encore, nous naviguons, nous servons comme soldats, nous travaillons la terre, enfin nous faisons le commerce ; nous échangeons avec vous le produit de nos arts et de notre travail (p. 53, citant *Apologétique* XLII).

Toutefois, comme l'indique Niebuhr, Tertullien affirme ceci « à titre apologétique », tandis que lorsqu'il avertit les croyants, son conseil est avant tout de « se retirer de plusieurs rencontres et de plusieurs emplois » (p. 53).

Niebuhr retrouve cette même ligne de pensée dans la *Règle de saint Benoît*, chez certains groupes mennonites (sans les mentionner, mais en Amérique du Nord on pense automatiquement aux amish) et chez les premiers quakers. De manière détaillée, il entraîne le lecteur dans les derniers écrits de Léon Tolstoï. Neibuhr maintient toutefois qu'il s'agit là seulement d'« exemples du même type » : on trouve des groupes semblables « parmi les catholiques d'Orient et d'Occident, chez les protestants orthodoxes et sectaires, chez les millénaristes et les mystiques, chez les chrétiens de l'Antiquité, du Moyen Âge et de l'ère moderne » (p. 64). Il importe peu que ces groupes se perçoivent comme étant mystiques ou apocalyptiques. On retrouve ce type autant dans les monastères que chez le luthérien Kierkegaard. Je suppose qu'on pourrait ajouter de nos jours qu'une telle compréhension se trouve également chez Stanley Hauerwas.

Niebuhr croit que cette approche est à la fois « nécessaire » et « inadéquate » (p. 65-76). Une telle approche est souvent héroïque, elle possède des principes, elle est moralement solide, et sans compromis. À travers les siècles, les monastères ont contribué à conserver et à transmettre la tradition culturelle occidentale, tandis que les quakers et les disciples de Tolstoï, « désirant abolir toutes les méthodes de coercition, ont aidé à réformer des prisons, à limiter la prolifération des armes, et à mettre en place des organisations internationales pour le maintien de la paix par la coercition » (p. 67). Cette approche est inévitable :

> La relation entre l'autorité de Jésus-Christ et l'autorité de la culture est telle que chaque chrétien doit se sentir sollicité par le Seigneur à rejeter le monde et ses royaumes avec leur pluralisme et leur nature provisoire, leur compromis de fortune face à plusieurs intérêts, leur obsession hypnotique de l'amour de la vie et de crainte de la mort. [...] Si 1 Jean ne fait pas contrepoids à Romains 13, l'Église devient un instrument de l'État, incapable de diriger les gens vers leur destinée allant au-delà de la politique et de leur loyauté supra-politique ; incapable également de prendre part aux tâches politiques, sauf comme étant un autre groupe de personnes assoiffées de pouvoir et cherchant leur propre sécurité (p. 68).

Bien qu'elle soit incontournable, cette approche est toutefois inadéquate. Les chrétiens les plus radicaux doivent inévitablement utiliser la culture, ou des parcelles de la culture. « Dans presque chacune de ses déclarations, Tertullien démontre qu'il est un Romain, tellement éduqué dans la tradition juridique et si redevable à la philosophie qu'il ne peut présenter sa cause sans leur aide » (p. 69-70). De même, on ne peut comprendre Tolstoï que comme un Russe du XIXe siècle. Dans chacune de nos confessions du Christ, nous employons des mots, et ces mots sont enchâssés dans la culture, même des mots tels que « Christ », « Logos » et « amour ». Lorsque Tertullien encourage à la modestie et à la patience, il emprunte en partie aux catégories stoïciennes ; lorsque Tolstoï parle de non-résistance, il est impossible de ne pas y percevoir l'influence de Jean-Jacques Rousseau. « La différence entre les radicaux et les autres groupes tient souvent à ceci : les radicaux ne comprennent pas ce qu'ils font, et continuent à parler comme s'ils étaient séparés du monde » (p. 76).

Niebuhr note quatre problèmes théologiques inhérents à cette approche. (a) De tels mouvements radicaux ont tendance à employer le mot « raison » en référence aux méthodes et au contenu de la connaissance à l'intérieur de la « culture », et le mot « révélation » comme renvoyant à leur propre foi chrétienne. Malheureusement, cependant, « ils ne peuvent résoudre leur problème quant au Christ et la culture sans reconnaître que des distinctions doivent être apportées à la fois à propos du raisonnement prenant place à l'extérieur de la sphère chrétienne, et à propos de la connaissance se trouvant à l'intérieur de celle-ci » (p. 78). (b) Ces radicaux donnent l'impression que le péché abonde dans la culture, tandis que la lumière et la piété sont l'apanage des chrétiens. Toutefois, cela ne prend pas suffisamment en compte que le péché existe également parmi les chrétiens, tout comme on ne reconnaît pas la « grâce commune » (bien que l'expression ne soit pas de Niebuhr) visiblement présente dans le monde. (c) Cette approche tend souvent à se protéger au moyen de nouvelles lois, de nouvelles règles de conduite, tellement rigides et tellement précises que la grâce elle-même semble reléguée au deuxième ou au troisième rang. (d) Avant tout, le « problème théologique le plus épineux » associé à cette approche, selon Niebuhr, est « la relation entre d'une part Jésus-Christ, et d'autre part le Créateur de la nature et le Gouverneur de l'histoire, de même que la relation entre Jésus-Christ et l'Esprit immanent dans la création et dans la communauté chrétienne » (p. 80-81). Ceci constitue en partie un défi touchant la Trinité ; même plus, c'est une tentation de convertir « leur dualisme éthique en une bifurcation ontologique de la réalité » (p. 81) aboutissant au montanisme, à la lumière intérieure du quakerisme, au spiritualisme de Tolstoï.

2. Le Christ de la culture

Ceux qui adoptent cette deuxième approche sont ceux qui acclament Jésus comme le Messie de leur société, celui qui répond aux aspirations les plus élevées de celle-ci. Ils sont chrétiens « non seulement en ce qu'ils se perçoivent comme croyant dans le Seigneur, mais aussi en ce qu'ils cherchent à être en communion avec tous les croyants. Toutefois, ils sont tout aussi à l'aise au sein de la culture » (p. 83). Ils ne cherchent pas l'assentiment du Christ vis-à-vis de tout ce qui se trouve dans leur culture, mais seulement vis-à-vis de ce qu'ils y trouvent de meilleur ; ils tendent également à séparer le Christ de ce qu'ils jugent être des idées barbares ou désuètes au sujet de Dieu et de l'histoire. « Au plan sociologique, on peut les percevoir comme des non-révolutionnaires ne sentant pas le besoin de postuler des "fractures dans le temps" – la chute, l'incarnation, le jugement et la résurrection » (p. 84).

Aux premiers siècles de l'Église chrétienne, l'exemple par excellence est celui des gnostiques. Malgré le fait que ses conducteurs les plus célèbres aient été finalement condamnés par l'Église, « le mouvement auquel le gnosticisme fait écho a été l'un des plus puissants dans l'histoire chrétienne ». Ce mouvement « conçoit le Christ non seulement comme révélateur d'une vérité religieuse, mais comme un dieu, l'objet d'une adoration religieuse ; cependant, il ne distingue pas dans le Christ le Seigneur de toute vie, ou le fils du Père, Créateur actuel et le Gouverneur de toute chose » (p. 88-89).

Bien que le gnosticisme ait finalement disparu[18], l'approche du « Christ de la culture » s'est développée davantage après la venue de Constantin, dans la montée de « ce qu'on appelle la civilisation chrétienne » (p. 89). À l'époque médiévale, Abélard en est le meilleur exemple, même s'il était loin de souscrire au gnosticisme. Officiellement, Abélard conteste la façon dont l'Église énonce sa foi ; en réalité, « il la réduit à ce qui correspond au meilleur à l'intérieur de la culture. La foi devient une connaissance philosophique au sujet de la réalité, et une éthique destinée à améliorer la vie » (p. 90). C'est à l'intérieur de ce cadre qu'Abélard présente sa théorie morale de l'expiation

> comme une alternative, non seulement à une doctrine difficile pour les chrétiens comme chrétiens, mais à toute une conception d'une action rédemptrice accomplie une fois pour toutes. Jésus-Christ est devenu pour Abélard un grand enseignant de morale qui, en tout ce qu'il a fait dans la chair [...] avait l'intention de nous instruire, accomplissant à un degré plus élevé ce que Socrate et Platon avaient accompli avant lui (p. 90).

Si, dans la culture médiévale, « Abélard a fait cavalier seul », depuis le XVIIIe siècle « ses disciples ont été nombreux, et l'hérésie de jadis s'est transformée en la nouvelle orthodoxie ». Niebuhr réfère évidemment à ce qu'il appelle le « protestantisme culturel ». Les tenants de ce protestantisme « interprètent le Christ comme un héros d'une culture variée » (p. 91). Aussi bien John Locke, avec son *Christianisme raisonnable*, qu'Emmanuel Kant, avec sa *Religion dans les limites de la raison*, trouvent ici leur place. Il en va de même pour

---

18. Certains soutiennent, évidemment, que le gnosticisme connaît une résurgence dans certaines formes de « spiritualité » et dans la théologie du « nouvel âge. » Il va sans dire qu'on y trouve aussi bien des parallèles que des éléments de discontinuité. Voir, par exemple, Peter Jones, *The Gnostic Empire Strikes Back: An Old Heresy for the New Age*, Phillipsburg, P&R, 1992.

Thomas Jefferson, qui pouvait écrire, après avoir émondé le Nouveau Testament de manière à n'en préserver que les passages lui paraissant appropriés : « Je suis un chrétien seulement dans la mesure où il [*Jésus-Christ*] désire que quiconque le soit » (cité aux pages 91-92). Niebuhr inclut dans ce parti des gens tels que Schleiermacher, Emerson, F. D. Maurice, et d'autres, mais il voue ses énergies surtout à Albrecht Ritschl. Après tout, la théologie de Ritschl « avait deux pierres de fondement : non pas la révélation et la raison, mais le Christ et la culture » (p. 95). Ritschl parvient à réconcilier le Christ et la culture en faisant appel principalement à sa propre compréhension du royaume de Dieu. Le royaume « signifie l'association de l'humanité – une association la plus complète possible, à la fois dans son étendue et son intensité – grâce à l'action morale de ses membres les uns sur les autres, une action transcendant toutes les considérations qui ne sont que naturelles ou particulières » (cité en page 98). Selon une telle compréhension du royaume, Jésus devient donc le Christ de la culture à la fois « comme le guide des êtres humains dans tous leurs efforts à réaliser et à conserver leurs valeurs, et comme le Christ compris à partir d'idées culturelles tirées du XIXe siècle » (p. 98).

Niebuhr apprécie particulièrement cet héritage. Une telle compréhension a conduit plusieurs personnes à Jésus, précisément parce que Jésus n'y est pas aussi étranger que dans la première approche. De plus, affirme Niebuhr,

> les chrétiens culturels tendent à s'adresser aux gens cultivés parmi ceux qui méprisent la religion ; ils emploient le langage des milieux plus sophistiqués, de ceux au fait des courants scientifiques, philosophiques, politiques et économiques de leur temps. Ils sont des missionnaires auprès de l'aristocratie et de la classe moyenne, ou auprès des groupes qui, à l'intérieur d'une civilisation, accèdent au pouvoir[19] (p. 104).

---

19. Il nous faut noter que lorsque Niebuhr parle des « gens cultivés », il revient à l'usage de la « haute culture », contrairement à sa définition de départ.

De plus, Jésus lui-même, bien qu'il fût plus qu'un prophète, « s'est soucié, tout comme un Ésaïe, de l'intérêt de sa propre ville » (p. 105). Quoique rien ne fût plus important pour lui que l'« âme » de quelqu'un, il a non seulement pardonné les péchés, mais il a aussi guéri les malades.

> Pour le chrétien radical, le monde entier à l'extérieur de la sphère où la seigneurie du Christ est ouvertement reconnue constitue un domaine de ténèbres ; mais les chrétiens culturels notent qu'il existe de grandes différences parmi les divers mouvements dans la société ; et en observant ces mouvements, non seulement trouvent-ils des points de contact pour la mission de l'Église, mais cela les autorise à travailler à réformer la culture. Les radicaux rejettent Socrate, Platon, et les stoïciens, de même qu'Aristippe, Démocrite, et les épicuriens ; tyrannie et empire se ressemblent selon eux ; le bandit de grand chemin et le soldat usent tous deux de violence ; les personnages sculptés par Phidias sont des tentations à l'idolâtrie plus dangereuses que celles d'un bricoleur ; la culture moderne est d'une seule pièce, individualiste et égoïste, séculière et matérialiste. Le chrétien culturel, cependant, comprend qu'il existe de grandes polarités à l'intérieur de toute civilisation ; et qu'en un sens Jésus-Christ soutient des mouvements en philosophie tendant vers l'affirmation à l'unité mondiale et à l'ordre mondial, des mouvements en morale tendant au renoncement à soi et au bien-être commun, des intérêts politiques en faveur de la justice, et des intérêts ecclésiastiques en faveur de l'honnêteté en matière religieuse (p. 106).

Niebuhr formule toutefois certaines objections théologiques, et d'autres objections d'un autre ordre, à l'égard de cette approche. Les chrétiens culturels sont souvent critiqués, non seulement par les orthodoxes, mais aussi par les gens de l'extérieur ; les écrivains païens ont critiqué les gnostiques chrétiens, tout comme John Dewey et Marx ont rejeté le christianisme libéral. Ils se méfient de ce qui, à leurs yeux, est une position de compromis, et que cela ne vienne corrompre la pureté de leur paganisme, de leur libéralisme, ou de leur marxisme – tout comme, d'autre part, les orthodoxes se méfient de ce que ces chrétiens culturels aient sacrifié trop d'éléments essentiels au christianisme. En effet, il est difficile de nier qu'ils « prennent un fragment, éminemment complexe, de l'histoire du Nouveau Testament et de son interprétation, en font l'élément central au sujet de la personne de Jésus, l'élaborent plus en détail, et ainsi reconstruisent leur propre perception mystique du Seigneur ». Une vision si fragmentaire sera inévitablement « quelque chose qui semble concorder avec leurs intérêts ou les besoins du moment [...] Jésus représente l'idéal de la connaissance spirituelle, ou la raison logique, ou le sentiment de l'infini, ou la loi morale interne, ou l'amour fraternel » (p. 109). Je suppose que l'on pourrait ajouter que, de nos jours, Jésus représente l'inclusion, la tolérance, la spiritualité. De plus, ces chrétiens culturels comprennent peu la « vision chrétienne à propos du péché, de la grâce et de la loi, et de la Trinité » (p. 112). Par exemple, ils ne comprennent pas combien le péché est endémique, combien il corrompt non seulement tous les êtres humains, mais aussi toute la nature humaine. Leur moralisme ne saisit que peu de choses au sujet de la grâce, parce qu'ils comprennent bien peu le besoin de recevoir cette grâce. Dieu lui-même n'échappe pas à leur nouvelle définition : « Les gnostiques ont besoin de plus d'une Trinité, les libéraux, de moins. Partout, la tendance générale de ce mouvement est de faire correspondre Jésus à l'esprit immanent qui travaille en l'être humain » (p. 114).

3. *Le Christ au-dessus de la culture*

Contrairement à l'approche du « Christ contre la culture », ou contrairement à celle intitulée « le Christ de la culture », cette troisième approche, « le Christ au-dessus de la culture », est pour Niebuhr celle qui a obtenu l'assentiment majoritaire dans l'histoire de l'Église. Elle se présente cependant sous trois formes distinctes, qui constituent les trois derniers volets de sa typologie[20].

---

20. La répartition que fait Niebuhr est un peu déroutante. Il peut être utile de considérer les trois derniers de ses cinq types comme étant : (3) le Christ au-dessus de

Niebuhr intitule ces trois dernières composantes, regroupées en une seule, « l'Église du centre » (p. 117). Un élément confessionnel se trouve au cœur de cette approche :

> L'Église du centre aborde le problème culturel à l'aide d'une conviction théologique : Jésus-Christ est le Fils de Dieu, le Père tout-puissant qui a créé le ciel et la terre. Fort de cette idée, elle joint à la discussion sur le Christ et la culture une conception de la nature sur laquelle se fonde toute culture, une nature bonne et bien ordonnée par Celui à qui Jésus-Christ obéit et à qui il est inséparablement uni. Lorsque règne cette certitude, le Christ et le monde ne peuvent simplement être opposés l'un à l'autre. Pas plus qu'on peut simplement percevoir le « monde » en tant que culture comme étant le domaine de l'impiété ; puisqu'il est au moins fondé sur le « monde » en tant que nature, et il ne peut exister à moins d'être soutenu par le Créateur et le Gouverneur de la nature (p. 117-118).

Malgré ce point de départ, l'Église du centre croit aussi fermement en « l'universalité et la nature radicale du péché », et en la « primauté de la grâce et la nécessité d'obéir » (p. 118-119), même s'il existe de profondes divergences dans la compréhension de la mise en œuvre de ces éléments. À partir de ce tronc commun, trois groupes distincts se dessinent : les synthésistes, les dualistes, et les conversionnistes. À ce stade, Niebuhr se concentre exclusivement sur les synthésistes.

Les synthésistes cherchent une solution que l'on pourrait intituler « l'un et l'autre tout à la fois ». Les synthésistes préservent le fossé entre le Christ et la culture, un fossé que le chrétien culturel ne prend jamais suffisamment en compte, et que le radicalisme ne tente même pas de combler – bien qu'ils tiennent fermement au fait que le Christ exerce la même souveraineté sur la nature que celle qu'il exerce sur l'Église. « Nous ne pouvons dire : "Soit le Christ, soit la culture", parce que nous transigeons avec Dieu dans ces deux domaines. Nous

---

la culture : type synthésiste ; (4) le Christ au-dessus de la culture : type dualiste ; (5) le Christ au-dessus de la culture : type conversionniste/transformationniste.

ne devons pas dire : "À la fois le Christ et la culture", comme s'il n'y avait aucune différence entre eux ; mais nous devons dire : "À la fois le Christ et la culture", en reconnaissant pleinement la double nature de notre loi, de notre fin, de notre situation » (p. 122). C'est ce que laisse entendre la parole de Jésus : « Rendez à César ce qui est à César, et à Dieu ce qui est à Dieu » (Mattieu 22.21, cité en p. 123). C'est aussi pour cela que nous devons être soumis aux autorités, car il n'y a pas d'autorité qui ne vienne de Dieu lui-même (Romains 13).

Certaines réponses synthésistes ont été mises en avant par Justin Martyr. Le premier grand représentant de ce type est toutefois un contemporain de Tertullien, Clément d'Alexandrie. À titre d'exemple, en parlant du riche, Clément peut, d'une part, faire appel aux grandes vertus stoïciennes de la générosité, ressemblant alors au chrétien culturel typique. Mais il va plus loin, et, doucement, « exhorte le chrétien à répondre à l'amour du Seigneur qui lui-même s'est fait pauvre » (p. 124). Oui, un chrétien doit être une bonne personne, selon les standards d'une « bonne culture », mais le Christ invite les gens à aller encore plus loin, et leur accorde la grâce de l'accomplir : l'amour envers Dieu, et ce, pour Dieu lui-même. « Ce genre de vie n'est pas de ce monde, et cependant l'espoir d'y atteindre et la prévision de la voir s'accomplir se vit à chaque instant. » Ainsi, le Christ de Clément « n'est pas contre la culture, mais ce Christ emploie les meilleurs éléments de cette culture comme instruments de son œuvre, une œuvre qui consiste à accorder aux hommes ce qu'ils ne peuvent accomplir par leurs propres efforts » (p. 127).

Toutefois, le synthésiste le plus important est sans doute Thomas d'Aquin, qui « représente un christianisme qui a pleinement reconnu sa part de responsabilité dans la mise en place de toutes les grandes institutions » (p. 128). Thomas comprenait que le Christ est bien au-dessus de la culture, et il n'a jamais tenté « de dissimuler le fossé qui existe entre eux » (p. 129). Il réussit cependant à unir, sans les confondre, « philosophie et théologie, État et Église, vertus civiques et vertus chrétiennes, loi naturelle et loi divine, Christ et culture » (p. 130). Niebuhr essaie de le démontrer en évoquant la manière dont

Thomas « a cherché à synthétiser l'éthique de la culture et l'éthique de l'Évangile » (p. 130) et sa théorie sur la loi (p. 135). De manière tout aussi importante, « la synthèse que Thomas a effectuée n'était pas seulement un exploit intellectuel, mais la représentation philosophique et théologique d'une unification sociale du Christ et de la culture » (p. 137). Quoique les pressions du XVIe siècle aient rapidement fracturé cette unification, et que la Réforme et la Renaissance l'aient déchirée encore plus, cette unification démontra un degré de synthèse qui fut difficile à atteindre par la suite. On ne devrait rien mépriser de cet accomplissement : « La quête humaine de l'unité est irréductible, et le chrétien possède une raison bien particulière justifiant sa recherche d'intégrité, en raison de sa foi fondamentale en ce Dieu qui est Un » (p. 141). Certes, d'autres ont souligné l'importance des institutions sociales et civiles, mais ce qui « distingue le type de synthèse formulé par Thomas est son souci de découvrir les bases de ce qui est droit dans la nature de l'homme et son monde, à savoir une nature donnée et créée » (p. 142).

Toutefois, Niebuhr n'est pas sans percevoir les problèmes propres à une version synthésiste du Christ au-dessus de la culture. Des chrétiens d'autres groupes « feront remarquer que ce projet en lui-même mène à une erreur », car s'efforcer de joindre le Christ et la culture, la grâce et les œuvres, l'œuvre de Dieu et l'œuvre des humains, le temporel et l'éternel, tout cela dans un système bien conçu, mène nécessairement « à absolutiser ce qui est relatif, à réduire l'infini à une forme finie, à matérialiser ce qui est dynamique ». De plus, toutes ces synthèses sont elles-mêmes le reflet de leur propre culture. Par exemple, « la perception hiérarchique de l'ordre naturel chez Thomas d'Aquin est médiévale et appartient à l'histoire » (p. 145). En outre, tel qu'il a déjà été noté, Thomas « manquait de perspective historique » (p. 146). Qui plus est, ce profond désir de synthétiser « mène à l'institutionnalisation du Christ et de l'Évangile » (p. 146). En effet, même s'ils prétendent le contraire, les synthésistes « n'admettent pas le mal fondamental se trouvant dans toute œuvre humaine » (p. 148). Et cela nous conduit à la prochaine section.

4. Le Christ et la culture en paradoxe

Ceci est le deuxième groupe s'inscrivant au sein du courant du « Christ au-dessus de la culture ». Le premier groupe touchait les synthésistes; le deuxième, les dualistes.

Pour les dualistes, le problème fondamental de la vie n'est pas d'établir une séparation entre les chrétiens et le monde païen ou séculier, mais entre Dieu et toute l'humanité – ou, « puisque le dualiste est un penseur existentialiste – entre Dieu et nous; le problème se situe entre la justice de Dieu et la justice de soi ». En réfléchissant au Christ et à la culture, nous devons d'abord nous souvenir de ce que le Christ est venu accomplir : il est venu réaliser « le grand acte de réconciliation et de pardon » entrepris par ce Christ (p. 150). Le péché se trouve en nous; la grâce se trouve en Dieu. D'une certaine manière, ce groupe ressemble beaucoup au premier, c'est-à-dire aux tenants de l'approche du « Christ contre la culture ». Selon cette approche, la tendance consiste à mettre un accent marqué sur la distinction entre « eux » et « nous »; selon l'approche dualiste, au contraire, nous sommes tous perdus, nous sommes tous pécheurs. « La culture humaine est corrompue; ceci comprend toute œuvre humaine, non seulement les réalisations humaines hors de l'Église, mais aussi celles qui sont accomplies au sein de celle-ci; non seulement la philosophie en tant qu'œuvre humaine, mais également la théologie; non seulement la défense juive à l'égard de la loi juive, mais aussi la défense chrétienne des préceptes chrétiens » (p. 153). Afin de bien comprendre les dualistes, affirme Niebuhr, nous devons comprendre qu'ils ne jugent pas les autres êtres humains, mais qu'ils les jugent tous, en s'incluant eux-mêmes. S'ils parlent de la corruption de la raison, ils incluent leur propre corruption.

> L'autre élément à retenir, c'est que pour ces croyants, l'attitude de l'être humain envers Dieu n'est pas une attitude qui s'ajoute à tant d'autres, après avoir fait face à la nature, à ses semblables, ou aux concepts de la raison. Cette situation existe de manière fondamentale, toujours présente; bien que l'être humain tente constamment

d'ignorer le fait qu'il s'oppose à Dieu, ou encore que s'il « s'oppose à quoi que soit », c'est en réalité à Dieu lui-même qu'il s'oppose (p. 153).

« Ainsi, le dualiste s'unit au chrétien radical en déclarant que la nature humaine dans sa totalité est impie et atteinte d'une maladie qui mène à la mort. Mais un élément les différencie : le dualiste reconnaît appartenir à cette culture et ne pouvoir en sortir, qu'en effet Dieu le soutient en elle et par elle ; car si Dieu dans sa grâce n'avait soutenu le monde dans son péché, ce monde n'aurait jamais existé, ne fut-ce qu'un instant. » Et ainsi le dualiste « ne peut s'exprimer qu'en ce qui semble être des paradoxes » (p. 156). Ces paradoxes s'étendent à des domaines tels que la loi et la grâce, à la colère divine et à la miséricorde divine, et le dualiste ne peut évaluer la culture sans penser à ces réalités paradoxales continues.

Niebuhr soutient qu'il n'existe que peu de dualistes purs et durs, et cohérents (comme il les a décrits), mais il découvre un *thème* dualiste chez Paul, un thème employé à une tout autre fin chez Marcion, maintenu de manière plus fidèle par Augustin, et que Luther préserve avec encore plus de vigueur. Cependant, il s'agit là encore d'un sous-ensemble du paradigme du « Christ au-dessus de la culture » :

> Le Christ touche aux problèmes fondamentaux de la vie morale ; il purifie la source des actions ; il crée et recrée la communauté ultime au sein de laquelle s'inscrit toute action. Mais du même coup, il ne dirige pas directement les actions externes ni ne construit la communauté immédiate à l'intérieur de laquelle l'être humain poursuit son œuvre. Au contraire, il libère les hommes de leur nécessité intérieure de se découvrir des vocations particulières ou de fonder des communautés où ils tentent d'acquérir du respect à leurs propres yeux, de même que l'approbation humaine et divine. Il les libère des monastères et de tous ces couvents où se trouvent des gens pieux, afin qu'ils servent leur véritable prochain dans le monde en exerçant des professions humaines ordinaires.

Plus que tout autre grand conducteur chrétien avant lui, Luther a soutenu la vie à l'intérieur de la culture comme étant la sphère dans

> laquelle on pouvait et devait suivre le Christ ; et plus que tout autre, il a perçu que les lois auxquelles on doit obéir dans la vie culturelle ne dépendaient pas de la loi chrétienne ou de la loi de l'Église. Quoique la philosophie ne menât pas à la foi, l'homme fidèle pouvait cependant suivre cette voie philosophique afin d'atteindre des buts accessibles par cette voie [...] L'éducation de la jeunesse dans les langues, les arts, et l'histoire, de même que dans la piété, ouvraient de nombreuses portes à l'homme chrétien libre ; mais on devait aussi prôner une éducation culturelle. « La musique », dit Luther, « est un noble don de Dieu, au même titre que la théologie. Je n'échangerais pas mes connaissances musicales limitées pour tout l'or du monde. » Le chrétien pouvait également faire du commerce, car « il est nécessaire d'acheter et de vendre [...] » Les activités politiques, et même la carrière militaire, étaient encore plus nécessaires à la vie courante, et donc des sphères d'activité à l'intérieur desquelles on pouvait servir son prochain et obéir à Dieu (p. 174-175).

Les tensions à l'intérieur de tout cela, affirme Niebuhr, sont celles d'un penseur dialectique tentant de faire face à la réalité. « Vivant entre le temps et l'éternité, entre la colère et la miséricorde, entre la culture et le Christ, le véritable luthérien trouve la vie à la fois tragique et joyeuse. Il n'existe aucune solution à ce dilemme de ce côté-ci de la mort » (p. 178).

Niebuhr présente deux ou trois exemples de dualistes venus après Luther, dont Kierkegaard, et mentionne ensuite les deux accusations les plus courantes dont les dualistes sont l'objet : le dualisme tend à conduire les chrétiens (a) vers l'antinomisme, et (b) vers le conservatisme culturel. La raison de ce conservatisme culturel, dit-on, est que les dualistes ne fixent les regards que sur « un seul ensemble au sein des grandes institutions culturelles et des coutumes de leur époque – le religieux » (p. 188). Ainsi, ils laissent inchangées d'autres questions telles que la justice politique, par exemple, ou une institution telle que l'esclavage.

Et cela nous mène à l'approche finale de Niebuhr.

5. Le Christ transformateur de la culture

Ce sous-ensemble est le troisième du thème « Le Christ au-dessus de la culture ». Les deux autres étaient le synthésisme et le dualisme ; celui-ci est le conversionnisme. Notons que Niebuhr ne renvoie pas ici à la conversion individuelle (même si cette notion s'y trouve certainement), mais plutôt à la conversion *de la culture elle-même.*

> La compréhension que possèdent les conversionnistes des relations entre le Christ et la culture ressemble manifestement au dualisme, mais elle affiche aussi des liens de parenté avec les autres grandes pensées chrétiennes. Cependant, il devient évident qu'il s'agit d'un thème distinct quand on passe de l'Évangile de Matthieu et de l'épître de Jacques aux épîtres de Paul et au quatrième Évangile, ou quand on passe de Tertullien aux gnostiques, et de Clément vers Augustin, ou de Tolstoï, Ritschl et Kierkegaard à F. D. Maurice. Ceux qui présentent ce que nous appelons la réponse conversionniste au problème du Christ et de la culture s'inscrivent de toute évidence au sein de la grande tradition centrale de l'Église. Quoiqu'ils tiennent à tout prix à différencier l'œuvre de Dieu en Christ et l'œuvre humaine dans la culture, ils ne souscrivent pas à un christianisme qui se retire de la civilisation ni ne rejettent les institutions de la civilisation teintée d'une amertume tolstoïenne. Bien qu'ils acceptent leur situation dans la société et les devoirs qu'elle comporte tout en obéissant à leur Seigneur, ils ne cherchent pas à modifier le sévère jugement de Jésus-Christ à l'égard du monde et de toutes ses voies. Leur christologie est semblable à celle des synthésistes et des dualistes ; ils parlent plus du Rédempteur que d'un dispensateur d'une loi nouvelle, ils parlent plus du Dieu que les êtres humains rencontrent que du représentant des meilleures ressources spirituelles de l'humanité [...]
>
> Ce qui distingue les conversionnistes des dualistes est leur attitude plus positive et pleine d'espoir par rapport la culture (p. 190-191).

Cette attitude plus positive à l'égard de la culture, écrit Niebuhr, s'appuie sur trois convictions théologiques : (a) alors que les dualistes ont tendance à voir en la création divine une *mise en scène* de la puissante œuvre rédemptrice de Dieu manifestée par la croix et la résurrection du Christ, les conversionnistes placent un accent particulier sur la création. Quoique l'on ne permette pas à la création de surclasser la rédemption, ou d'être dépassée par elle, la création est non seulement le lieu de la rédemption, mais la sphère où s'accomplit l'œuvre souveraine de Dieu, là où il gouverne et poursuit son œuvre. (b) Alors que les dualistes risquent parfois de considérer la matière et même l'identité humaine comme intrinsèquement mauvaises, menant ainsi à «percevoir les institutions de la culture comme ayant une fonction surtout négative dans un monde temporel et corrompu» (p. 193), les conversionnistes soutiennent que la chute est «morale et personnelle, et non pas physique et métaphysique, bien qu'elle ait des conséquences physiques» (p. 194). (c) Les conversionnistes adoptent «une vision de l'histoire indiquant que tout est possible à Dieu à l'intérieur d'une histoire qui constitue plus qu'une suite d'événements humains, mais qui demeure toujours une relation remarquable entre Dieu et les êtres humains» (p. 194). En effet, le conversionniste possède, dans son eschatologie, une composante «réalisée» plus forte que la plupart des autres chrétiens : «Pour le conversionniste, l'histoire est le récit des puissantes œuvres de Dieu et celui des réponses humaines à ces œuvres. Il vit un peu moins "entre les siècles" et un peu plus dans le divin "Maintenant" que ne le font ses frères en la foi. L'avenir eschatologique est devenu pour lui un présent eschatologique» (p. 195).

Niebuhr perçoit que ce thème est particulièrement présent dans le quatrième Évangile. Sans le Logos, rien n'a été créé; le monde qu'il a créé est son chez-soi. «Jean n'aurait pas pu exprimer avec plus de force que ce qui est, est bien.» Pour cet évangéliste : «la naissance naturelle, manger, boire, le vent, l'eau, le pain et le vin sont [...] non seulement des symboles à employer lorsqu'on traite des réalités de la vie de l'esprit, mais ils regorgent de signification spirituelle» (p. 197). Le «monde» est à la fois «la totalité de la création et surtout la totalité de l'humanité comme objet de l'amour de Dieu», le monde «réfère également à l'humanité dans la mesure où elle rejette le Christ, vit dans les ténèbres, accomplit des œuvres mauvaises, ne connaît pas le Père, se réjouit de la mort du Fils » (p. 198). Cependant, Jean ne nous présente pas une doctrine abstraite du péché ; plutôt, il l'illustre, tout en refusant de définir le péché (p. 199). À l'intérieur de ce cadre, le don que Dieu accorde en Christ est la « vie éternelle », mais l'eschatologie du quatrième Évangile est tellement réalisée que l'on peut fondamentalement jouir de cette vie maintenant, avec tout ce que cela signifie pour l'existence humaine et la culture.

Niebuhr l'admet : « Nous ne pouvons interpréter le quatrième Évangile comme un document entièrement conversionniste, non seulement en raison de son silence concernant plusieurs sujets, mais aussi du fait que le ton universaliste qu'il emploie s'accompagne d'une tendance particulariste » (p. 204). On retrouve le même genre de tension, déclare Niebuhr, dans la *Lettre à Diognète*, qui date du IIe siècle. Toutefois, c'est chez Augustin et d'autres conducteurs du IVe siècle qu'émerge plus clairement « l'attente d'une régénération universelle par le Christ » – quoiqu'ici également, il n'existe pas d'universalisme absolu (c'est-à-dire une compréhension entièrement conversionniste) parce que ces théologiens devaient combattre sur deux fronts. En effet, ils devaient résister « à l'anti-culturalisme d'un christianisme exclusif, et à une accommodation à la culture chez les chrétiens culturels » (p. 206). Chez Augustin, soutient Niebuhr,

> le Christ est le transformateur de la culture [...] au sens où il redirige, revivifie, et régénère la vie de l'homme, exprimée dans toutes les œuvres humaines, une vie qui, pour l'instant, est l'expression pervertie et corrompue d'une nature fondamentalement bonne ; une vie qui, de plus, est condamnée dans sa dépravation à être passagère et à mourir, non pas parce qu'une punition externe lui a été infligée, mais parce qu'intrinsèquement elle se contredit (p. 209).

Les vertus morales que les êtres humains acquièrent au sein de cultures perverses ne sont pas remplacées par de nouvelles vertus à la conversion ; elles sont plutôt converties par l'amour. Les gens qui sont convertis, les citoyens de la sainte Cité de Dieu, qui « vivent selon Dieu pendant le pèlerinage de cette vie, craignent et désirent tout à la fois, pleurent et se réjouissent. Et parce que leur amour est placé au bon endroit, toutes leurs affections sont droites» (*La Cité de Dieu* xiv.9, cité à la page 214). Cependant, Augustin n'amène pas ce programme conversionniste à son terme logique ; il n'attend pas « avec espérance la réalisation de cette grande possibilité eschatologique, démontrée et promise dans le Christ incarné – la rédemption du monde créé et corrompu et la transformation de l'humanité dans toute son activité culturelle» (p. 215). Plutôt, il fait un bond en avant jusqu'à «la vision eschatologique d'une société spirituelle, composée d'individus humains élus avec les anges, vivant dans un parallélisme éternel en compagnie des réprouvés» (p. 216). Niebuhr trouve cette étape très difficile à comprendre, et incompatible avec ce qu'il croit être l'approche principale d'Augustin, c'est-à-dire une approche conversionniste.

Il en va de même pour Calvin, écrit Niebuhr, qui poursuit dans la même voie qu'Augustin. Wesley s'inscrit dans cette même tradition, mais affirmit son héritage conversionniste en devenant l'apôtre du perfectionnisme. Toutefois, l'apogée de ce processus se trouve chez F. D. Maurice, qui est, selon Niebuhr, «avant tout un penseur johannique» (p. 220). Maurice voit toute personne comme étant en Christ, l'apogée de la destinée humaine se trouvant dans une conversion culturelle telle que la prière de Jésus dans Jean 17 sera en définitive exaucée : tous deviennent un, comme le Père et le Fils sont un.

> Ce qui a fait de Maurice le plus cohérent des conversionnistes, cependant, est le fait qu'il maintenait que le Christ est roi, et que les hommes doivent par conséquent tenir compte uniquement de lui et non de leur péché ; car fixer notre attention sur le péché comme s'il s'agissait en réalité du principe directeur de l'existence consiste à s'enfoncer dans une autocontradiction encore plus profonde (p. 224).

En effet, Maurice était en désaccord avec les évangéliques allemands et britanniques précisément sur ce point (p. 224). Niebuhr cite Maurice : « Je me dois de croire en un abîme d'amour qui est plus profond que l'abîme de la mort : je n'ose pas perdre la foi en cet amour. Je m'enfonce dans la mort, la mort éternelle, si tel est le cas. Je dois sentir que cet amour englobe l'univers. Je ne peux en savoir davantage à ce sujet » (cité en page 226).

Quoique Niebuhr ne souscrive jamais à une des approches présentées dans son ouvrage, il est à noter que ce cinquième paradigme ne fait l'objet d'aucune critique de la part de Niebuhr. La plupart des spécialistes croient donc que Niebuhr adopte ce système.

Nous en arrivons ainsi au « post-scriptum non scientifique » de Niebuhr. Nul besoin de suivre toute sa pensée pour l'instant ; cela nous conduirait trop loin de son paradigme en cinq temps. Il convient toutefois d'en relever deux éléments. *Tout d'abord*, Niebuhr soutient que son analyse pourrait s'étendre indéfiniment, si elle examinait une pléiade d'autres conducteurs chrétiens – non seulement des penseurs théologiques, mais une grande collection d'exemples de loyauté au Christ, qu'ils soient « politiques, scientifiques, littéraires et militaires dans leurs conflits et leur adaptation à leurs devoirs culturels ». Il pense notamment à « Constantin, Charlemagne, Thomas More, Oliver Cromwell et Gladstone, Pascal, Kepler, Newton, Dante, Milton, Blake et Dostoïevsky, Gustavus Adolphus, Robert E. Lee et "Chinese" Gordon – ainsi qu'à plusieurs autres ». On se demande pourquoi certains noms ont été omis, tels qu'Abraham Kuyper, peut-être, et Abraham Lincoln, Wilberforce, et Shaftesbury. Quoi qu'il en soit, l'argument de Niebuhr est qu'il est impossible d'affirmer : « Voici la réponse chrétienne » (p. 231).

Deuxièmement, bien qu'il n'y ait pas de réponse théorique unique, Niebuhr soutient que l'on doit passer « d'une idée à une décision » (p. 233), alors que chaque croyant en arrive à sa propre conclusion « finale ». Ces décisions revêtent un caractère relatif, et ce, d'au moins quatre façons. « Elles dépendent de la connaissance partielle, incomplète et fragmentaire d'une personne ; elles découlent de la mesure de sa foi et de son absence de foi ; elles procèdent de la place que cette personne occupe dans l'histoire et des responsabilités reliées à sa position sociale ; elles touchent aux valeurs relatives des choses » (234). Néanmoins, même ce caractère relatif doit trouver réponse dans le contexte de la « foi en l'absolue fidélité de Dieu-en-Christ » (p. 239).

L'influence du modèle en cinq temps de Niebuhr est incommensurable, surtout dans le monde anglophone[21]. Nos prochaines étapes consisteront à l'évaluer, à la fois en ses propres termes, et à la lumière de la théologie biblique (chapitre 2). Ensuite, nous y intégrerons des discussions plus récentes au sujet de la culture et au sujet d'idées connexes (chapitre 3).

---

21. On pourrait inclure nombre d'ouvrages et d'essais. Même de nos jours, malgré le fait que plusieurs soulignent la nécessité d'apporter des changements à la pensée de Niebuhr (voir notre chapitre 3), des études sociales utilisent encore et toujours sa taxonomie. Par exemple, lorsque David W. Jones (*Reforming the Morality of Usury: A Study of the Differences That Separated the Protestant Reformers*, Lanham, University Press of America, 2004) soutient que les différentes opinions adoptées par les réformateurs concernant les prêts à intérêts tiennent à une position *culturelle* correspondante, sa pensée est influencée par la typologie de Niebuhr.

–2–

Niebuhr revu et corrigé : les répercussions de la théologie biblique

Je me propose deux objectifs dans ce chapitre : tout d'abord, présenter une première évaluation de l'œuvre de Niebuhr, en termes généraux, tout en utilisant sa nomenclature ; ensuite, évaluer comment sa propre typologie pourrait être transformée à la lumière d'une solide théologie biblique. Le chapitre suivant examinera plus en détail certains problèmes reliés à la définition de la « culture » chez Niebuhr, déjà présentée au chapitre un ; il considérera également l'apport de certains changements épistémologiques ayant pris place au sein de plusieurs formes de culture occidentale, dans la formulation d'une typologie plus appropriée.

Une première critique de Niebuhr

Les forces et faiblesses du caractère exhaustif de l'analyse de Niebuhr

L'influence de l'œuvre de Niebuhr tient en partie à ce que son analyse touche à la fois catholiques et protestants, l'Orient et l'Occident, des exemples tirés des Pères de l'Église, du Moyen Âge, de la Réforme, et de l'ère moderne, les conservateurs et les libéraux, les croyants des courants traditionnels (quels qu'ils aient été et peu importe l'époque) ainsi que les sectaires. À notre avis, en ce début de XXIe siècle, le seul élément important à y ajouter serait la voix de l'Église contemporaine des pays en voie de développement. Pour être juste, cependant, quiconque partage un tant soit peu les sentiments de Niebuhr peut aisément deviner où il situerait la plupart de ces voix sans devoir modifier substantiellement son paradigme en cinq temps. En toute bonne conscience, personne ne peut accuser Niebuhr d'avoir écrit il y a cinquante ans. Ainsi, nous apprécions avec gratitude la nature exhaustive de son œuvre.

Cependant, il est difficile de ne pas conclure que la nature exhaustive de l'œuvre de Niebuhr constitue en même temps une faiblesse mortelle. De manière implicite, il utilise *certains* critères afin de soustraire certains mouvements qu'il estime être inadmissibles – que ce soient les ariens (et leurs équivalents modernes), les mormons, ou les sectes les plus extrémistes (on pense, par exemple, aux disciples de Thomas Münzer). Toutefois, il n'élimine aucune faction du gnosticisme « chrétien » ni aucune aile du libéralisme « chrétien ». Et pourquoi donc ? Ces deux derniers exemples ont en commun la force du nombre à l'époque où ils ont respectivement dominé la scène. Une telle raison suffit-elle pour qu'on les considère comme chrétiens ? De plus, Niebuhr a clairement adopté des reconstructions historiques de ces deux époques, des reconstructions très populaires dans les milieux érudits au moment où il a écrit, mais qui sont souvent remises en question, et ce, à juste titre.

Dans la foulée de Walter Bauer[1], plusieurs spécialistes avaient adopté le point de vue selon lequel on ne pouvait établir de distinction entre ce que nous appelons aujourd'hui l'orthodoxie et ce que nous appelons aujourd'hui l'hétérodoxie (ou l'hérésie) avant la fin du IIe siècle. Autrement dit, «l'orthodoxie» et «l'hétérodoxie» étaient toutes deux acceptables à l'origine à l'intérieur du christianisme naissant. Si l'on accepte un tel point de vue, le gnosticisme a autant voix au chapitre que ce qu'on est venu à désigner comme étant l'orthodoxie. Puisque Niebuhr a écrit à une époque où l'influence de Bauer jetait une lumière sinistre sur presque toute la pensée théologique du monde occidental, il a simplement adopté une telle pensée. Or, de nos jours, cette position présentée par Bauer, quoiqu'encore populaire dans certains milieux[2], est devenue de plus en plus difficile à soutenir. Le véritable gnosticisme est un fait du IIe siècle, parasitaire de la théologie du Ier siècle, et non son contemporain dès l'origine du christianisme. Plusieurs ont critiqué l'ouvrage de Bauer de manière incisive[3]. Par exemple, en remarquant que le titre de l'ouvrage de Bauer prétend traiter de ce qui se produit au «tout début du christianisme», alors qu'il ne traite que du IIe siècle, I. Howard Marshall choisit le titre effronté : *Orthodoxie et hérésie à l'époque du christianisme primitif*[4].

1. *Rechtgläubigkeit und Ketzerei im ältesten Christentum*: Tübingen, Mohr Siebeck, 1934. Cet ouvrage a été publié en anglais plus de trois décennies plus tard, sous le titre *Orthodoxy and Heresy in Earliest Christianity*, Philadelphia, Fortress, 1971.
2. Par exemple, dans l'ouvrage de Bart Ehrman, *Lost Christianities: The Battles for Scriptures and Faiths We Never Knew* (Oxford, Oxford University Press, 2003), les affirmations sont extravagantes, l'interaction avec la littérature secondaire opposée à ses idées est pratiquement ignorée.
3. Pour ne citer que la plus récente critique parmi les plus compétentes, voir Paul Trebilco : « Christian Communities in Western Asia Minor into the Early Second Century : Ignatius and Others as Witnesses Against Bauer », dans le *Journal of the Evangelical Theological Society*, n° 49, 2006, p. 17-44.
4. *Themelios*, vol. 2, n° 1, 1976, p. 5-14. Voir aussi H. E. W. Turner, *The Pattern of New Testament Truth: A Study in the Relations between Orthodoxy and Heresy in the Early Church*, Londres, A. R. Mowbray & Co., 1954 ; Daniel J. Harrington,

Nous devons nous souvenir que les auteurs du Nouveau Testament eux-mêmes distinguaient l'orthodoxie de l'hérésie, à la fois dans leurs premiers écrits (Galates 1.8,9 et 2 Corinthiens 11.3,4, par exemple) et dans des écrits plus tardifs (tels que 1 Jean). Et lorsque le gnosticisme a grandi et s'est affermi, ses accents théologiques, bien que conformes à la pensée générale de l'époque, s'éloignaient sensiblement du « postulat » biblique. Bref, le gnosticisme ne possède ni les lettres de créance ni les caractéristiques suffisantes justifiant sa place dans un ouvrage de la sorte (à moins, bien sûr, qu'on veuille aussi y inclure les ariens, les nestoriens, les mormons, et ainsi de suite).

Il en est de même en ce qui a trait à la théologie libérale, qui est une des formes de ce que Niebuhr appelle « le christianisme de culture »; de manière évidente, Niebuhr ne parle pas de ce que C. S. Lewis appellerait « de simples chrétiens », c'est-à-dire des chrétiens qui penchent quelque peu vers le libéralisme sur tel détail ou telle politique économique. « Au plan sociologique », écrit Niebuhr à leur sujet, « on peut les percevoir comme étant des non-révolutionnaires ne sentant pas le besoin de postuler des "fractures dans le temps" – la chute, l'incarnation, le jugement et la résurrection[5] ». En effet, ils rejettent « toute idée d'un acte de rédemption accompli une fois pour toutes[6] ». Ces éléments sont fondamentaux. Si le christianisme libéral est tel, alors Machen, bien qu'il ait écrit il y a trois quarts de siècle, avait sûrement raison : le libéralisme n'est pas une autre confession ni une option valable à l'intérieur du christianisme. Il s'agit plutôt d'une autre religion[7]. De plus, bien que Niebuhr souligne le fait que les disciples d'Abélard « se soient multipliés depuis le XVIIIe siècle, et

---

« The Reception of Walter Bauer's *Orthodoxy and Heresy in Earliest Christianity* during the Last Decade », *Harvard Theological Review*, n° 77, 1980, p. 289-299 ; Michel Desjardins, « Bauer and Beyond: On Recent Scholarly Discussions of Αἵρεσίς in the Early Christian Era », *The Second Century* 8, 1991, p. 65-82.

5. H. Richard Niebuhr, *Christ and Culture*, New York, Torchbooks, 1951, p. 84.
6. *Ibid.*, p. 90.
7. J. Gresham Machen, *Christianity and Liberalism*, Grand Rapids, Eerdmans, p. 1923.

que l'hérésie de jadis soit devenue la nouvelle orthodoxie[8] », son opinion à ce sujet semble aujourd'hui moins convaincante. Sans aucun doute, la théologie libérale (j'emploie encore cet exemple) était à la hausse aux XVIIIe, XIXe, et XXe siècles, du moins dans les milieux érudits, mais elle n'a pas obtenu la majorité des suffrages dans la plupart des confessions avant le XXe siècle. Et maintenant, en ce début de XXIe siècle, la théologie libérale dite classique apparaît de plus en plus démodée. Elle jouit toujours de la faveur d'un bon nombre de spécialistes, bien sûr, mais les confessions libérales diminuent en nombre, son influence sur la culture est en déclin, et ses partisans les plus extrémistes et les plus bruyants – ceux du « Jesus Seminar », par exemple – ont tout simplement l'air ridicule. À travers le monde, les héritiers d'un « christianisme libéral » ne constituent qu'un faible pourcentage de ceux et celles se disant « chrétiens ». Il semble donc que le christianisme libéral et le christianisme gnostique ont ceci en commun : pour un temps, tous deux paraissaient tout balayer sur leur passage, de telle sorte que si l'on mesure l'orthodoxie sur le plan de la popularité plutôt qu'en matière d'engagement à être fidèle à ce que Dieu révèle à son propre sujet dans les Écritures et en son Fils, ces deux courants ont jadis incarné une nouvelle orthodoxie. Et tous deux seront abandonnés au dépotoir des cendres de l'histoire.

Arrêtons-nous quelques instants. Une telle observation, bien qu'on puisse la soutenir, requiert sans contredit quelque nuance. Comme l'a noté Henri Blocher, il existe des congrégations libérales florissantes[9]. Plus important encore, Blocher souligne que, lorsque des maisons d'édition, surtout en Europe, tentent de trouver un auteur pouvant rédiger des manuels de religion ou des introductions à l'éthique religieuse, elles choisissent presque toujours ceux d'allégeance libérale. Sans aucun doute, les facultés universitaires de théologie et de religion se situent dans la même veine. Pire, il existe au moins un groupe au sein du monde évangélique qui est

---

8. Niebuhr, *Christ and Culture*, p. 91.
9. « Discerner au sein de la culture », *Théologie Évangélique*, vol. 4, n° 2, 2005, p. 49.

continuellement attiré dans cette direction. Néanmoins, plusieurs nuances sont de mise.

(1) Ce que j'entends par «théologie libérale classique» ne renvoie pas à toutes les formes d'incroyance ayant un lien plus ou moins étroit avec le christianisme. Je fais plutôt référence à une forme d'incroyance tout à fait à l'aise avec l'idée d'écarter les points saillants de l'histoire du salut (y compris l'incarnation, la mort expiatoire et la résurrection de Jésus) tout en croyant fermement que le christianisme possède quelque chose d'inestimable à offrir à l'humanité. Quelque chose qu'il vaut la peine de bien exprimer et de défendre, semble-t-il, quelque chose que seule la théologie libérale est en mesure de comprendre, et que ni les «fondamentalistes» et ceux du dehors ne sont en mesure de saisir. Les théologiens libéraux classiques tentent de redéfinir les composantes essentielles des confessions chrétiennes historiques à l'intérieur d'un cadre «contemporain», convaincus qu'il s'agit là de la seule façon de sauvegarder ce qui est bon à l'intérieur du christianisme. En revanche, plusieurs érudits adoptent aujourd'hui des positions «libérales», pourvu que ces positions mettent de côté les points saillants de la trame biblique. Toutefois, de manière générale, ces érudits contemporains hésitent beaucoup plus à affirmer la valeur intrinsèque du «christianisme» qu'ils soutiennent. Le pieux érudit libéral classique appartient à une espèce en voie de disparition, remplacé graduellement par le savant non moins libéral, mais dont la piété a disparu. Cela fait partie intégrante de la polarisation croissante, présente dans un vaste segment de la culture occidentale. Ce nouveau libéralisme puise à larges traits dans le pluralisme, de sorte qu'il n'accepte de parler du «Christ au sein de la culture» qu'au même titre où l'on pourrait distinguer «Allah au sein de la culture», «Bouddha au sein de la culture», la «spiritualité générale au sein de la culture», etc.

(2) Les perceptions européennes, en particulier les perceptions européennes françaises, diffèrent inévitablement des perceptions nord-américaines. Les raisons en sont multiples, et certaines seront désembrouillées plus loin, au chapitre 5. Pour l'instant, il

convient de noter qu'aux États-Unis, on trouve plus d'étudiants à la maîtrise en divinité (un diplôme n'existant pas en France) dans les séminaires de confession évangélique, quelle qu'en soit la forme, que dans tous les autres séminaires réunis, et que les meilleurs séminaires confessionnels possèdent autant de rigueur académique que n'importe lequel des séminaires libéraux traditionnels ou des facultés théologiques libérales.

(3) D'autres auteurs ont noté le lien entre la théologie libérale classique en déclin et l'approche Niebuhr du « Christ de la culture ». Par exemple, David Wells critique vivement le théisme « ouvert » (*open theism*) du fait qu'il « flirte avec la vieille approche, maintenant discréditée, du Christ de la culture, ayant mené le protestantisme libéral à une fin si regrettable[10]. »

Si nous revenons à notre propos, d'après l'analyse de Niebuhr, le gnosticisme et le libéralisme sont les figures de proue de la deuxième de ses cinq approches, à savoir, « le Christ de la culture ». Si une réflexion sérieuse mène à conclure que ni l'un ni l'autre ne sont un mouvement chrétien vraiment digne de ce nom[11], alors, il ne reste plus grand-chose de cette approche. Il restera à savoir si on peut la récupérer.

De toute manière, il semble qu'en tentant d'être exhaustif, Niebuhr ait fondé au moins une de ses approches sur des fondements

---

10. Wells, *Above all Earthly Pow'rs. Christ in a Postmodern World*, Grand Rapids, Eerdmans, 2005, p. 248.

11. Je m'empresse d'ajouter que ceci ne signifie *nullement* que l'un ou l'autre de ces mouvements ait donné lieu à des idées profitables ou à une érudition utile. Les dons et bénédictions provenant de la grâce commune n'ont pas de frontières. La théologie libérale, par exemple, a beaucoup stimulé la pensée en ce qui concerne la nature de l'« histoire » (une question qui n'est pas sans importance pour une religion qui prétend être fondée sur une révélation *historique*), et a donné naissance à un corpus imposant en philologie, pour ne citer que deux exemples. Cela signifie simplement que tout mouvement dont la structure de pensée évite les points saillants de l'histoire du salut, y compris la chute, l'incarnation, l'expiation, la résurrection et le jugement dernier, ne peut être considéré comme étant chrétien.

précaires. Devrions-nous alors parler d'un système en quatre temps plutôt qu'en cinq temps ?

L'emploi des Écritures chez Niebuhr

Une des composantes les plus attrayantes de l'œuvre de Niebuhr est le fait qu'il tente d'ancrer la plupart de ses cinq approches dans les Écritures elles-mêmes, avant de parcourir l'histoire à la recherche de gens et de mouvements pouvant illustrer, en tout ou en partie, chacune de ces approches. S'efforçant d'établir ces modèles à même la Bible, il n'y est cependant pas parvenu dans sa deuxième approche : l'approche du « Christ de la culture » accorde peu d'importance à l'Écriture, et bondit ensuite vers deux mouvements, le gnosticisme et le libéralisme, les moins attestés dans l'Écriture. J'entends par là que ces mouvements se sont eux-mêmes séparés des grands tournants de la trame de l'Écriture.

Il existe toutefois d'autres éléments dans l'usage de l'Écriture chez Niebuhr qui posent problème. L'exemple le plus frappant est son interprétation du quatrième Évangile dans sa tentative de soutenir sa cinquième approche, « Le Christ transformateur de la culture ». Lorsque Jean nous dit que toutes choses ont été faites par le Logos, et que rien de ce qui a été fait n'a été fait sans lui (Jean 1.1-3), Niebuhr en déduit que « Jean n'aurait pas pu affirmer avec plus de force que ce qui est, est bon[12] ». Il serait assurément plus juste d'en déduire que « Jean n'aurait pas pu affirmer avec plus de force que ce que le Logos a fait *à l'origine* était bon ». Car, si l'on suit le raisonnement de Jean, de telles affirmations servent à mettre en lumière la dépravation du monde. C'est précisément parce que le monde a été fait par le Logos que le rejet du Logos par ce monde est présenté dans toute sa laideur : « *[il]* était dans le monde, et le monde a été fait par *[lui]*, et le monde ne l'a pas connu » (1.10). Ainsi nous retournons à l'horreur de la rébellion, une rébellion que Niebuhr trouve être mieux attestée dans

---

12. Niebuhr, *Christ and Culture*, p. 197.

l'approche du « Christ contre la culture » et dans le motif dualiste (« le Christ et la culture en paradoxe »). En effet, lorsque Jean affirme que « Dieu a tant aimé le monde qu'il a donné son Fils unique » (3.16), nous ne sommes pas appelés à admirer l'amour de Dieu parce que le monde est si grand, si varié, si beau, ou encore parce qu'il a été créé, mais parce que le monde est si mauvais[13].

L'affirmation de Niebuhr, voulant que pour cet évangéliste, « la naissance naturelle, manger, boire, le vent, l'eau, le pain et le vin sont [...] non seulement des symboles à employer lorsqu'on traite des réalités de la vie de l'esprit, mais sont riches de signification spirituelle[14] », est à la fois véridique et trompeuse. Elle est véridique, bien sûr, mais exactement de la même façon que les autres évangélistes utilisent des symboles, y compris des références aux oiseaux du ciel et aux fleurs des champs. On pourrait même dire qu'elle est vraie en référence à des voleurs : Jésus reviendra comme un voleur dans la nuit, une image qui ne renvoie vraisemblablement pas aux intentions du voleur, à l'avarice ou à la méchanceté, mais plutôt au fait que son retour sera inattendu. Ainsi donc, l'affirmation est vraie, du moins à un niveau superficiel. Elle est cependant trompeuse : Niebuhr rattache discrètement l'emploi métaphorique d'éléments de la nature à l'eschatologie réalisée, et réalisée au point où elle laisse entrevoir le désir de Niebuhr d'aborder, dans le cas idéal, l'approche transformationniste de la culture d'une manière telle que toute chose s'améliore graduellement grâce à l'Évangile. Certes, l'Évangile de Jean contient une eschatologie plus réalisée que d'autres documents néotestamentaires, mais son espérance finale n'est pas la transformation progressive du monde, mais plutôt le cataclysme final : Jésus s'en va préparer une place afin que ses disciples puissent être avec lui (Jean 14). Et à son retour, le Fils de l'homme ouvrira les tombeaux de tous, provoquant ainsi la résurrection à la vie et la résurrection à la

---

13. Voir la discussion dans D. A. Carson, *The Difficult Doctrine of the Love of God*, Wheaton, Crossway, 2000.
14. Niebuhr, *Christ and Culture*, p. 197.

condamnation (Jean 5.28,29). Jésus ressuscitera les siens au dernier jour (Jean 6.39,40).

Bien entendu, Niebuhr est un lecteur suffisamment consciencieux, de sorte qu'après avoir soutiré tout ce qu'il pouvait du quatrième Évangile – plus, en fait, que ce qui s'y trouve – il concède à la fin (comme nous l'avons vu) : « Nous ne pouvons interpréter le quatrième Évangile comme un document entièrement conversionniste, non seulement en raison de son silence à plusieurs égards, mais aussi du fait que son ton universaliste s'accompagne d'une tendance particulariste[15]. » C'est exact. Mais on doit alors se demander si l'approche conversionniste, au moins sous la forme idéale où Niebuhr souhaite la voir exister, peut *vraiment* se trouver dans l'Écriture. Au mieux, Niebuhr peut affirmer qu'il existe des filons ou des motifs universalistes dans la Bible. Il a construit son cinquième motif à partir de ces derniers, même s'il doit concéder que le document du Nouveau Testament exprimant au mieux cette tendance ne peut soutenir cette approche, parce que ce document est également « particulariste » – et, devons-nous ajouter, trop rattaché à une eschatologie futuriste et à une vision globale de la rébellion et de l'idolâtrie du « monde ». De plus, les plus grands exemples de ce cinquième motif sont, selon Niebuhr, Augustin et Calvin, avant d'en arriver à F. D. Maurice. Augustin et Calvin sont décevants, au dire de Niebuhr, parce qu'ils ne mènent pas à terme leur motif conversionniste ; c'est plutôt F. D. Maurice qui est la figure de proue, parce qu'il permet au motif conversionniste de poursuivre son cours jusqu'à l'universalisme – non pas en s'appuyant sur le fait qu'un quelconque document du Nouveau Testament vienne soutenir une telle vision des choses, mais en s'appuyant sur ce que Maurice dit être « obligé » de croire[16]. Dans la mesure où une telle approche peut être justifiée à partir de l'Écriture, elle s'accorde avec un fil conducteur ou un motif universaliste faisant surface à l'occasion, même si aucun document

---

15. *Ibid.*, p. 31.
16. *Ibid.*, p. 28.

du Nouveau Testament ne soutient cette approche ; car même un livre tel que l'Évangile de Jean ne permettra pas à un universalisme aussi affiché de rendre compte de tout l'ouvrage, puisqu'il arbore également des tendances « particularistes »[17].

Ainsi, au plan méthodologique, il serait difficile de voir comment cette cinquième approche peut échapper aux reproches que Niebuhr lui-même adresse à certaines formes de théologie libérale. Les théologiens libéraux, affirme-t-il, s'attachent souvent à un thème de l'enseignement biblique à propos de Jésus, toujours celui leur apparaissant le plus intéressant, et ils réduisent l'enseignement de Jésus à ce seul thème. En ce qui a trait à cette cinquième approche, Niebuhr est tombé dans le même panneau : il désire que ce paradigme conversionniste, le seul à l'égard duquel il ne formule aucune critique, l'emporte sur les autres, même s'il ne peut le soutenir dans sa forme la plus pure à l'aide d'aucun des documents du Nouveau Testament, ni même à l'aide d'aucun des grands personnages de l'histoire de l'Église avant l'arrivée de F. D. Maurice, qui lui, finalement, défend cette approche, non pas en s'appuyant sur l'Écriture ou sur un des documents de l'Écriture, mais en déclarant *cette* approche comme étant absolue. Il convient de se demander si l'on a bien compris cette approche – c'est-à-dire si elle est en accord avec ce que les auteurs du Nouveau Testament avaient à l'esprit – lorsque cette approche s'oppose à d'autres concepts des auteurs du Nouveau Testament. On doit alors se demander du même coup si la cinquième approche de Niebuhr, du moins dans sa forme la plus pure, celle qu'il préfère, peut être soutenue autrement que par la théologie de F. D. Maurice.

Comme nous le verrons plus loin, cette cinquième approche est mieux attestée que la deuxième, mais il est bien difficile de la soutenir dans sa forme absolue, celle que Niebuhr désire voir exister et prédominer.

---

17. On trouvera une histoire de l'universalisme au sein de la chrétienté dans Richard Bauckham, « Universalism: A Historical Survey », *Themelios*, vol. 4, n° 2, 1979, p. 48-54.

La classification des personnages historiques selon Niebuhr

L'œuvre de Niebuhr est particulièrement attrayante lorsqu'elle traite, de manière assez vivante, de plusieurs personnages historiques. La façon dont Niebuhr les regroupe à l'intérieur de ses cinq approches laisse cependant à désirer. Niebuhr affirme sans détour, et plus d'une fois, que ses cinq approches sont des idéalisations, et qu'en réalité les gens et les mouvements sont plus enclins à choisir ce qui leur convient – à fusionner des éléments disparates provenant de deux de ces approches, ou même plus. Il vient un temps, cependant, où l'on se demande s'il faut réfléchir aux relations entre le Christ et la culture à l'aide de diverses approches, puisqu'il semble que dans la plupart des cas, les personnages historiques préfèrent les amalgames.

Il ne s'agit pas seulement du fait qu'Augustin et Calvin ne mènent pas à terme l'idéal conversionniste, mais également que Tertullien ne souscrive pas entièrement à l'approche du « Christ contre la culture », pas plus que Justin Martyr et Clément d'Alexandrie n'adoptent entièrement le modèle synthésiste, et ainsi de suite. En fait, certains personnages apparaissent dans deux ou trois approches : F. D. Maurice sert de témoin prônant l'approche du « Christ de la culture », et comme la quintessence du modèle conversionniste (le Christ comme transformateur de la culture). On peut en venir à se demander, du moins dans certains cas, si les diverses approches existent vraiment dans leur forme pure, ou si elles doivent même subsister. Est-il possible qu'une fusion des approches soit parfois plus conforme à la révélation biblique que le fait de choisir n'importe laquelle dans sa forme la plus pure ?

Il est possible d'en arriver au même point d'une autre manière, comme nous le verrons plus loin.

Niebuhr et le canon

Il nous faut reconnaître l'effort louable de Niebuhr à faire appel à l'Écriture, c'est-à-dire aux documents fondateurs de la foi chrétienne, dans le but de soutenir ses cinq approches, ses « réponses chrétiennes typiques », du moins pour la plupart d'entre elles. Nous avons déjà vu qu'une telle tentative échoue à certains égards : la deuxième approche de Niebuhr se situe très certainement à l'intérieur de certains mouvements historiques, mais au sein de mouvements dont l'authenticité chrétienne est pour le moins douteuse, et qui ne détiennent aucune justification scripturaire. La cinquième approche, « le Christ transformateur de la culture », se trouve de façon mitigée dans le Nouveau Testament, mais certainement pas de la façon dont Niebuhr compte la voir adopter.

Notre propos va au-delà des cas particuliers. Ce qui est en jeu, ce sont deux visions sensiblement différentes par rapport au rôle du canon des Écritures.

(1) La vision de Niebuhr, une vision encore assez courante dans certains milieux érudits, voulant que la Bible en général et le Nouveau Testament en particulier nous présente un certain nombre de paradigmes. Nous sommes fidèles à l'Écriture tant et aussi longtemps que nous choisissions l'un de ces paradigmes, n'importe lequel, ou peut-être même un quelconque amalgame. La « règle » canonique ne consiste pas alors à rendre compte de la totalité du message canonique, mais à établir les frontières à l'intérieur desquelles se meuvent différents paradigmes, tous aussi acceptables les uns que les autres[18]. Souvent, on associe ces paradigmes à différentes perceptions savantes de mouvements chrétiens du Ier siècle : la communauté johannique, les Églises pauliniennes, la communauté matthéenne, etc. Une telle compréhension des choses, poussée à l'extrême, présente ces communautés disparates comme étant hermétiquement isolées les unes des autres, sauf dans le cas de recoupements partiels que l'on peut parfois déceler lorsqu'un document du Nouveau Testament affiche une dépendance littéraire vis-à-vis

---

18. Ainsi, James D. G. Dunn (*Unity and Diversity in the New Testament: An Inquiry into the Character of Earliest Christianity*, Philadelphie, Westminster, 1977, p. 376) affirme que le Nouveau Testament « canonise la diversité du christianisme ».

d'un autre (par exemple, Jacques connaît-il l'existence de l'Évangile selon Matthieu ? Jean a-t-il emprunté à Marc ? Et par conséquent, la communauté johannique connaît-elle quoi que ce soit au sujet de la communauté marcienne ?). Ainsi, Niebuhr voit en Galates et en 1 Jean de bons exemples du modèle du « Christ contre la culture, » et dans le quatrième Évangile un bon exemple (quoique pas tout à fait suffisant !) du modèle du Christ transformateur de la culture (c'est-à-dire le modèle conversionniste).

(2) D'autre part, les chrétiens reconnaissent la diversité que l'on trouve dans la Bible en général, et dans le Nouveau Testament en particulier, mais soutiennent que c'est la Bible *comme un tout* qui forme le canon – et que la « règle » du canon réside dans la totalité des enseignements canoniques, non pas en ce qu'elle établit des frontières au sein desquelles se meuvent diverses possibilités. Ceux qui souscrivent à ce point de vue – et c'est le point de vue historique soutenu par la théologie chrétienne – tentent d'éviter à tout prix de « niveler » les Écritures. Ils admettent d'emblée les différences de genres littéraires dans la Bible (par exemple, lettre, discours, Évangile, fable, parabole, proverbe, apocalyptique, lamentation, chant, généalogie, histoire, oracle prophétique), et donc également les différentes façons dont ces formes littéraires atteignent leur objectif[19]. Ils reconnaissent l'existence de changements lors du passage d'une alliance à une autre : après tout, la plupart des chrétiens aujourd'hui ne sont pas sabbatistes du septième jour, se préoccupant de ne manger que des aliments *kasher* et aspirant à voir un temple construit sur le mont Sion afin d'y sacrifier un bœuf et une chèvre pendant le *Yom Kippour*. Il y a toujours eu des débats au sujet de la façon exacte de comprendre *comment* les diverses parties de l'Écriture forment un tout : les réponses à cette question se situent le long de différents axes, du quadruple sens des Écritures

---

19. Voir Kevin J. Vanhoozer, « The Semantics of Biblical Literature: Truth and Scripture's Diverse Literary Forms », dans *Hermeneutics, Authority and Canon*, D. A. Carson et John D. Woodbridge, éd., Grand Rapids, Zondervan, 1986, p. 42-104.

au Moyen Âge, aux différentes formes de dispensationnalisme, à la théologie de l'alliance, au luthéranisme, et ainsi de suite. Cependant, le christianisme confessionnel historique a toujours soutenu qu'une fois ces questions résolues, du moins à la satisfaction d'un groupe en particulier, de manière à comprendre comment la Bible se tient, nous pouvons parler de ce que « dit » la Bible, et pas seulement de ce que dit une partie de la tradition biblique. De plus, bien que de tels chrétiens reconnaissent que les auteurs du Nouveau Testament ont leur propre programme et leurs propres accents (Marc n'est pas exactement identique à Luc), que les auteurs du Nouveau Testament ont employé un vocabulaire et des styles différents (chaque écrivain possédant son propre « idiolecte », disent les linguistes), et que différents livres du Nouveau Testament mettent l'accent théologique et la priorité éthique à différents endroits (l'épître aux Romains diverge sensiblement de l'épître aux Hébreux), néanmoins Dieu lui-même est à l'origine de ces livres. Plusieurs reconnaissent maintenant qu'au 1er siècle, les chrétiens ne parlaient pas de « l'Évangile *de* Matthieu, » de « l'Évangile *de* Marc, », etc.; ils parlaient plutôt d'un seul Évangile, de l'Évangile de Jésus-Christ, *selon* Matthieu, Marc, Luc et Jean[20]. Il en est de même à travers tout le corpus du Nouveau Testament : lorsqu'on le lit avec un certain degré d'ouverture, cette riche diversité contient des éléments qui se complètent mutuellement, et, sans négliger pour un seul instant l'attention à accorder aux particularités historiques, le rôle *canonique* de ce texte exige que l'on prête l'oreille à toutes ces voix et qu'on les intègre de manière adéquate.

Ces deux visions du canon sont manifestement différentes – et elles touchent directement notre propos. Souvenons-nous que Niebuhr cite Galates à titre d'exemple du modèle du « Christ contre la culture ». Toutefois, l'apôtre Paul qui a écrit Galates est le même

---

20. Voir, entre autres, Martin Hengel, *The Four Gospels and the One Gospel of Jesus Christ : An Investigation of the Collection and Origin of the Canonical Gospels*, Harrisburg, Trinity Press International, 2000 ; Ronald A. Piper, « The One, the Four and the Many », dans *The Written Gospel*, Markus Bockmuehl et Donald A. Hagner, éd., Cambridge, Cambridge University Press, 2005, p. 254-273.

qui a écrit Romains 13, dont le mode est beaucoup moins conflictuel. À l'encontre de Romains 13, le livre de l'Apocalypse présente une confrontation explosive entre le Christ et Satan, entre la nouvelle Jérusalem et Babylone, entre l'épouse du Christ et la grande prostituée – bref, entre le Christ et la culture. Devons-nous supposer que le Paul qui a écrit Romains 13 renierait l'Apocalypse s'il s'était trouvé dans les mêmes circonstances que Jean le visionnaire ? Renierait-il sa propre épître aux Galates ? En supposant que le même Jean a écrit 1 Jean et le quatrième Évangile, envisageait-il deux paradigmes disparates pour exprimer la relation entre le Christ et la culture lorsqu'il a écrit ces deux livres, l'un adoptant le modèle du « Christ contre la culture » et l'autre présentant quelque soutien au modèle du « Christ transformateur de la culture » ?

Il ne convient pas de présenter ici un plaidoyer pour la deuxième compréhension du rôle du canon. Néanmoins, je soutiens que c'est la seule qui puisse être défendue, et certainement, ses lettres de créance sont les mieux attestées, et ce, depuis plus longtemps que les autres. En supposant que ce soit le cas, on devra alors assurément apporter d'autres changements au paradigme en cinq temps de Niebuhr. Nous ne devons pas croire que chacune des approches présentées par Niebuhr dans son système à cinq temps peut être validée par des documents spécifiques du Nouveau Testament, de telle sorte qu'il nous suffise de choisir à notre guise notre modèle préféré, en pensant que toutes ces approches peuvent être soutenues de manière identique par le canon. Nous devrions plutôt tenter d'en arriver à une compréhension globale des relations entre le Christ et la culture, tout en étant conscients, à l'intérieur de notre démarche, que certaines circonstances particulières peuvent nous conduire à souligner certains éléments dans une situation donnée, et d'autres éléments dans une autre situation.

Devrions-nous alors dire aux chrétiens du Soudan du Sud qu'ils doivent souscrire à une approche des relations entre le Christ et la culture différente de celle des chrétiens de Washington, aux États-Unis, et vice versa ? Devrions-nous alors leur dire que la Bible présente divers modèles, et qu'ils peuvent choisir celui qui leur semble être le meilleur ? Ou cherchons-nous plutôt à développer une vision plus complète, une vision stipulée par le canon, de ce que de telles relations devraient être (tout en reconnaissant, bien sûr, que toute synthèse est imparfaite), en soutenant que la mise en pratique de cette vision complète est suffisamment riche et souple pour justifier que ces deux contextes culturels très différents exigent une mise en œuvre également bien différente[21] ?

LES ÉLÉMENTS NON NÉGOCIABLES DE LA THÉOLOGIE BIBLIQUE

J'ai souvent fait allusion à la nécessité d'incorporer à notre réflexion touchant les relations entre le Christ et la culture le récit des points saillants de l'histoire du salut. Il ne s'agit pas seulement ici d'un critère négatif, mais positif – autrement dit, ce n'est pas tout de croire que si quelqu'un rejette des réalités telles que la création, la chute, l'incarnation, la mort et la résurrection de Jésus, la venue de l'Esprit, le jugement dernier et la fin de toute chose, il se situe alors à l'extérieur des balises chrétiennes. Il est également important de réfléchir aux conséquences *positives* de ces réalités en rapport à notre sujet. Dit d'une manière plus personnelle : d'une part, peu importe à quel point on pense être fidèle à Jésus, il est difficile de saisir comment une telle loyauté est le signe d'une pensée véritablement *chrétienne* si le Jésus auquel on croit être fidèle est réduit et redéfini de façon telle qu'il n'a que peu de rapport avec la Bible. D'autre part, il est nécessaire d'expliquer clairement l'influence de ces événements uniques sur la façon dont nous *devrions* réfléchir à ces relations entre le Christ et la culture.

---

21. Voir Lesslie Newbigin, *The Gospel in a Pluralist Society*, Grand Rapids, Eerdmans, 1989, p. 38 : « l'histoire chrétienne nous donne […] une paire de lunettes, non pas pour les regarder, mais pour nous en servir ».

Avant d'exposer notre pensée plus en détail, il convient de noter deux observations préalables.

(1) La « théologie biblique » est devenue une expression dont le sens est débattu[22]. Certains emploient cette expression pour désigner la théologie propre à chacun des livres de la Bible ou à chacun des corpus littéraires (par exemple, la théologie de Matthieu, la théologie de Paul). D'autres l'emploient en faisant référence à la théologie de la Bible dans une perspective diachronique, contrairement à la théologie systématique qui tend plutôt à se structurer de façon thématique et dans une perspective synchronique. Ce second emploi de l'expression théologie biblique donne lieu à d'autres sous-ensembles. Lorsque certains entendent l'expression « théologie biblique », ils pensent à la façon dont on peut retrouver divers thèmes à travers la Bible, ou à travers de grandes sections de la Bible. Ces thèmes constituent en quelque sorte les ligaments soutenant le canon : le repos, le temple, les sacrifices, la prêtrise, le royaume, l'alliance, etc. D'autres pensent plutôt à ce que j'ai appelé « les étapes charnières de l'histoire du salut ». Bien sûr, ceux qui étudient la Bible dans une perspective strictement phénoménologique et qui nient l'existence d'un Dieu à la source de tout cet ouvrage mettent en doute la possibilité d'une telle théologie biblique. Cela conduit toujours, disent-ils, à un nivellement de la riche diversité qui constitue la Bible. Pour les besoins de la cause

---

22. On trouvera un sommaire et une évaluation de cette expression et de cette discipline dans D. A. Carson, « New Testament Theology », *Dictionary of the Later New Testament and Its Developments*, Ralph P. Martin et Peter H. Davids, éd., Downers Grove, IVP, 1997, p. 797-814. On trouvera aussi une discussion plus détaillée dans différents articles de T. D. Alexander, Brian S. Rosner, D. A. Carson, et Graeme Goldsworthy, éd., *New Dictionary of Biblical Theology*, Leicester/Downers Grove, InterVarsity, 2000 ; et surtout dans James Barr, *The Concept of Biblical Theology: An Old Testament Perspective*, Minneapolis, Fortess, 1999, de même que dans l'essai de Robert W. Yarbrough, « James Barr and the Future of Revelation in History in New Testament Theology », *Bulletin for Biblical Research*, n° 14, 2004, p. 105-126.

dans notre propre analyse, nous les laisserons à leurs doutes, et nous survolerons quelques-unes de ces grandes étapes cruciales[23].

(2) Peut-être est-il inutile de le noter, mais les prochains paragraphes sont extrêmement sommaires. La seule raison pour laquelle je traite de sujets si compliqués et si importants de manière si brève est le fait que l'on a quelque chose à gagner en les traitant tous en même temps, notant au passage leur contribution à n'importe quelle discussion chrétienne sur la culture. En effet, comme je le préciserai en dernière partie de ce chapitre, c'est en traitant de tous ces sujets en même temps que nous nous garderons de construire des modèles de relations entre le Christ et la culture très différents les uns des autres, et que nous serons en mesure de proposer une réalité complexe pouvant néanmoins être mise en œuvre dans des contextes très variés.

La création et la chute

Dieu a créé toutes choses, et tout ce qu'il a créé est bon. Il a créé les êtres humains à son image et à sa ressemblance. Le fait que nous sommes tous de la race de Dieu (voir Actes 17.26-28) discrédite l'esclavage, l'avilissement mutuel, de même que des idées répugnantes telles que l'être « mi-humain, mi-singe ». La création est le fondement même de toute responsabilité humaine à l'égard de Dieu notre Créateur : *il*

---

23. Je devrais ajouter que le nombre d'étapes cruciales fait l'objet de discussions, en raison de l'ambiguïté du terme. La question peut être résolue, non pas au plan théorique, mais au plan de l'échelle : on peut examiner un objet de très près ou de très loin, ce qui oblige à changer d'échelle. De plus, les tournants décisifs examinés brièvement dans les pages qui suivent ont été choisis en raison de leur pertinence à la discussion au sujet des relations entre le Christ et la culture. Peut-être devrais-je ajouter aussi que plusieurs critiques ont été formulées à l'endroit de Niebuhr d'après les structures traditionnelles de la théologie systématique, la plus incisive ayant été présentée par John Frame au deuxième chapitre de son *Christ and Culture*, conférences données à la Pensacola Theological Institute, 23-27 juillet, 2001, http://www.thirdmill.org/newfiles/joh_frame/Frame.Apologetics2004.ChristandCulture.pdf (page consultée le 5 mars 2007).

nous faut prendre plaisir en lui, le servir, lui faire confiance, lui obéir, non seulement parce qu'il est parfaitement bon, mais aussi parce qu'il nous a créés pour lui-même, nous soutient, et par conséquent nous le lui *devons*. La splendeur de cette création originale continue à rendre témoignage à l'existence de Dieu et à sa puissance ; elle continue à susciter l'admiration et l'émerveillement, même si dans son état actuel se trouvent également la mort et la catastrophe.

Le fait que Dieu nous a créés en tant qu'êtres corporels révèle quelque chose d'important au sujet de notre nature intrinsèque, et anticipe la culmination de toute chose aux termes de l'histoire : nous avons été créés afin de connaître Dieu, de l'aimer, de prendre plaisir en lui dans le contexte d'une existence corporelle, et un jour, nous connaîtrons Dieu, nous l'aimerons, et nous prendrons plaisir en lui dans le contexte d'une existence corporelle ressuscitée. De plus, portant en nous-mêmes l'image de Dieu, certaines responsabilités nous incombent à l'égard du reste de la création – celles de la gouverner et d'en prendre soin, en reconnaissant à la fois que nous sommes unis à cette création et que nous possédons une place distincte au sein de celle-ci.

Nous ne sommes pas seulement une race créée, mais aussi une race déchue. La chute n'est pas seulement la désobéissance à une quelconque loi arbitraire. Elle est la rébellion de la créature contre son Créateur ; elle est la tentative scandaleuse d'usurper la place du Créateur. Le cri arrogant, futile, et ahurissant qui déclare : « Je serai Dieu ! », non seulement mène à la mort, mais à la destruction de toute relation. La mort elle-même présente de multiples facettes : nous sommes séparés de Dieu, nous mourons physiquement (comme l'indique clairement l'affreux refrain, sans cesse répété, de la généalogie de Genèse 5 : « puis il mourut »), nous mourons de la seconde mort. Obnubilés par nous-mêmes, nous désirons dominer et manipuler notre prochain : c'est ici que trouvent leur source les barrières, le viol, l'avarice, la malice, l'amertume incessante, la guerre.

Toutefois, au cœur de tout ce mal se trouve l'idolâtrie elle-même. Elle est la dé-déification, la réification de Dieu. Elle est la créature élevant le poing contre la face du Créateur et disant, en effet : « Si tu ne vois pas les choses à ma manière, je ferai mes propres dieux ! Je *serai* mon propre dieu ! » Pas étonnant que le péché qui provoque plus que tout autre la colère de Dieu, et le plus souvent cité à procès, ne soit pas le meurtre, par exemple, ou le pillage, ou tout autre acte « horizontal » de barbarie, mais plutôt l'idolâtrie – qui détrône Dieu. C'est aussi pour cette raison qu'en chaque péché, c'est Dieu qui est le plus offensé, comme David lui-même l'avait compris : « J'ai péché contre toi, contre toi seul, et j'ai fait le mal à tes yeux, en sorte que tu seras juste dans ta sentence, sans reproche dans ton jugement » (Psaume 51.6). Jésus avait très bien compris que le premier commandement consiste à aimer Dieu de tout son cœur, de toute son âme, de toute sa pensée et de toute sa force (Marc 12.28-34 ; voir Deutéronome 6). Il s'ensuit que le premier péché est de ne pas aimer Dieu de tout son cœur, de toute son âme, de toute sa pensée et de toute sa force. C'est le péché qui est toujours commis lorsque tout autre péché est commis. Le deuxième commandement consiste à aimer son prochain comme soi-même. Il s'agit du deuxième, parce que ce qui rend le péché si haineux en premier lieu est qu'il offense Dieu : Dieu est toujours le plus offensé. De plus, ce second commandement est fondé sur le premier. Les termes employés par Jésus citant Lévitique 19.18 sont clairs : « Tu aimeras ton prochain comme toi-même. *Je suis l'Éternel.* » L'expérience confirme la véracité du témoignage de l'Écriture : nous ne pouvons pécher longtemps contre Dieu sans éventuellement pécher contre ceux créés à son image, et dans la mesure où nous aimons Dieu, nous aimerons ceux créés à son image (une vérité maintes fois répétée dans 1 Jean).

Les effets de la chute sont universels et dévastateurs, parce qu'ils sont d'abord et avant tout une révolte contre le Tout-Puissant. Nous devons être réconciliés avec Dieu, parce qu'il est Celui qui maintenant nous accuse – non seulement notre Créateur, mais aussi notre Juge. Au fur et à mesure que se dévoile la trame biblique, les dimensions abominables du péché deviennent de plus en plus évidentes. Examinons l'ensemble de l'Ancien Testament : qu'est-ce qui, typiquement, provoque la colère de Dieu ? L'idolâtrie, tout simplement – tout ce qui abaisse Dieu ou le diminue, le réifie, le remplace. Et puisque Dieu est le juge souverain, les êtres humains doivent, soit être réconciliés avec lui, soit périr. Le Nouveau Testament met lui aussi cet accent sur la colère de Dieu, et répète que la seule chose qui puisse nous sauver de la destruction et de la colère de Dieu est la mort du Fils de Dieu. « Lui qui a porté nos péchés en son corps sur le bois, afin que, morts à nos péchés, nous vivions pour la justice » (1 Pierre 2.24). Les options sont diamétralement opposées : « Celui qui croit au Fils a la vie éternelle ; celui qui ne se confie pas au Fils ne verra pas la vie, mais la colère de Dieu demeure sur lui » (Jean 3.36). Nous sommes par nature destinés à subir la colère de Dieu (Éphésiens 2.3). Cette colère est décrite comme « une flamme de feu », lorsque Jésus lui-même punira « ceux qui ne connaissent pas Dieu et ceux qui n'obéissent pas à l'Évangile de notre Seigneur Jésus. Ils auront pour juste châtiment une ruine éternelle, loin de la face du Seigneur » (2 Thessaloniciens 1.8,9). Étant idolâtres, « la colère de Dieu vient sur les fils de la rébellion » (Éphésiens 5.6). Notre seul espoir est en Christ : il « nous a rachetés de la malédiction de la loi, étant devenu malédiction pour nous » (Galates 3.13). La gloire de la bonne nouvelle réside en ce que ce Dieu qui nous confronte dans sa colère, et ce, à juste titre, est celui qui nous confronte dans son amour, parce qu'il est un tel genre de Dieu : « Mais Dieu est riche en miséricorde, et, à cause du grand amour dont il nous a aimés, nous qui étions morts par nos fautes, il nous a rendus à la vie avec le Christ – c'est par grâce que vous êtes sauvés » (Éphésiens 2.4,5).

À mesure que se poursuit la trame du récit biblique, les dimensions misérables du péché sont plus manifestes. Le péché est non seulement l'idolâtrie et l'arrogance archétypique, mais il est également la transgression de la loi que Dieu promulgue. Le péché tisse son propre réseau de corruption et de conséquences, alors que Dieu livre ses créatures à leurs propres désirs. Le péché est social : bien qu'il soit avant tout un défi lancé à la face de Dieu, il n'existe aucun péché qui n'ait de conséquences sur la vie des autres. Les péchés secrets du cœur et de la pensée affectent le prochain, puisqu'en me changeant subtilement, ces péchés changent également mon rapport à l'autre. La convoitise que l'on nourrit en secret, par exemple, affecte bientôt les relations entre mari et femme et avec les autres êtres humains. Pas étonnant que le jugement de Dieu s'étende jusqu'à la troisième ou à la quatrième génération de ceux qui haïssent Dieu (Exode 20.5) : le péché est social. Le jugement s'abat non seulement sous la forme de la mort de chaque génération, mais aussi sous celle d'une condamnation générale comme celle du déluge (Genèse 9), des cycles incessants de guerre, de peste et de famine (par exemple, les Juges, l'exil), et ultimement de l'enfer lui-même, au sujet duquel Jésus a beaucoup à dire. Le péché nous enveloppe tellement qu'il ronge chaque facette de notre être, notre volonté et nos sentiments, notre perception des autres et donc nos relations, nos corps et nos pensées. Les pécheurs deviennent coupables, et ils doivent recevoir plus (mais jamais moins) que le pardon et la réconciliation avec Dieu, puisque les conséquences du péché sont omniprésentes : ils ont besoin d'être régénérés et transformés.

Toutefois, la chute n'a pas le dernier mot. Déjà dans Genèse 3 se trouvent des signes d'espoir. Dieu lui-même cherche les rebelles ; Dieu lui-même leur promet une descendance qui, un jour, écrasera la tête du serpent ; Dieu lui-même les revêt d'habits afin de cacher leur nudité. Quel soulagement de découvrir que ce Dieu n'est pas seulement le Dieu jaloux qui punit « la faute des pères sur les fils jusqu'à la troisième et la quatrième génération » de ceux qui le haïssent (parce que le péché, comme nous avons pu le constater, possède des ramifications sociales monumentales), mais il est aussi le Dieu qui use de bienveillance « jusqu'à mille générations envers ceux qui [l']aiment et qui gardent [ses] commandements » (Exode 20.5,6). Également, quel réconfort de savoir que même si le péché est odieux et omniprésent, que ce soit sous forme d'idolâtrie ou sous forme de barbaries comme celles de Pol Pot ou d'Auschwitz, Dieu intervient afin de restreindre le mal, d'exposer sa « grâce commune » en toutes choses et par toutes choses, de telle sorte que des parcelles de gloire et de bonté apparaissent au sein même de la misère de la rébellion. Dieu fait encore briller le soleil et envoie encore la pluie sur le juste et sur l'injuste ; il guide encore la main du chirurgien et donne de la force à l'éboueur ; il existe toujours des couchers de soleil à nous couper le souffle, et des sourires de petits enfants qui ravissent notre cœur. Des actes de bonté, accomplis au prix de grands sacrifices personnels, sont exprimés dans chaque race et chaque classe d'êtres humains, non pas parce que nous sommes de simples mélanges de bonté et de méchanceté, mais parce que même au sein de notre rébellion, Dieu restreint notre méchanceté et manifeste sa gloire et sa bonté.

On me pardonnera d'inclure le témoignage d'un érudit s'étant dégagé des entraves du libéralisme théologique classique dans lequel il fut formé. P. T. Forsyth déclare :

> Il a aussi plu à Dieu, par la révélation de sa sainteté et de sa grâce, que les grands théologiens m'ont appris à trouver dans la Bible, de me révéler mon péché de telle manière à surpasser en poids, en urgence, en émotion, toutes les questions académiques. J'ai été transformé d'un chrétien en un croyant, d'un amoureux de l'amour en un objet de la grâce. Et ainsi, tandis que je croyais que les Églises devaient recevoir plus d'instruction brillante et de théologie libérale, je suis devenu convaincu qu'elles avaient besoin d'évangélisation[24].

En réfléchissant sur le Christ et la culture, les chrétiens en viennent rapidement à la conclusion que ce monde-ci est le monde *de Dieu*, mais que de ce côté-ci de la chute, le monde arbore à la fois la gloire et la honte, et que toute manifestation de culture humaine révèle à la fois que nous sommes créés à l'image de Dieu, et que cette image est déformée et rongée par la rébellion humaine contre Dieu.

---

24. P. T. Forsyth, *Positive Preaching and the Modern Mind* [1949], 3ᵉ éd., Carlisle, Paternoster, 1998, p. 177. Je suis redevable à Graham Cole de m'avoir signalé ce passage.

Israël et la loi

Il serait utile d'étudier l'appel qu'Abraham a reçu et l'alliance qui porte son nom. On y trouve le choix gracieux et souverain de Dieu en ce qu'il appelle certains individus, Abraham et Sara, et par eux une race et une nation – un choix individuel menant à la promesse qu'en lui et en sa descendance toutes les nations de la terre seront bénies. On pourrait également s'attarder au rôle étrange de Melchisédek (Genèse 14.18-20) – à sa représentation d'un prêtre-roi idéalisé, et aussi à sa place dans la trajectoire qui croise le Psaume 110 et Hébreux 7.

Cependant, nous nous attardons à l'exode, la constitution du peuple d'Israël comme nation, le don de la loi, l'établissement de ce qui sera appelé plus tard « l'ancienne alliance », l'entrée dans la Terre promise. Parmi toutes les facettes de cet ensemble d'événements qui pourraient attirer notre attention, nous en choisissons cinq :

(1) Tout comme c'était le cas de l'appel qu'Abraham a reçu, il en est de même ici : Dieu choisit, par grâce, son propre peuple (Deutéronome 7 ; 10). Dans le cas présent, il vient à son secours, le délivre de l'esclavage, et en fait sa propre possession. Toutefois, même si Israël constitue d'une manière centrale le peuple de Dieu à travers presque tout l'Ancien Testament, il faut également se souvenir de la miséricorde de Dieu envers Ninive (ainsi, le livre de Jonas), la promesse d'Ésaïe voulant qu'un jour même les ennemis suprêmes d'Israël, l'Assyrie et l'Égypte, deviennent partie intégrante du peuple de Dieu (Ésaïe 19.19-25 ; voir aussi Psaume 87), et du rôle de Ruth dans la lignée de la dynastie davidique malgré ses origines moabites.

(2) La loi donnée par Dieu touche toute la vie, ce qui signifie, entre autres, que le peuple de Dieu doit demeurer le peuple de Dieu dans toutes les facettes de son existence. La loi régit leur moralité, ce qu'ils mangent et boivent, où ils habitent, toutes leurs relations, tout leur culte et tous leurs rites. Elle est empreinte de promesses et de menaces – et du même coup, elle devient une façon de démontrer que le peuple ne pourra obéir longtemps aux exigences de cette alliance. À cause de l'entêtement du peuple de Dieu, ce qui promettait la

bénédiction et la paix en vient à multiplier la culpabilité, transformant une idolâtrie fondamentale en transgressions précises.

(3) Malgré notre tendance à croire que le cœur de l'alliance se situait dans la loi morale, le texte biblique consacre beaucoup plus d'espace à décrire le tabernacle, la prêtrise, le système sacrificiel, et les questions de rites et de louanges individuelles et collectives. Cela ne doit pas nous étonner : le point crucial consiste à reconnaître comment des gens coupables et souillés peuvent s'approcher de Dieu. Dans sa grâce, Dieu pourvoit une structure appropriée, à l'aide de médiateurs, de sacrifices, de formes et de systèmes riches en symboles, de manière à démontrer que le chemin vers le Saint ne doit jamais être considéré comme allant de soi, et de manière à rendre possible un tel accès. Tout découle de cette grâce ; sans elle, toutes les autres bénédictions sont illusoires. En fait, la structure sacerdotale est tellement essentielle à l'alliance que si cette structure venait à changer, on devrait également changer l'alliance elle-même (une vérité que l'auteur de l'épître aux Hébreux comprend très bien, Hébreux 7.11-28).

(4) Israël devient une *théocratie*. Ici, aucun indice de la séparation entre «l'Église» et «l'État,» comme nous l'entendons souvent – c'est-à-dire aucune séparation entre les conducteurs «profanes» de la nation et ceux de la communauté «religieuse» au sein de la nation, comme nous le comprenons aujourd'hui lorsque nous parlons du partage des pouvoirs[25]. Bien entendu, le peuple d'Israël connaissait la différence entre le rôle du roi et celui du grand-prêtre – une distinction remarquable, du fait que l'Ancien Proche-Orient préférait avoir des prêtres-rois[26]. Cependant, ce sont tous les Israélites qui constituaient le peuple de l'alliance ; roi et prêtre devaient tous deux

---

25. Une version préalable de ce chapitre contenait une phrase se terminant tout de suite après le tiret, ce qui prêtait le flanc à la critique, voulant que mon énoncé ne prît pas en compte le partage des pouvoirs dans l'ancien Israël entre le roi et le grand-prêtre. Je dois à Henri Blocher de m'avoir indiqué ce manque de clarté, ce qui a donné naissance à ces lignes supplémentaires.
26. À titre d'exemple, Melchisédek : Genèse 14.18-20 ; voir aussi Psaumes 110.

veiller à être fidèles à l'alliance (et donc à la «religion») de manière sensiblement différente à celle que l'on trouve dans les pages du Nouveau Testament. Ici, Dieu établit César, mais César n'a aucune responsabilité spécifique quand il est question de nourrir le peuple de l'alliance, et ceux sur qui César règne ne sont assurément pas tous des membres du peuple de Dieu. Dans l'ancien Israël, Dieu peut se servir d'agents par qui il dirige son peuple – prêtre, roi (à partir de Saül), et les prophètes s'adressant à ces derniers –, mais ils agissent en son nom et le représentent à l'intérieur de cette structure tribale. Idéalement, toute la culture d'Israël devait refléter la gloire de Dieu, et révéler la vérité de Dieu de même que la personne même de Dieu. Un conflit entre Dieu et la culture sous un tel régime signifiait assurément que le peuple s'éloignait de Dieu d'une triste et odieuse façon. Une telle rébellion a mené à des cycles de jugement à l'époque des juges ; elle a éventuellement conduit le peuple à l'exil. Malgré tout, les promesses de Dieu voulant qu'il ramène son peuple sont demeurées inchangées, dans la foulée des démonstrations de sa grâce offertes depuis la chute.

(5) Nous ne devons pas oublier que l'histoire de la nation d'Israël s'insère elle-même dans une histoire aux dimensions plus vastes, celle d'Abraham et de sa postérité (un point que Paul souligne dans Galates 3), et que cette dernière s'insère elle-même dans une autre histoire, aux dimensions encore plus vastes, celle de la race humaine (ce que Paul souligne en Romains 1.18 – 3.31 ; 5.1-19).

Nous devons donc réfléchir à la façon dont ces réalités influencent la manière d'établir les relations entre le Christ et la culture. Justifient-elles une théocratie ? Pourquoi, ou pourquoi pas ?

Christ et la nouvelle alliance

Je dois me limiter ici à six commentaires.

(1) Plusieurs exhortations néotestamentaires reposent sur l'incarnation de la Parole éternelle (Jean 1.1-18). L'incarnation fait partie intégrante de l'exemple suprême d'abnégation et de

service envers les autres donné par Jésus, préalable à la justification (Philippiens 2.5-11)[27] ; elle est une composante essentielle de son identification aux êtres humains, venant dans le but de les sauver *eux*, et non les anges (Hébreux 2) ; elle est le moyen par lequel Jésus « tabernacle » parmi nous (Jean 1.14) : il vient faire sa demeure parmi nous, et il devient notre tabernacle, notre temple (2.19-22), notre grand lieu de rencontre entre Dieu et les humains. C'est ici que se trouve la « solution » finale au langage étrange de textes tels qu'Ésaïe 9 : l'objet de la promesse est simultanément le roi descendant de David attendu depuis longtemps, et celui qui est appelé à juste titre l'Admirable, le Conseiller, le Dieu puissant, le Père éternel, le Prince de la paix. Jésus n'est pas présenté simplement comme celui qui livre le message de son Père, à la façon dont Mahomet est présenté dans l'Islam comme étant le dernier prophète qui apporte un message de la part d'Allah ; à d'importants égards, Jésus est plutôt *lui-même* le message, *il est* la Parole, tout en étant celui qui nous l'apporte.

(2) Jésus annonce et inaugure le royaume de Dieu. Quoique dans un certain sens Dieu est présenté comme étant le roi de l'univers, dans un autre sens il est le roi d'Israël dont la souveraineté est médiatisée par son « fils » davidique. C'est tout de même Yahvé lui-même qui est le grand Roi, non seulement David et ses héritiers, et Jérusalem est la ville du grand Roi (Psaume 48). Lorsque Jésus inaugure ce royaume attendu et annoncé depuis longtemps, le terme « royaume » possède diverses connotations selon le contexte – ou, comme disent les spécialistes, le terme « royaume » devient un symbole dont le sens est façonné par les contextes où il apparaît. Le « royaume de Dieu » est

---

27. Ceci est sensiblement différent que d'affirmer que l'incarnation devient la manière fondamentale dont nous accomplissons la mission, c.-à-d., en nous « incarnant » dans une autre culture. Je comprends une telle formulation, et ce qu'elle signifie est honorable et stimulant. Toutefois, une telle terminologie n'est pas sans problème : voir l'importante discussion chez Andreas J. Köstenberger, *The Missions of Jesus and the Disciples According to the Fourth Gospel: With Implications for the Fourth Gospel's Purpose and the Mission of the Contemporary Church*, Grand Rapids, Eerdmans, 1998.

souvent le règne de Dieu, parce que le terme « royaume » est beaucoup plus souvent dynamique que statique, beaucoup plus « règne » que « royaume ». Dans le Nouveau Testament, le royaume vient en même temps que le bébé venant de naître comme roi (Matthieu 2). Le règne vient également avec le début du ministère public de Jésus et l'annonce de l'aube de ce royaume. Il est manifesté par les miracles et la prédication des disciples de Jésus (Luc 10.1-24). Dans les paraboles de Jésus, il contient à la fois le bien et le mal, il inclut la souveraineté providentielle de Dieu, il prend des proportions telles que le blé et l'ivraie peuvent tous deux y pousser (Marc 4) ; d'autre part, il constitue cette partie du règne dynamique de Dieu à l'intérieur duquel se trouve la vie éternelle (Jean 3.3,5). Jésus meurt et ressuscite, et monte à la droite de la majesté céleste, et dans l'attente de ce règne il annonce que toute autorité lui a été donnée, dans le ciel et sur la terre (Matthieu 28.18) : c'est ici, en effet, que ce règne est absolu. Comme Paul l'indique, toute la souveraineté divine est médiatisée par Jésus (1 Corinthiens 15.25-28). Néanmoins, ce royaume est contesté pour l'instant ; le jour vient où rien ne s'y opposera. Le royaume s'est déjà levé ; mais ce royaume est encore à venir, attendant le retour du Roi.

Cette diversité d'usages est une des raisons pour laquelle nous devons lutter continuellement avec les tensions qui y sont inhérentes. La tension la plus importante est celle qui allègue que le royaume est déjà présent (l'eschatologie « réalisée » ou « inaugurée »), et la promesse que le royaume arrivera finalement à la consommation des temps. Dans aucun de ces cas, il ne s'agit d'une monarchie constitutionnelle. Jésus élève à un degré superlatif tout ce que l'expression « le droit divin des rois » pourrait signifier. En fait, à la fin, tout genou fléchira. Même en ce moment, confesser Jésus comme étant « Seigneur », c'est reconnaître la légitimité qui s'attache à ses droits souverains, et s'engager à le servir. De plus, le royaume que Jésus entrevoit n'est plus restreint à l'Israël « empirique ». Au contraire : plusieurs viendront de l'Orient et de l'Occident, et se mettront à table avec Abraham et les autres patriarches dans le royaume, tandis que ceux qui semblaient les héritiers les plus probables sont laissés dehors (Matthieu 8.10-12).

(3) Ce n'est pas pour rien qu'on a appelé les quatre Évangiles canoniques des narrations de la passion et de la résurrection précédées d'une longue introduction. L'intrigue se dirige vers la passion. Interpréter les Évangiles sans d'abord faire référence à la croix et la résurrection est tout simplement irresponsable. De plus, à l'intérieur du cadre plus large du canon, la mort de Jésus est fortement liée à «l'accomplissement» des sacrifices de l'Ancien Testament (particulièrement ceux de la Pâque et du *Yom Kippour*), et sa résurrection atteste ce fait devant tous.

Jésus lui-même croit que sa mort procure une rançon pour plusieurs (Marc 10.45; Matthieu 20.28); ses paroles lors de la Cène démontrent qu'il comprend que sa mort, le fait que son sang sera versé et que son corps sera brisé, est le fondement de la rémission des péchés, de même que l'inauguration de la nouvelle alliance. Pas étonnant que Paul insiste sur le fait qu'il cherche, dans sa prédication, à faire de la croix son point de mire (1 Corinthiens 2.1-5); cette croix s'inscrit dans le dessein de Dieu d'annuler le péché et d'absorber la colère dans la personne du Fils de Dieu, colère qui nous était destinée (Romains 3.21-26). Dans la même veine, l'apôtre Pierre perçoit dans la croix à la fois le modèle du service et de l'abnégation dans l'intérêt des autres, et l'unique sacrifice par lequel le Christ a porté nos péchés en son corps sur le bois (1 Pierre 2.24). Comprendre la puissance de telles affirmations aujourd'hui exige un effort de volonté, parce que ces paroles sont si connues qu'il nous est facile de les prononcer et de nous en souvenir. Ce n'était pourtant pas le cas lorsque la croix était un tel symbole de malédiction et d'opprobre que les gens devaient soit rejeter Jésus comme un malfaiteur maudit par Dieu, ou au contraire commencer à considérer ce que Jésus avait subi pour eux.

Tout ceci, devons-nous le rappeler, est tout simplement non négociable pour tout genre de christianisme, quel qu'il soit, qui cherche sa forme dans cet Évangile cruciforme. Dans la mesure où quelqu'un s'oppose à ces éléments fondamentaux, comme l'ont fait les Juifs aussi bien que les Grecs au Ier siècle (1 Corinthiens 1.18-25), il peut recevoir une note élevée de la part de la culture en général, notamment lorsque cette dernière méprise la «folie» de la croix. Toutefois, la folie de Dieu est plus sage que toute la sagesse des êtres humains. Lorsque des prétentions à l'autorité se font concurrence sur de telles questions, les chrétiens ne peuvent tout simplement pas se permettre de trouver leurs repères auprès de la culture.

(4) Cette même mort a établi la nouvelle alliance dans le sang de Jésus (Luc 22.20 ; 1 Corinthiens 11.23-26). Tout comme notre analyse du royaume nous a conduits à l'extérieur des confins de l'Israël empirique, de même notre analyse de la nouvelle alliance établie par le sang de Jésus la mène au-delà de l'ancienne alliance établie au Sinaï.

(5) La mort et la résurrection de Jésus, le fait qu'il ait été «élevé» à la gloire qu'il avait auprès du Père avant que le monde fut, est devenu le fondement sur lequel le Saint-Esprit, le Paraclet, fut accordé par le Père et le Fils à la communauté de la nouvelle alliance. Selon la terminologie de Paul, cet Esprit est le gage de l'héritage promis : on trouve ici une facette d'une eschatologie inaugurée qui produit, bien que de façon limitée, mais bien réelle, la transformation, l'unité, la révélation – bref, une expérience de la présence et de la puissance de Dieu. Alors que le Saint-Esprit convainc le monde de péché (Jean 16.7-11), il rassemble et forme le peuple de Dieu de la nouvelle alliance – et ce peuple, cette Église rachetée au prix du sang, possède un avenir aussi assuré que la résolution et le triomphe du Christ : «Je bâtirai mon Église», a déclaré le Maître, «et [...] les portes du séjour des morts ne prévaudront pas contre elle» (Matthieu 16.18). Parmi les nombreuses conséquences tirées des différentes images de l'Église dans le Nouveau Testament, on trouve celle-ci : le lieu même du peuple de Dieu dans la nouvelle alliance n'est pas une nation – ni Israël ni aucune autre nation –, mais une communauté transnationale composée de gens de toute langue et de toute tribu, de tout peuple et de toute nation. Bien sûr, on ne doit pas pour autant perdre de vue que les chrétiens partagent une humanité commune avec tous les

autres. Néanmoins, une telle réalité établit la sphère universelle du témoignage chrétien – à toutes les nations, tous les peuples, partout – tout en garantissant que sur cette terre, il existera jusqu'à la fin des tensions continuelles entre la communauté chrétienne et toutes les autres communautés. Ainsi donc, nous faisons de nouveau face au même défi, quoique sous un nouvel angle, de délimiter les relations entre le Christ et la culture.

(6) C'est précisément à ce stade qu'il nous faut réfléchir à cette parole de Jésus : « Rendez donc à César ce qui est à César, et à Dieu ce qui est à Dieu » (Matthieu 22.21 ; Marc 12.17 ; Luc 20.25). Le contexte de ces paroles est important. Pour lui tendre un piège, quelques pharisiens et hérodiens, des collègues pour le moins inusités, lui demandent s'il est permis de payer le tribut à César. S'il répond par l'affirmative, Jésus risque de s'aliéner une partie importante de son auditoire juif, non seulement parce qu'ils détestaient la superpuissance romaine, mais aussi parce que l'empereur dont l'effigie apparaissait sur la pièce de monnaie était adoré comme étant divin en quelque sorte. Si la pièce utilisée pour payer le tribut était un denier, on y aurait trouvé la représentation de Tibère, le César régnant à l'époque, avec ces mots en latin : « Tibère César, Fils du divin Auguste » (*TI CAESAR DIVI AVG F AVGVSTVS*). Approuver le paiement d'un tel tribut, à un tel seigneur, et avec de tels moyens, semblait équivaloir à de l'idolâtrie. D'autre part, si Jésus répondait par la négative, il pouvait être accusé par les Romains eux-mêmes d'inciter à l'insurrection.

Jésus répond en demandant qu'on lui apporte la pièce de monnaie en question. Il la tient et demande : « De qui sont cette effigie et cette inscription ? » Inévitablement, ils répondent : « De César ». C'est à ce moment que Jésus prononce sa célèbre maxime : « Rendez à César ce qui est à César, et à Dieu ce qui est à Dieu. »

D'une certaine façon, donc, la réponse de Jésus était une manœuvre intelligente par laquelle il a évité le piège et a laissé ses adversaires sans voix. Toutefois, on doit entendre cette réponse à deux degrés supplémentaires si l'on désire comprendre la portée des paroles de Jésus relativement à notre propos.

On comprendra plus aisément le *premier* degré lorsqu'on se souviendra que, jusqu'à ce point dans l'histoire humaine, la religion et l'État étaient entrelacés. C'était le cas, bien sûr, dans l'Israël antique : au moins en théorie, Israël était une théocratie (comme nous l'avons vu précédemment). De même dans le monde païen : la plupart des dieux des nations étaient nécessairement les dieux de l'État. Lorsque les Romains conquéraient un nouveau territoire, ils opéraient un échange de dieux : ils incorporaient certains des dieux locaux à leur propre panthéon, et tenaient à ce que les populations locales adoptent certains dieux romains. Cela eut pour effet de faire disparaître l'allégeance locale aux dieux spécifiques de ces populations. En cas de rébellion, il aurait été très difficile de prévoir de quel côté les dieux auraient combattu. Nulle part n'a-t-on vu un État séparé de tous les dieux, ce qu'on appelle un État séculier, où l'État et la religion occupent des sphères distinctes, même si celles-ci doivent se chevaucher. Pourtant, à première vue, c'est ce que Jésus préconise. Pour le moins, dans la mesure où il anticipe une communauté transnationale et transculturelle qui n'est associée à aucun État, Jésus prévoit l'obligation de rendre au César en place, ce qui lui est dû.

Nous ferons ressortir d'autres éléments au chapitre cinq. Cette parole du Seigneur Jésus a certainement été à l'origine, mais non la seule origine, de tensions qui se sont développées de façon continuelle et constante entre l'Église et l'État à travers les siècles. De plus, cette manière de voir est une des caractéristiques principales qui distingue le christianisme de l'Islam. L'Islam n'a aucune tradition qui lui permette de séparer l'Église et l'État. En effet, l'*oumma*, la communauté même liée par son allégeance à Allah, est, en théorie du moins, plus importante que n'importe quel État. En fin de compte, le rôle de l'État consiste à se soumettre à la loi d'Allah.

Nous ne devons cependant pas croire que cette parole de Jésus garantisse une dichotomie absolue entre Dieu et César, ou entre l'Église et l'État, ou entre le Christ et la culture. Ceci nous amène au *second* détail du texte que nous devons noter. Lorsque Jésus a demandé : « De qui sont cette effigie et cette inscription ? », ceux qui connaissent la Bible se souviendront que *tous* les humains ont été créés à l'image et à la ressemblance de Dieu (Genèse 1.26). De plus, les gens de son peuple ont la loi de Dieu « inscrite » en eux (voir Exode 13.9 ; Proverbes 7.3 ; Ésaïe 44.5 ; Jérémie 38.33). Si nous rendons à Dieu ce sur quoi *son* image est inscrite, nous devons alors tous nous donner à lui[28]. Loin de confiner Dieu et ses attentes, c'est-à-dire les attentes religieuses, à un domaine précis, cette célèbre parole de Jésus signifie que Dieu surpasse César. Nous pouvons être obligés de payer le tribut à César, mais nous devons tout, notre être même, à Dieu. « Quelles que soient les obligations civiles des disciples de Jésus, ces derniers doivent les accomplir à l'intérieur du contexte de leurs responsabilités envers Dieu, car leur devoir envers Dieu réclame leur être entier[29]. »

Paul comprend bien ces réalités. Car bien qu'il soutienne que les chrétiens doivent payer leurs impôts à César et, en effet, rendre l'honneur et le respect et tout ce qui s'ensuit aux autorités (Romains 13.6,7), les autorités elles-mêmes ne possèdent pas d'autorité qui soit égale ou qui rivalise avec celle de Dieu. Comment le pourraient-elles ? Elles sont au *service de Dieu* (13.4) ; les autorités qui existent ont été établies par Dieu (13.1). Reconnaître cette vérité suscite des discussions complexes sur la nature de la divine providence, une discussion qui devra attendre d'être traitée plus loin.

---

28. Cette explication a été présentée de manière très accessible par David T. Ball, « What Jesus Really Meant by "Render unto Caesar" », *Bible Review*, vol. 19, n° 2, avril 2003, p. 14-17, 52.

29. Ball, « What Jesus Really Meant by "Render unto Caesar" », p. 17. Je ne peux ici exposer toute une litanie d'interprétations très créatives de ce passage, interprétations qui ne soutiendront pas très bien une analyse plus poussée – par exemple, une lecture marxiste de ce passage tentée par Alan H. Cadwallader, « In Go(l)d We Trust: Literary and Economic Currency Exchange in the Debate over Caesar's Coin (Mark 12.13-17) », *Biblical Interpretation*, vol. 14, 2006, p. 486-507.

Pour l'instant, cependant, nous reconnaissons une telle vérité avec la venue de Jésus et de l'Évangile, bien que Jésus lui-même ait fait une distinction entre l'autorité de César et celle de Dieu. Même si ces dernières sont reliées en partie à la réalité politique voulant que le peuple de Dieu ne soit pas l'État de César ou quelque autre État, néanmoins Jésus n'admet pas que Dieu et César sont des autorités parallèles. Tout ce que nous avons et tout ce que nous sommes appartiennent à Dieu. Dieu ne renonce jamais au fait d'être Dieu. Toutefois, cela étant dit, nous devons nous rappeler que bien que Jésus affirme cette vérité, il ne réintroduit pas subrepticement la théocratie de l'État, ou la prétention papale médiévale d'être supérieur aux États : le même Jésus soutient que César, le César païen et idolâtre, doit recevoir ce qui lui est dû. Comment cela se traduira dans la réalité sera notre propos tout au long de cet ouvrage.

Un ciel à atteindre, et un enfer à craindre

Même s'il nous enseigne à être des gens responsables ici et maintenant, le Nouveau Testament attire régulièrement notre attention sur ce qui viendra après la mort, sur ce qui viendra lors du retour de Jésus. Nous ne devons pas nous amasser de trésor sur la terre, parce que tout ce qui est ici n'est que temporel : les vers et la rouille détruisent, et les voleurs percent et dérobent. En revanche, ce que nous amassons dans le ciel demeure pour l'éternité (Matthieu 6.19-21). La gloire finale consiste en un nouveau ciel et une nouvelle terre, des corps ressuscités, et la joie incessante d'être toujours et pour l'éternité en la présence de celui qui est assis sur le trône et de l'Agneau (comme le répète l'Apocalypse) ; ce que l'on doit craindre et éviter à tout prix, c'est la seconde mort (Apocalypse 21 – 22).

Cela signifie que les relations présentes entre le Christ et la culture ne possèdent aucun statut final. Elles doivent être évaluées à la lumière de l'éternité. De plus, cela laisse entendre qu'aussi longtemps que nous demeurons dans ce royaume déjà inauguré, mais pas encore pleinement accompli, il n'y aura pas d'utopie[30]. La perfection, lorsqu'elle viendra, arrivera avec la fin, par le retour de Christ et la consommation des bénédictions de l'Évangile : il n'existe aucun mandat, dans une perspective chrétienne, qui nous autorise à chercher à découvrir des utopies ailleurs qu'en cet endroit. Cela signifie que dans notre existence actuelle, même si nous recevons des parcelles des gloires sans pareilles et des bontés finales, même si par la grâce de Dieu nous vivons et servons au sein d'une communauté dont les origines, l'autorité et le mandat ne sont pas ancrés uniquement ici-bas, nous ne sommes pas naïfs au point de croire que nous pouvons nous-mêmes provoquer cette fin. Cela signifie que nous vivons au milieu de tiraillements qui ne trouveront de résolution que lorsque nous vivrons dans la nouvelle Jérusalem.

Quelques réflexions supplémentaires au sujet de Niebuhr

Afin de clore ce chapitre, je dois présenter quatre commentaires.

(1) Les éléments tirés de la théologie biblique, mentionnés à la section précédente, doivent contrôler notre pensée *simultanément* et *en tout temps*. C'est pourquoi je les ai intitulés « les éléments non négociables de la théologie biblique ». Il n'est pas suffisant d'en choisir quelques-uns, et sur la base de ce choix, construire un modèle de ce que devraient être les relations entre le Christ et la culture, et ensuite prétendre qu'il s'agit là d'*une* des options chrétiennes parmi tant d'autres.

À certains égards, du moins, c'est ce que Niebuhr a fait. Par exemple, dans son idéalisation du modèle « le Christ transformateur de la culture », il a simplement omis la fin de toutes choses. Ce qu'il perçoit comme une faiblesse chez Augustin et Calvin devient soudainement un atout : Augustin et Calvin ont tenté d'intégrer *tous* les éléments non négociables de la théologie biblique, et c'est

---

30. Voir chapitre 6.

pourquoi ils ne peuvent correspondre au modèle que Niebuhr appelle la forme « pure » du modèle conversionniste. Bien sûr, F. D. Maurice peut souscrire à ce modèle – mais il peut le faire précisément parce qu'il se sent à l'aise de laisser de côté certains éléments du « postulat » biblique.

De nouveau, si nous maximisons les conséquences de la chute, et maximisons à quel point la communauté des rachetés est unique, et que nous situons ensuite le tout dans un contexte de persécution, nous produisons alors le modèle du « Christ contre la culture ». C'est compréhensible au plan psychologique. Mais est-il utile de proposer ce modèle comme étant *l'une des options* ? Ne serait-il pas plus juste de nous souvenir d'autres vérités complémentaires, telles que le fait que Dieu demeure souverain sur toute la création, que nous sommes nous-mêmes des pécheurs ayant continuellement besoin de la grâce et qu'ainsi, nous ne sommes rien d'autre que de pauvres mendiants annonçant aux autres où trouver du pain, que l'Évangile transforme les gens à un point tel qu'ils deviennent le sel et la lumière dans un monde de ténèbres qui se dégrade, que les dons divins de la grâce commune sont de bons dons même lorsqu'ils sont noyés dans une culture se caractérisant d'abord et avant tout par sa rébellion envers Dieu, et qu'au dernier jour toute justice sera non seulement rendue, mais démontrée être telle ? En d'autres termes, si nous voyons ces choses comme trouvant leur place dans un grand ensemble, alors peut-être y a-t-il lieu d'accentuer certains éléments de l'héritage venant du modèle du « Christ contre la culture » en raison des réalités existentielles propres à la persécution. Même de tels chrétiens persécutés ne seront pas dupes au point de penser que leur « perception » du Christ et de la culture *constitue* l'ensemble. Poussons l'argumentation à un degré plus élevé de spéculation : Tertullien aurait-il réfléchi de la même façon s'il avait été transporté à Rome en l'an 325, ou à Paris en 2005 ? En d'autres termes, n'est-il tout simplement pas sage de recommander une réflexion plus complète à propos des relations entre le Christ et la culture, et du même coup reconnaître que certains éléments dans ces relations devront être accentués dans des circonstances existentielles concrètes?

Bref, il semble que certains des modèles de Niebuhr, et peut-être même les cinq, ont besoin d'être restructurés d'une certaine manière, en tenant compte des réalités plus étendues des développements provenant de la théologie biblique. Lorsque des luthériens et des calvinistes choisissent des perspectives sensiblement différentes à savoir si la musique devrait ou non être employée lorsque le peuple de Dieu exprime sa louange en assemblée, la meilleure façon d'analyser cette différence est-elle de dire que les luthériens perçoivent le Christ et la culture en paradoxe, et que les calvinistes croient dans le Christ transformant la culture? J'en doute. Le terme «culture» est employé en deux sens différents. Selon le modèle du «Christ et la culture en paradoxe», le terme «culture» renvoie à une culture sans le Christ, dans laquelle vivent *et* le monde *et* l'Église. Lorsque le terme «culture» renvoie à un tel sens, les calvinistes ne sont cependant pas moins convaincus de la dépravation humaine que ne le sont les luthériens. Selon le modèle du «Christ transformateur de la culture» que Niebuhr attribue à Calvin et à ses successeurs, on s'attend à ce que la présence et l'influence des chrétiens produisent une différence dans le monde. Luther n'en dirait pas moins – et Calvin au même titre que Luther appuierait le fait que de telles différences ne modifient en rien notre admissibilité devant Dieu. Des différences théologiques perdurent, c'est évident. En tentant d'inclure *tous* les éléments non négociables de la théologie biblique à nos réflexions sur ces questions, et en observant les différentes façons dont le vocabulaire est parfois employé, on peut toutefois se demander si les différents modèles que Niebuhr présente sont simplifiés au point de dissimuler les présuppositions bibliques fondamentales et déterminantes au sujet du Christ et de la culture.

J'ai précédemment indiqué que la cinquième approche de Niebuhr, le modèle conversionniste, ou «le Christ transformateur de la culture», *ne devrait* tout simplement pas exister sous la forme pure que Niebuhr souhaite, parce qu'elle exclut certains «postulats» de la théologie biblique. J'ai également noté ci-dessus que sa deuxième approche, le modèle du «Christ de la culture», dont les exemples les plus évidents sont les gnostiques et les théologiens libéraux, abandonne pratiquement tous les points saillants de la théologie biblique. Devrions-nous alors abandonner tous les vestiges du deuxième modèle de Niebuhr? Si ce modèle repose sur l'abandon de tant de «postulats» bibliques, nous n'avons guère le choix. Néanmoins, on peut construire une forme sensiblement modifiée de ce modèle du «Christ à l'intérieur de la culture», qui ne marginaliserait pas les éléments de la théologie biblique. Dans sa miséricorde, Dieu laisse des empreintes de sa personne et de ses voies dans chaque culture. C'est là le propos de certains récits missionnaires populaires, tel que l'exemple bien connu de Don Richardson, *L'enfant de paix*[31]. On trouve dans chaque culture des éléments que l'Évangile peut employer en toute légitimité, même si (et nous délaissons Niebuhr pour l'instant) recevoir l'Évangile transformera inévitablement cette culture de manière importante.

(2) On pourrait éclaircir ce premier point à l'aide d'une analogie. Tout au long de l'histoire, certains théologiens ont proposé différents «modèles» de la théorie de l'expiation, et ont cherché à justifier chacun d'eux au moyen du Nouveau Testament: la théorie de la gouvernance morale, par exemple, ou celle de l'expiation substitutive, etc. Il s'agit là d'une erreur *au plan méthodologique*. Lorsque certains personnages historiques ont cherché à présenter un «modèle» de l'expiation *au détriment* d'un autre, comme nous l'avons déjà vu chez Abélard, il y avait souvent à l'œuvre tout un système théologique sous-jacent. Toutefois, une approche plus sage consiste à reconnaître que les documents fondateurs, le Nouveau Testament et d'autres documents bibliques, présentent l'expiation de manières diverses et complémentaires. Dans ce cas, on ne devrait pas parler de différents modèles de l'expiation, distincts, mais plutôt de différents aspects de l'expiation, la seule, en essayant de trouver

---

31. Don Richardson, *L'enfant de paix*, Miami, Flor., Vida, 1981.

comment ces aspects s'intègrent les uns aux autres (comme c'est le cas, par exemple, dans 1 Pierre 2), et comment un de ces aspects de l'expiation peut possiblement servir de principe organisateur, de contrôle, pour l'ensemble de ceux-ci[32].

Il en est de même ici. Il serait plus sage de renoncer à distinguer différents modèles, paradigmes, ou motifs, des relations entre le Christ et la culture, et de penser plutôt en matière de sage intégration où, à l'occasion, différents aspects de cet ensemble exigeront plus d'attention que d'autres. Autrement dit, si pour une raison ou une autre nous continuons à parler de différents modèles de relation entre le Christ et la culture, nous devons souligner qu'il ne s'agit pas là de modèles *alternatifs* à adopter ou à rejeter. Nous nous demanderons plutôt comment ils s'appuient sur les Écritures, et nous évaluerons leurs interrelations *à l'intérieur* des Écritures, de même que la manière et le moment où ils doivent être accentués en certaines circonstances présentées *dans* les Écritures.

(3) Le fait d'insister sur la souveraineté de Dieu au-dessus de toute la création, souveraineté que Jésus lui-même reconnaît dans son énoncé : « Rendez à César ce qui est à César, et à Dieu ce qui est à Dieu », ramène à l'esprit une autre question à régler. Car la réalité de la souveraineté nous rappelle que les concepts du « Christ » et de la « culture » ne s'excluent pas l'un l'autre à tous égards. Les postmodernes, chrétiens ou non, affirment que chacune des manifestations

---

32. Il existe une pléiade d'exemples d'interprétations scripturaires qui se situent quelque part entre le comique et le ridicule, parce que de telles interprétations font fi du contexte immédiat et du contexte canonique. « Jésus en tant que jeune, célibataire, mâle adulte » est un titre que j'ai aperçu récemment, surclassé peut-être par une prédication de Noël intitulée : « Une grossesse à risque, non désirée, rejetée, d'une mère célibataire ». Tout pasteur sensé reconnaît la nécessité de se pencher sur les conditions sociales évoquées par de tels titres. Il convient toutefois de se demander si on doit traiter de ces questions par ce genre d'interprétation atomiste des textes bibliques qui, en fin de compte, dépouille Jésus de toutes ses qualités et de sa nature propre faisant de lui la seule personne apte à répondre à tous les besoins des êtres humains.

du « Christ » se trouve *au sein* de la culture ; les chrétiens affirment que chaque culture est en un certain sens *sous* la seigneurie du Christ. Peu importe la perspective propre à chacun à cet égard, il est nécessaire de sonder ce que signifient « Christ et culture », lorsque ces deux termes ne s'excluent pas mutuellement. Autrement dit, les mots « Christ » et « culture » ne sont pas opposés l'un à l'autre, non seulement parce que les chrétiens font partie intégrante de la culture, mais aussi parce que toute autorité a été donnée au Christ dans les cieux et sur la terre, de sorte que toute culture est soumise à son règne.

On doit cependant apporter quelque nuance sur ce point. C'est seulement à l'intérieur de la communauté des rachetés que l'on trouve des êtres humains joyeusement soumis au règne du Christ, du moins en principe, confessant la seigneurie du Christ et désirant obéir à sa Parole. Quelle tragédie et quelle malice sans mesure lorsque nous-mêmes, qui nous disons chrétiens et qui avons prêté allégeance à Jésus comme Roi, nous nous rebellons contre son autorité – et ainsi, péchons. Pourtant, même en de tels cas, ce sous-ensemble à l'intérieur de la culture se distingue de celle-ci. De sorte que lorsque nous disons que d'une part, la culture est soumise à l'autorité du Christ – en fait, toutes les cultures, incluant la diversité des langues, des symboles, des religions, des philosophies, des visions du monde, des coutumes, des artéfacts transmis de génération en génération –, d'autre part les chrétiens véritables constituent un groupe distinct dans n'importe quelle culture. Cette tension est liée au fait que le Nouveau Testament présente le royaume de Dieu sous différents angles. Le Christ règne sur tous, chrétiens, non-chrétiens, et anti-chrétiens. Lorsque nous contemplons le royaume du Christ en ce sens global, nous mettons l'accent sur le mystère de la providence plutôt que de nous attarder sur le fait qu'il règne sur des gens s'étant soumis à son autorité, puisque la majorité de la culture conteste son autorité et ne se soumet pas à sa révélation. Une grande partie de la culture se dit libre vis-à-vis de son autorité, ou du moins, jouit de la liberté de choisir ou de rejeter ce qu'elle veut de cette autorité. Néanmoins, selon les Écritures, le Christ doit régner, avec pleine autorité, jusqu'à ce qu'il ait mis son dernier ennemi, la mort elle-même, sous ses pieds. Qu'elle soit contestée ou même niée, cette autorité agit de manière à accomplir les desseins de Dieu.

Du fait d'avoir été créé par Dieu, ce monde ne peut jamais perdre toute la gloire que Dieu y a placée (Psaume 8), et Dieu lui-même continue à lui faire du bien et à lui prodiguer ses dons. Tout d'abord, il fait lever le soleil et tomber la pluie sur les justes et les injustes ; il ordonne aux gouvernements de ce monde de réduire les dangers liés à l'anarchie dans un monde de malice ; il démontre sa patience en voulant que tous se repentent. Tout le potentiel du monde soi-disant « naturel » fut créé par Dieu et procède de l'autorité du Christ ressuscité : les arts, la musique, les dons d'administration, la diversité des couleurs, le génie créatif. Cependant, tout est corrompu par le péché. Notre génie créatif peut inventer des armes de destruction, nos dons d'administrer peuvent servir à nous élever et à abuser de notre pouvoir, notre art peut s'enlaidir et célébrer tout ce qui est décousu, notre nationalisme considère facilement sa race ou sa vision des choses comme étant la volonté de Dieu, notre démocratie nous expose au danger de prétendre à la *vox populi, vox Dei*[33], et notre libéralisme confond la recherche de la liberté et la recherche de Dieu – une perception de la liberté qui, de manière terriblement ironique, nous rend esclaves d'une nouvelle idolâtrie. Ainsi donc, le terme « culture » dans l'expression « le Christ et la culture » peut renvoyer à cette partie de la culture qui refuse de se soumettre au Christ, même si elle ne peut y échapper. En ce sens, la culture ignore souvent le Christ et les chrétiens ; parfois, la culture s'oppose au Christ et aux chrétiens ; parfois, la culture persécute le Christ et les chrétiens ; à l'occasion, la culture approuve le Christ et les chrétiens, de manière très sélective. Et les chrétiens doivent réagir de manière appropriée à chacune de ces variations culturelles, parfois sagement, parfois de façon peu judicieuse.

---

33. « La voix du peuple est la voix de Dieu. »

La résolution du malaise que nous ressentons à l'égard d'une telle tension devra patienter jusqu'au dernier jour. Nous attendons le retour de Jésus-Christ, la venue des nouveaux cieux et de la nouvelle terre, l'aube de la résurrection, la gloire liée à la perfection, la beauté de la sainteté. D'ici là, nous sommes un peuple pressé de part et d'autre. D'une part, nous appartenons à cette culture plus vaste dans laquelle nous nous trouvons ; d'autre part, nous appartenons à la culture du royaume final de Dieu, déjà inauguré parmi nous. Notre véritable cité est la nouvelle Jérusalem, même si nous vivons à Paris, à Budapest, ou à New York. Dans l'attente de la consommation de toute chose, nous confessons joyeusement et avec gratitude que le Dieu de toute chose est notre Dieu, nous reconnaissons son règne, et rendons témoignage à son salut. En proclamant l'Évangile, nous nous attendons à la conversion d'hommes et de femmes de toute langue, de tout peuple, de toute nation. En tant que rachetés, nous recherchons « la paix de la ville » dans laquelle nous vivons (Jérémie 29.7), jusqu'à ce que la nouvelle Jérusalem descende du ciel. Il est écrit : « Les nations marcheront à sa lumière, et les rois de la terre y apporteront leur gloire » (Apocalypse 21.24).

(4) J'ai souvent insinué que, parmi tous les aspects que la Bible enseigne au sujet des relations entre le Christ et la culture, celui que nous devrions promouvoir dépend, du moins en partie, des circonstances historiques précises dans lesquelles les chrétiens se trouvent. Sont-ils persécutés ? Pourquoi, ou pourquoi pas ? Vivent-ils dans une démocratie ? Si tel est le cas, de quel genre ? La démocratie est-elle nécessairement bénéfique, ou peut-elle être une mauvaise chose ? Quelle sorte de vertu est la « liberté », si prisée en Occident ? Le laïcisme est-il forcément le résultat de la démocratie ? Peut-on justifier l'existence d'une « Église d'État » autrement que pour des raisons purement pragmatiques ? Nous allons découvrir que nous ne pouvons procéder bien loin dans notre réflexion des relations entre le Christ et la culture, à moins de vouloir nous aventurer à explorer de tels sujets.

–3–

Peaufiner la notion de culture et redéfinir le postmodernisme

J'ai indiqué précédemment que les points saillants de l'histoire du salut *considéré comme un tout* forment un groupe d'éléments non négociables dans notre tentative de nous frayer un chemin vers une meilleure compréhension de la façon dont les chrétiens doivent aborder les questions des relations entre le Christ et la culture.

Afin de faire progresser la discussion, je tenterai dans ce chapitre de réfléchir plus avant au sujet des termes « culture » et « postmodernisme ». Nous avons déjà vu qu'à l'intérieur même du projet de Niebuhr, le sens du mot « culture » change selon les approches. Au bout de quelque temps, cette incohérence en vient à gêner la réflexion. J'ai noté à la fin du chapitre deux dans quelle direction nous devrions nous engager –, mais cela exige une analyse plus poussée. Dans la foulée du titre du présent chapitre, j'aimerais bien redéfinir la culture, mais mon propos sera plus modeste : je cherche, non pas à redéfinir la culture, mais la « culture » – c'est-à-dire que j'essaierai de redéfinir le terme, et non la réalité. Quant à « postmodernisme », quoique ce vocable possède diverses significations selon le lieu où l'on se trouve (tel qu'indiqué précédemment), nous devrons nous hasarder à en dire quelque chose, puisque plusieurs penseurs prétendent prendre en compte ce mouvement de pensée dans leur évaluation de la culture. Dans le cas présent, j'aurai une suggestion à faire.

Peaufiner la notion de culture

La notion de « haute culture », si populaire il y a cinquante ans, est en fin de compte abandonnée de nos jours. Dans l'ensemble, Niebuhr a contribué à ce changement. Néanmoins, les définitions actuelles les plus raffinées et les moins élitistes de la culture suscitent plusieurs interrogations importantes touchant notre thème. J'ai déjà fait allusion à une ou deux d'entre elles, mais il sera peut-être utile d'en présenter quatre, à l'aide de quatre questions.

(1) La spécificité des « cultures », chacune étant un curieux assemblage de bric-à-brac, ne suggère-t-elle pas que des questions générales touchant la « culture » (au singulier) sont simplement trop théoriques ? Le bric-à-brac d'une culture ne chevauche-t-il pas ou ne contredit-il pas le bric-à-brac d'une autre culture ? En réalité, il est bien difficile de déterminer combien de gens appartiennent à une culture donnée. Après tout, les gens assemblent leur fourbi de manière individuelle. Ces gens peuvent ressembler à d'autres gens à certains égards, à un autre groupe de personnes d'une autre façon, et à un troisième groupe d'une autre manière encore – ou même à tous ces gens à certains égards ou à aucun d'eux à d'autres égards. Que signifie alors la « culture » (au sens abstrait ou théorique) ?

En employant des termes différents, Georges Devereux a soutenu que presque toutes les valeurs culturelles voient le jour et subsistent dans un contexte de conflit, en réaction à certaines pressions – en quelque sorte, il s'agit d'une forme culturelle de la troisième loi de la dynamique de Newton, qui stipule qu'à toute action, il existe une réaction égale et opposée[1]. Puisque chacun de nous subit un mélange distinct de diverses pressions (c'est-à-dire « d'actions »), chacun en ressort avec des « cultures » différentes.

Henri Blocher propose une analogie[2]. Nous disons souvent que le langage est un élément de la culture. Depuis Ferdinand de Saussure, les linguistes ont toutefois distingué *langue* et *parole*, une distinction s'apparentant à celle entre compétence et performance. Un perroquet peut prononcer des mots en français, mais il serait faux de dire qu'il parle français. Une personne peut apprendre l'anglais, par exemple, et peut donc être anglophone (*langue*), mais l'anglais qu'elle parle n'est pas de l'anglais abstrait, pas plus que la totalité de ce que signifie le terme « anglais ». Le langage parlé par un individu peut être de l'anglais (*langue*), mais ce qui est prononcé est en réalité la performance de cet individu (*parole*). Les linguistes se sont longtemps attardés à la relation entre *langue* et *parole*. Dans la mesure où le langage est une composante de la culture, que signifierait, selon l'approche du « Christ contre la culture », le fait que le Christ s'oppose au langage ? Dire que le Christ s'oppose à la *langue* n'a pas plus de sens qu'affirmer que le Christ s'oppose à l'anglais (ou au français, ou encore à l'arabe). Il n'en demeure pas moins que si le langage fait partie intégrante de la culture, on doit alors penser non seulement en matière de *langue*, mais aussi de *parole* : c'est-à-dire non seulement du langage dans sa totalité, mais de tous les mots, les discours, les actes de parole, les énoncés imprimés, ainsi de suite, de la multitude des gens de cette culture, de toutes les formes individuelles de cette *parole*. En certains cas, on pourrait très bien penser que le Christ s'oppose à certaines formes de la *parole* – un discours haineux, par

---

1. Georges Devereux, *From Anxiety to Method in the Behavioral Sciences*, Studies in the Behavioral Sciences 3, New York, Humanities Press et La Haye, Mouton & Co., 1967, p. 210. Voir aussi p. 212-215, 224-225.
2. Celle-ci a été présentée au colloque de Vaux-sur-Seine, lors duquel une partie du présent ouvrage a été exposée une première fois. La contribution d'Henri Blocher a parue dans « Discerner au sein de la culture », *Théologie Évangélique*, vol. 4, n° 2, 2005, p. 50-52.

exemple, ou des paroles racistes, ou encore des mots incitant à l'idolâtrie. Mais alors, nous faisons de nouveau face au défi de la spécificité. Est-il plus logique de penser au « Christ contre la culture » qu'au « Christ contre la *langue* » ? Une telle pensée est-elle trop abstraite ? Nous ne pouvons parler du « Christ contre la culture » lorsque nous réduisons la culture, ou la *parole* comme un des éléments essentiels de la culture, au niveau d'une de ses composantes.

Plusieurs éléments de cette critique sont erronés. Toutes les définitions de la culture présentées au premier chapitre excluaient la réduction d'une « culture » aux croyances d'un seul individu. Souvenons-nous par exemple de la définition de Redfield : « des compréhensions communes perceptibles dans des actes et artefacts[3] » ou les définitions touchant la transmission intergénérationnelle de la culture, telle que celle de Geertz : « un modèle de significations incarnées dans des symboles qui sont transmis à travers l'histoire, un système de conceptions héritées qui s'expriment symboliquement, et au moyen desquelles les hommes communiquent, perpétuent et développent leur connaissance de la vie et leurs attitudes devant elle[4] ». Bien sûr, les dimensions d'une culture peuvent varier considérablement : on peut parler de la culture française, mais on peut aussi parler de la culture parisienne, ou de la culture de la Côte d'Azur, ou de la culture d'une grande famille de France. On peut parler de la culture américaine et la différencier de la culture française, mais on peut également parler de la culture occidentale, à l'opposé de la culture chinoise par exemple, et ainsi placer la France et les États-Unis sous le même toit. Aux États-Unis, on peut facilement parler de la culture de la ville de New York, du Midwest, des bayous de la Louisiane, de la famille Kennedy. Nous reconnaissons sans peine que ces diverses cultures puissent se chevaucher de plusieurs manières. En ce sens, il est bien possible que toute culture puisse être un amalgame de

---

3. Cité par Richard A. Shweder, *Why Do Men Barbecue? Recipes for Cultural Psychology*, Cambridge, Harvard University Press, 2003, p. 10.
4. Geertz, *The Interpretation of Cultures*, New York, Basic Books, 1973, p. 89.

tout un bric-à-brac, et que ce bric-à-brac soit à la fois semblable et différent du bric-à-brac d'une autre culture – bien que l'expression bric-à-brac soit quelque peu condescendante. Si nous retenons les définitions déjà présentées dans nos deux premiers chapitres, nous ne pouvons réduire la « culture » sur le plan de l'individu. Presque toutes les discussions contemporaines définissent la culture essentiellement comme étant un phénomène de communauté, bien que les dimensions de cette communauté puissent grandement varier.

L'analogie tirée de la linguistique est en partie utile et en partie trompeuse. Elle est utile en ce que la distinction entre *langue* et *parole* nous rappelle que notre réflexion au sujet de la culture au plan abstrait (analogue à la définition du langage comme *langue*) doit rapidement se situer sur le plan des cultures spécifiques (analogue à la définition du langage comme *parole*). Si l'on s'interroge au sujet de la signification du « Christ contre la culture », il est utile de penser au-delà de la culture au sens abstrait, et plutôt à la culture concrète, telle que la culture de la Russie stalinienne, ou la culture nazie, ou la culture du bouddhisme zen, ou la culture du monde des affaires occidental. Toutefois, cette analogie est également trompeuse en ce que, sur le plan de la *parole*, les linguistiques font habituellement référence à la performance linguistique d'un *individu*, et c'est évidemment un échantillonnage beaucoup trop restreint pour analyser une culture. Néanmoins, on ne peut nier l'importance de l'aspect « performance ». Le français du Québec se distingue du français de la France. Qui plus est, le français du treizième arrondissement de Paris peut également être distinct de celui de Toulouse, tout comme le français employé lors de conférences à l'Université de Montréal prend ses distances par rapport à celui de Gaspé. Si les linguistes, ai-je dit, peuvent restreindre leur analyse sur le plan de l'individu, les exégètes de la culture ne le peuvent assurément pas. Tenter de réfléchir à ce que pourrait signifier « le Christ contre la culture » est absurde, si l'on entend par là « le Christ contre la culture spécifique de monsieur Untel ».

D'autre part, ces questions au sujet de la signification de la *spécificité* des cultures nous rappellent qu'une des raisons pour laquelle Niebuhr a divisé les relations entre le Christ et la culture en cinq approches différentes est le fait que la «culture» ne s'expérimente jamais dans l'abstrait. Notre propre expérience de la culture est invariablement très spécifique. Si à partir de notre propre expérience – par exemple, celle d'une culture violente et persécutrice à l'endroit des chrétiens, dans laquelle l'approche du «Christ contre la culture» semble justifiée –, nous déduisons l'expérience d'autres personnes dont la perception de la «culture» est sensiblement différente, il nous serait bien difficile de soutenir pourquoi nous avons choisi ce modèle plutôt qu'un autre. Certaines différences d'approches à l'égard de César chez les premiers chrétiens tiennent au moins en partie d'expériences différentes relativement à César. Ainsi, donc, si nous devons formuler une compréhension théorique générale des relations entre le Christ et la culture, une telle compréhension se devra d'être complexe, nuancée, et assez souple pour englober la spécificité des cultures.

(2) La diversité des cultures dans notre monde nous permet-elle d'évaluer d'une quelconque façon si une culture est supérieure à une autre ?

La question est intéressante en soi, bien sûr, mais dans la mesure où nous permettons à l'approche du «Christ contre la culture» d'être la plus appropriée en certains cas et non en d'autres cas, ceci ne laisse-t-il pas entendre que certaines cultures soient pires que d'autres (et, par conséquent, que d'autres soient meilleures) ? En termes plus crus : ne sommes-nous pas d'accord qu'il est préférable de saluer nos voisins que de les manger ?

En réaction à la condescendance inhérente à un passé colonial, les anthropologues culturels ont tenté depuis des décennies de décrire des cultures en employant des termes entièrement neutres et purement descriptifs. Parfois, cette passion à l'égard de la neutralité, de la description objective, devient elle-même une forme de jugement moral : la seule anthropologie qui soit «bonne» est celle qui refuse de porter quelque jugement que ce soit. Le sacrifice d'enfants chez les Incas obtient la note de passage : un tel système était important pour ceux qui vivaient sous ce régime ; alors, qui sommes-nous pour le condamner ? On peut même percevoir l'Holocauste de différentes façons : pour ceux ayant gardé le souvenir des chambres à gaz, ce régime était d'une répugnance sans borne, tandis que pour les Aryens, croyant en la suprématie de la race blanche, son grand malheur a été de ne pas avoir pu achever son travail. Tout dépend du point de vue.

Lorsque j'ai présenté ce matériel sous la forme de conférence, un étudiant international natif d'une ancienne colonie française a demandé, lors de la première période de questions, si je croyais en la supériorité d'une quelconque culture vis-à-vis d'une autre. Il s'agissait d'une bonne question, bien sûr, empreinte de présuppositions et de tensions, vu l'impérialisme occidental en Afrique. Dans la plupart des pays de l'Afrique de l'Ouest, le xxe siècle a mis au monde un puissant mouvement, la négritude, par lequel de jeunes intellectuels ouest-africains ont remis en cause la supposée supériorité de la culture européenne française. Dans leur tentative d'inclure la culture de l'Afrique de l'Ouest, il a été utile de relativiser *toutes* les cultures[5]. Ceci fait évidemment écho aux présuppositions de l'anthropologie culturelle actuelle. Mais s'il existe des contextes où je suis prêt à affirmer que le Christ s'oppose à une culture, le Christ est-il pour autant contre *toutes* les cultures, ou est-il contre certaines cultures plus que d'autres ? Notre méditation au sujet des approches de Niebuhr ouvre-t-elle une boîte de Pandore ?

Lors d'une discussion en privé, après la période de questions en public, j'ai demandé à mon interlocuteur africain s'il croyait qu'il était possible de juger, de manière raisonnable, de la supériorité ou de l'infériorité relative de la culture nazie vis-à-vis de celle des Pays-Bas

---

5. Je suis redevable à un de mes anciens étudiants, Mabiala Justin-Robert Kenzo, « The Dialectics of Sedimentation and Innovation in Theology: A Study in the Philosophical Hermeneutics of Paul Ricœur with Implications for an African Theological Discourse », Ph.D. diss., Trinity Evangelical Divinity School, 1998.

à la même époque, dont les citoyens furent parmi les plus généreux et les plus téméraires afin de cacher des Juifs. Il a réfléchi un moment, et il a suggéré qu'il s'agissait là d'une différence d'idéologie, et non de culture. Une telle distinction n'est nullement recevable d'après nos définitions de la « culture ». Le fait d'étiqueter « idéologie » tout ce que nous voulons condamner ou louer consiste tout simplement à se défiler, dans le seul but de préserver le mantra injustifiable de plusieurs de nos anthropologues culturels, selon lequel aucune culture n'est supérieure ou inférieure à une autre[6]. Dans certains milieux, cette croyance est si ancrée que toute culture qui remettrait en question ce mantra, comme une culture possédant une forte vision missionnaire, sera nécessairement coloniale et par conséquent inférieure, sans même qu'on se rende compte de l'ironie d'un tel point de vue[7].

Rien de tout cela ne suggère que *toute* affirmation au sujet de l'infériorité ou de la supériorité culturelle soit sage, réfléchie, ou véridique. Loin de là ; en fait, plusieurs affirmations traitant de cette infériorité ou de cette supériorité servent à justifier les formes les plus barbares de racisme, de colonialisme, de nationalisme sans borne. Six observations jetteront un peu de lumière sur ce point.

Tout d'abord, toute évaluation d'une culture repose sur un ensemble de valeurs – même si cet ensemble de valeurs est lui-même influencé par la culture posant ce jugement. Cela est vrai, aussi bien au sujet du matérialisme philosophique de certains anthropologues culturels, qu'au sujet du marxisme, et même du christianisme. Par exemple, plus seront nombreux ceux qui pensent que l'Holocauste

---

6. Voir l'essai important de Thomas Sowell, « History Versus Visions », dans *Black Rednecks and White Liberals*, San Francisco, Encounter Books, 2005, p. 247-291 ; par exemple, à la page 248 : « La doctrine centrale du multiculturalisme – l'égalité des cultures – ne peut être soutenue lorsque ceci signifie l'égalité dans les réalisations concrètes – au plan éducationnel, économique, ou autre. »
7. Voir l'essai stimulant de Robert J. Priest, « Missionary Positions: Christian, Modernist, Postmodernist », *Current Anthropology*, vol. 42, 2001, p. 29-68, et la discussion qu'il a engendrée.

était un mal énorme et à peine compréhensible, plus large sera le consensus à cet égard.

Deuxièmement, dans une perspective chrétienne, tout ce qui se distance de la pure centralité de Dieu constitue un mal. C'est tout simplement un affront fait à Dieu. En ce sens, d'un point de vue chrétien, toute position qui ne déclare pas avec joie et obéissance : « Jésus est Seigneur ! » tombe sous le même jugement. Si on les perçoit de cette manière, toutes les cultures de ce côté-ci de la chute sont mauvaises.

Troisièmement, également dans une perspective chrétienne, Dieu dans sa « grâce commune » répand d'innombrables bienfaits partout et sur tous. Même sans reconnaître Dieu, les gens jouissent de ses dons, et ces dons sont bons en eux-mêmes (Jacques 1.17).

Quatrièmement, tout comme la révélation chrétienne enseigne sans équivoque qu'il existe des degrés de châtiment infligés par un Dieu bon, nous devons en conclure que certains points de vue culturels sont plus répréhensibles que d'autres – en eux-mêmes, ou en raison de la responsabilité accrue de gens privilégiés, ou pour d'autres raisons encore. Nul besoin de recourir aux images dantesques de l'enfer : Jésus lui-même affirme la réalité de degrés *relatifs* de châtiment (citons par exemple, Matthieu 11.20-24 ; Luc 12.47,48), laissant comprendre qu'il existe des degrés *relatifs* de bonnes et de mauvaises cultures.

Cinquièmement, plusieurs des distinctions parmi les cinq approches de Niebuhr reposent, en fin de compte, sur une évaluation personnelle vis-à-vis du mal dans n'importe quelle culture. En d'autres termes, la distinction entre les approches des relations entre le Christ et la culture se fonde, du moins en partie, sur une évaluation personnelle des valeurs de chacune de ces cultures. Je doute qu'une *seule* analyse perspicace des relations entre le Christ et la culture puisse ignorer de telles différences au sujet de la valeur morale d'une culture en particulier, peu importe à quel point une telle évaluation peut être difficile ou provisoire.

Sixièmement, nous, êtres humains, avons cette horrible propension à corrompre toute chose, toute bonne chose. Voyons un exemple. À partir des réflexions provocantes de Steiner dans son *After Babel*[8], Henri Blocher s'interroge à savoir si la diversité des langues à Babel est une bonne ou une mauvaise chose[9]. Si c'est une mauvaise chose, alors l'unité langagière de l'époque avant Babel était une bonne chose – cependant, c'était une telle unité qui a rendu possible la rébellion à grande échelle, symbolisée par Babel. Mais alors, si cette unité était si mauvaise, peut-être la diversité des langues est-elle une bonne chose en soi ? Même si la diversité des langues fut un reproche et une contrainte, il n'est pas absolument clair si la multiplicité des langues *comme telle* était bonne ou mauvaise. Elle était bonne en ce qu'elle a démantelé cette cabale de rébellion ; elle était mauvaise en ce qu'elle a mené à des groupes distincts (des tribus ? des nations ? des races ?) souvent ennemis les uns des autres. En d'autres termes, nous, les êtres humains, sommes capables de corrompre l'unité et de la transformer en rébellion, et nous sommes capables de corrompre la diversité et de la transformer en guerre. Nous ne pouvons pas ignorer, cependant, qu'à la Pentecôte, Dieu n'a pas accordé le don d'une seule langue, un genre de rétablissement de la situation d'avant Babel ; il a plutôt accordé le don de diverses langues, de sorte que le message unique puisse être entendu dans toutes les langues pertinentes, préservant ainsi la diversité. Bien que l'Apocalypse présente plusieurs langues au sein de la rébellion continuelle (par exemple, Apocalypse 10.11), elle présente aussi la foule des rachetés, composée de toute tribu, de tout peuple, de toute nation, de *toute langue* (par exemple, Apocalypse 5.9 ; 7.9). Il n'existe aucune raison de croire que l'unité glorieuse dont nous jouirons dans les nouveaux cieux et la nouvelle terre n'inclura pas aussi la tout aussi glorieuse diversité de race, de nation, et *de langue*[10]. (Sans doute que

---

8. George Steiner, *After Babel : Aspects of Language and Translation*, Oxford, Oxford University Press, 1975, surtout p. 57 et suiv.
9. Blocher a présenté cet exemple lors de sa réponse officielle à la conférence de Vaux, mentionnée plus haut. Voir «Discerner au sein de la culture», p. 52.
10. Certains ont proposé que Sophonie 3.9 annonce un moment où nous parlerons tous une seule langue. Il est plus probable qu'il annonce le moment où tout

personne ne sera offensé si nous devions passer quelques millénaires à apprendre le mandarin !) D'ici là, nous continuons à corrompre l'unité et la diversité, l'unité et la diversité que d'aucuns présentent comme étant « bonnes »[11].

Bref, d'un point de vue chrétien, nous pouvons dire que la culture, comme toute autre facette de la création, repose sous le jugement de Dieu.

(3) Cependant, les chrétiens eux-mêmes sont partie intégrante de la culture. N'est-il pas excessivement fallacieux de tenter de clarifier les relations entre le « Christ » et la « culture » s'il ne s'agit pas de deux entités, mais d'une seule ?

Nous avons frôlé cette question précédemment. Examinons-la plus en détail. La difficulté ne réside pas seulement dans le fait qu'en Occident, la Bible et le christianisme ne façonnent plus la culture comme ce fut le cas jadis[12], mais aussi dans le fait que les chrétiens eux-mêmes, et ainsi le Christ qu'ils prétendent représenter, sont inséparables de la culture[13]. Cela signifie-t-il qu'il soit tout simplement irréaliste de parler du « Christ » et de la « culture » comme s'il s'agissait de deux entités ?

En fait, oui et non. Elles sont des entités distinctes, mais non pas des entités s'excluant mutuellement, de la même manière que la culture hispano-américaine est distincte de la culture américaine,

---

langage sera dépouillé de ses impuretés.

11. Bien sûr, voilà pourquoi l'unité n'est pas toujours bonne dans les Écritures : elle peut n'être que le fruit d'un compromis pernicieux. Pour un survol raisonné des diverses évaluations bibliques à propos de l'unité, voir John Woodhouse : « When to Unite and When to Divide », *The Briefing* n° 279, décembre 2001, p. 13-17.

12. Plusieurs ont traité de cette question. On en trouve une discussion récente et intéressante dans D. Spriggs, « The Bible : Cultural Treasure or Cultural Obstacle ? », *Anvil*, vol. 19, 2002, p. 119-130.

13. La même idée a été présentée avec force il y a plus de 25 ans, dans un but quelque peu différent, par Andrew F. Walls (« The Gospel as the Prisoner and Liberator of Culture », *Faith and Thought*, vol. 108, 1981, p. 39-52).

plus vaste, quoique partie intégrante de cette dernière, et vice versa. De même en ce qui a trait au Christ et à la culture : les chrétiens (représentant le « Christ » dans la formule « le Christ et la culture ») sont à la fois distincts et partie intégrante de la culture; les chrétiens influencent la culture, et vice versa.

C'est le genre de modèle que préconise Colin Greene. Greene critique la « typologie » de Niebuhr parce qu'elle « tend à placer le Christ et la culture en opposition, comme étant "deux réalités complexes", tandis que [*dit-il*] nous affirmons que ces deux réalités sont interdépendantes et interagissent à l'intérieur d'un cadre plus grand et plus intellectuel au plan herméneutique[14]. » Greene propose plutôt une « interaction critique entre le Christ et la culture » – semblable à l'approche Niebuhr du « Christ transformateur de la culture », bien que très différente à maints égards. « Ce nouveau modèle inclut l'expérience moderne de la fragmentation et du multiculturalisme, qui ne pouvait être traitée dans l'étude de Niebuhr[15]. »

L'ouvrage de Greene est très perspicace, bien que, lorsqu'il traite des modèles, incluant son propre « nouveau modèle », il soit assez confondant. Nous avons déjà vu, au chapitre 1, que Niebuhr lui-même était pleinement conscient que les chrétiens étaient inévitablement rattachés à la culture plus générale dans laquelle ils

---

14. Colin Greene, *Christology in Cultural Perspective: Marking Out the Horizons*, Carlisle, Paternoster, 2003, p. 26. À la note 78 de cette page, Greene suggère que la typologie de Niebuhr en cinq temps peut être réduite à trois modèles : (a) le modèle « apostolique », plus ou moins semblable à celui de Niebuhr du « Christ contre la culture »; (b) le « modèle de la chrétienté », qui se rapproche du modèle de Niebuhr, faisant correspondre le Christ et la culture; et (c) le « modèle pluraliste », qui « malheureusement » implique « la capitulation du Christ à la culture ». Non seulement cette typologie est-elle moins raffinée et, par conséquent, moins complète que celle qu'offre Niebuhr, mais elle est trompeuse à plus d'un égard. Par exemple, affirmer que le témoignage « apostolique » soutient uniformément « Christ contre la culture » est terriblement réductionniste.

15. Greene, *Christology in Cultural Perspective*, p. 26.

vivaient – bien que l'on puisse critiquer Niebuhr de n'avoir pas suffisamment développé sa pensée à ce sujet. Affirmer que le « nouveau modèle » de Greene, qui met l'accent sur « l'interaction critique entre le Christ et la culture », est apparenté à l'approche du « Christ transformateur de la culture » tient de l'évidence : s'il existe une « interaction critique », on aurait pu penser que l'on pourrait tout aussi bien parler de « la culture transformant le Christ » que du « Christ transformant la culture ». Bien sûr, la fragmentation et le multiculturalisme font partie du paysage culturel d'aujourd'hui, et lorsque Niebuhr rédigea son ouvrage, ces deux termes n'avaient pas la même influence que celle dont ils jouissent maintenant. Cependant, il est difficile de savoir pourquoi la fragmentation ou le multiculturalisme remettent en cause la typologie de Niebuhr, une typologie qui couvre vingt siècles de phénomènes culturels et qui est suffisamment souple pour inclure la fragmentation et le multiculturalisme au XXIe siècle. La *manière exacte* dont ces développements s'insèrent dans cette typologie dépend, du moins en partie, de la signification de chacun de ces termes. Par exemple, le « multiculturalisme » peut simplement évoquer le pluralisme culturel, et peut-être le pluralisme ethnique, tel qu'il existe dans les grandes villes de nos jours. Les chrétiens, habitués à attendre les nouveaux cieux et la nouvelle terre où seront regroupés des « gens de toute tribu, de toute langue, de tout peuple et de toute nation » (Apocalypse 5.9), percevront ce multiculturalisme comme quelque chose de merveilleux se développant à l'intérieur de la culture, un phénomène auquel peut souscrire un christianisme fidèle aux Écritures. Cependant, lorsque le « multiculturalisme » devient un slogan associé aux mouvances sociales gauchistes cherchant à relativiser toutes les valeurs culturelles et toutes les prétentions religieuses – à l'exception de cette prétention dogmatique voulant que toute valeur doive être perçue comme étant relative –, alors ce terme peut témoigner d'une culture diamétralement opposée aux prétentions exclusives du christianisme ; et en un pareil cas, les chrétiens seront attirés vers un modèle du « Christ contre la culture ». Nous pourrions nous adonner à des rêveries semblables à propos de la fragmentation. Il est difficile de comprendre pourquoi la fragmentation ou le multiculturalisme, peu importe la façon dont ils sont perçus, remettent en cause l'analyse de Niebuhr.

Toute culture subit des changements. Ces changements peuvent résulter d'une liste quasi infinie de facteurs : l'immigration récente, des événements sur la scène internationale, des tendances économiques, des orientations au plan de l'éducation, la popularité de certaines idées politiques ou économiques, des changements dans les médias, la musique populaire, les temps de paix ou les temps de guerre, et plus encore. Certains groupes à l'intérieur d'une culture plus vaste réagiront inévitablement de manières diverses. Certains, par exemple, peuvent se réjouir de l'afflux de nouveaux immigrants ; d'autres peuvent protester en apparence, tout en désirant embaucher ces immigrants comme main d'œuvre à bon marché ; d'autres encore, peut-être xénophobes dans l'âme, accusent ces nouveaux venus de tous les nouveaux maux. Ces réponses si diverses donnent naissance à de nouvelles façons de faire, de nouvelles relations, de nouveaux symboles, qui seront ensuite transmis à la nouvelle génération. Ainsi, la *façon* dont les gens à l'intérieur d'une culture réagissent à l'arrivée de nouveaux immigrants relève de croyances et d'idéologiques qui diffèrent selon les groupes – des croyances et des idéologies servant de filtres discriminatoires (au sens positif du terme) dans la pensée de ces divers groupes répondant de manières bien différentes. On pourrait étendre la discussion à la façon dont différents groupes réagissent à tout autre changement culturel.

Il est évident que les chrétiens, composant eux-mêmes une partie du relief culturel, ne sont jamais immunisés contre de tels changements culturels. La façon dont ils réfléchissent aux accents prédominants de la culture dont ils font partie, de même que celle dont ils réfléchissent aux changements prenant place dans cette culture, dépendra en grande partie de *leurs* propres croyances et de *leurs* propres idéologies. Dans la mesure où ces croyances et ces idéologies sont façonnées par la Bible chrétienne, les « filtres » chrétiens, de même que les mécanismes d'évaluation et de réactions, différeront, en tout ou en partie, des mécanismes de ceux dont les croyances et les idéologies sont façonnées par le Coran, par exemple, ou par le matérialisme philosophique, ou par l'hédonisme.

Être en mesure de réfléchir aux réactions de la communauté musulmane de France, par exemple, à l'égard de certains changements à l'intérieur de la culture française en général, s'avère donc très utile. On conçoit aisément que ce ne sont pas tous les musulmans en France qui réagissent de la même manière; de même, on admet que tous ceux vivant à l'intérieur de cette culture française générale n'approuveront pas ou ne participeront pas à ces changements. De plus, d'aucuns consentiront que l'on puisse décrire ces réactions chez les musulmans (même s'il ne s'agit que de généralisations) de deux manières : l'une y percevant les réactions de la communauté musulmane *à l'intérieur* de la culture française en général, compte tenu du fait que les musulmans constituent une part importante de la culture française; l'autre y voyant les réactions de la *culture* musulmane française à l'intérieur de la *culture* française en général (ainsi, non musulmane) – c'est-à-dire le choc de deux cultures à l'intérieur d'une culture plus générale les englobant toutes deux. De la même manière, on peut parler de la façon dont les chrétiens des États-Unis, par exemple, comprennent les changements culturels prenant place à l'intérieur de la culture américaine en général. Il nous est possible de nous exprimer ainsi, tout en reconnaissant que tous les chrétiens n'ont pas le même point de vue, que tous ces soi-disant changements à l'intérieur de la culture n'ont pas les mêmes effets sur la culture d'une manière identique, que les chrétiens américains font inévitablement partie de la culture générale, et que les chrétiens américains eux-mêmes se répartissent en plusieurs sous-cultures. Il n'est pas inconvenant, autrement dit, de parler de la (sous-) culture américaine chrétienne, comme s'opposant à la culture américaine (non chrétienne), si nous comprenons que d'autres regroupements sont possibles. Encore une fois, tous ces avertissements doivent être pris en compte, et de telles réflexions ne sont ni incohérentes ni inutiles[16]. D'autre part, on ne peut reprendre ces avertissements à chacune des pages d'un ouvrage.

Ainsi, la diversité de croyances culturelles, à l'intérieur de la culture française ou américaine (ou n'importe quelle autre) en général, possède différentes valeurs, différentes perceptions du bien, différentes autorités, et par conséquent, différents objectifs. C'est ce qui rend possible toute discussion au sujet « du Christ et de la culture ». Loin de croire que les chrétiens qui adoptent la partie du « Christ » dans cette équation, transcendent la culture ou adoptent des opinions identiques, la formule « le Christ et la culture » n'est qu'une

---

16. Je rejette par conséquent une approche à cette discussion telle que celle prônée, par exemple, par Kathryn Tanner, dans son influent ouvrage *Theories of Culture: A New Agenda for Theology*, Guides to Theological Inquiry, Minneapolis, Fortress, 1997. Tanner parcourt la façon dont le terme « culture » est employé dans plusieurs ouvrages récents, surtout ceux des anthropologues culturels, atteignant son point culminant dans le « virage culturel » (l'expression est devenue consacrée suite à la parution de l'ouvrage de Dale R. Martin et Patricia Cox Miller, éd., *The Cultural Turn in Late Ancient Studies*, Durham, Duke University Press, 2005). Tanner esquisse ce à quoi la théologie pourrait ressembler dans la perspective d'une vision postmoderne de la culture, soutenue par ses valeurs de diversité, de tolérance, de liberté et d'égalité. Une telle vision des choses va au-delà de celle proposée par l'école de Yale, à savoir la théologie post-libérale, dont les figures de proue sont Hans Frei et George Lindbeck. Ce dernier suppose que les cultures locales jouissent d'une certaine homogénéité, faisant ainsi place à la proposition de Lindbeck voulant que la théologie doive être perçue comme un édifice linguistico-culturel, chaque édifice étant le reflet d'une culture locale spécifique. Par contraste, le « virage culturel » appuie le fait que la diversité est bien plus radicale : la diversité vibre *à l'intérieur même* des cultures locales, abolissant ainsi toute idée d'homogénéité sur laquelle se fonde la théologie linguistico-culturelle de Lindbeck. On a ici l'impression d'éplucher un oignon. On peut toujours enlever une épaisseur, mais ce que je désire noter est le fait qu'il existe inévitablement des paramètres culturels rassemblant les sous-cultures en entités reconnaissables, même si ces paramètres changent d'une fois à l'autre. Dans le présent chapitre, je désire, en expliquant ces choses, souligner à quel point parler du Christ et de la culture est logique, malgré les perceptions postmodernes extrêmes vis-à-vis de la culture.

manière facile de résumer les relations possibles entre chrétiens et non-chrétiens, non pas au plan personnel ou au plan idéologique étroit, mais au plan général de la « culture » tel que présenté dans le présent ouvrage.

(4) N'est-il pas futile de parler du « Christ et de la culture » alors qu'il existe tant d'opinions chrétiennes diverses par rapport à différents sujets liés à la culture ?

Là est justement toute la question. C'est précisément cette diversité que Niebuhr et d'autres ont tenté de structurer en un certain nombre d'options. Comme c'est le cas dans toute analyse des structures sociales, ces options sont en quelque sorte idéalisées et simplifiées. Ces analyses tentent toutes d'identifier les éléments essentiels de relations bien réelles entre le Christ et la culture.

Considérons un contraste assez évident. La compréhension des relations entre le Christ et la culture chez les amish américains est bien différente de n'importe laquelle des compréhensions les plus courantes parmi les calvinistes. Bien que ces deux groupes se disent chrétiens, le premier prône un retrait marqué par rapport à (l'autre partie de) la culture américaine, tandis que l'autre groupe préconise une transformation considérable de la culture. À moins de choisir l'option postmoderne et de refuser de préférer l'une ou l'autre position, et ainsi penser que toutes les deux sont « bonnes » ou « vraies » selon le point de vue (voir plus loin), nous devons nous demander comment il nous est simplement possible de préférer une option apparemment chrétienne, plutôt qu'une autre, tout aussi apparemment chrétienne.

Bien que je doive admettre, en présentant cet exemple, avoir choisi la forme extrême de retrait prônée par les amish, il existe d'autres formes de retrait plus tempérées (et défendues avec plus de verve), même à l'intérieur de la tradition anabaptiste, telles que celles proposées par un érudit comme John Yoder et un systématicien tel que Hauerwas[17]. Lorsque je parle de « retrait », je n'insinue pas que les amish, ou tout autre groupe de tradition anabaptiste se retirent *de la culture* : un tel retrait est bien sûr impossible. Selon leur propre compréhension, ceux de tradition anabaptiste fondent des communautés dont la culture est *alternative*, une culture radicalement *chrétienne*[18]. Cependant, dans leurs diverses théories sur la façon de réussir une telle entreprise, les anabaptistes se « retirent » de la culture en général au sens où, à un degré ou un autre, ils sont persuadés qu'une participation active à la culture mène inévitablement à compromettre leurs convictions chrétiennes. La seule façon de demeurer fidèle aux obligations chrétiennes consiste en une forme ou une autre de « retrait » afin d'engendrer une culture chrétienne supérieure.

On trouve bien sûr une diversité semblable parmi les perspectives calvinistes au sujet de la culture. On pense, par exemple, aux différences marquées entre Abraham Kuyper et Klaas Schilder[19]. Cependant, tous ces érudits s'entendent pour dire que la seigneurie de Christ sur toute culture exige que les chrétiens, même lorsqu'ils annoncent l'Évangile et s'engagent dans la formation de disciples, cherchent activement à

---

17. Par exemple, John H. Yoder, *Jésus et le politique : la radicalité éthique de la croix*, Lausanne, Presses Bibliques Universitaires, 1984 ; Stanley Hauerwas, *With the Grain of the Universe: The Church's Witness and Natural Theology*, Grand Rapids, Brazos, 2000 ; et Hauerwas, *Christian Existence Today: Essays on the Church, World, and Living in Between*, Grand Rapids, Brazos, 2001.

18. Voir, par exemple, Duane K. Friesen, *Artists, Citizens, Philosophers – Seeking the Peace of the City: An Anabaptist Theology of Culture*, Scottdale, Herald, 2000.

19. Une grande partie des ouvrages de Kuyper n'a pas été traduite du néerlandais à l'anglais. En guise d'introduction à sa pensée, on consultera *Abraham Kuyper: A Centennial Reader*, James D. Bratt, éd., Grand Rapids, Eerdmans, 1998. Un ouvrage important de Schidler a été publié en anglais sous le titre *Christ and Culture*, Winnipeg, Premier Printing, 1977. Henry R. Van Til (*The Calvinistic Concept of Culture*, Grand Rapids, Baker, 1959) propose une voie mitoyenne entre ces derniers, tandis que Brian J. Walsh et J. Richard Middleton (*Une vision transformatrice : développer une vision chrétienne du monde*, Trois-Rivières, Québec, Impact Académia, 2016) tentent de présenter les implications de la mise en œuvre d'une telle vision.

promouvoir les exigences du Christ à l'intérieur de leur propre culture, non pas en se retirant et en établissant des modèles allant à l'encontre de la culture, mais en s'y engageant et en la transformant. Je traiterai de ces questions aux deux derniers chapitres.

Nous devons aborder trois genres de questions avant de poursuivre ; le défi plus imposant que représente le postmodernisme sera l'objet de notre étude un peu plus loin.

Tout d'abord, une position authentiquement chrétienne tentera d'intégrer l'ensemble des points saillants de l'histoire du salut, tels que la Bible les présente, à savoir la création, la chute, l'appel adressé à Abraham, l'exode et le don de la loi, la monarchie et l'arrivée des prophètes, l'exil, l'incarnation, le ministère, la mort et la résurrection de Jésus-Christ, le début du royaume de Dieu, la venue de l'Esprit et la tension entre le « déjà » et le « pas encore » qui s'ensuit, le retour de Christ, et la venue éventuelle des nouveaux cieux et de la nouvelle terre. On peut ajouter ou retirer quelques éléments de cette liste, mais on ne peut passer cette question sous silence.

Nous avons déjà considéré le fait qu'au moins une des approches de Niebuhr doit être abandonnée, surtout parce qu'elle est « libérale » au point de rejeter plusieurs des points déterminants mentionnés ci-dessus. On peut également comprendre comment le fait de minimiser l'importance de ces points décisifs peut conduire à d'autres distorsions d'envergure par rapport à une juste compréhension des cultures et par conséquent sur la manière d'interagir avec elles. Par exemple, si on met de côté la doctrine de la création, il devient alors facile de construire une conception quasi gnostique du salut, et beaucoup plus difficile de saisir que notre responsabilité humaine prend sa source dans le fait que comme sommes entièrement redevables à notre Créateur. Sans la création, nous perdons tout sentiment d'imputabilité envers Dieu. Également, il devient tentant d'adopter une perception tout à fait désincarnée du « salut », avec ses corollaires démoniaques au plan physique. Ou encore, si on néglige la chute, sans oublier comment ce thème est développé dans l'ensemble du canon des Écritures, on minimise le péché. Pire, la nature même de l'idolâtrie – la réification de Dieu, ne pas aimer Dieu de tout son cœur et de toute son âme, de toute sa pensée et de toute sa force – ne devient que l'ombre d'elle-même; cela mène en conséquence à la disparition d'un des éléments centraux du salut, un de ses aspects-clés, à savoir la nécessité d'être réconcilié avec Dieu en ses propres conditions. Il ne fait aucun doute qu'une compréhension bancale à propos du péché mène inévitablement à une vision tronquée de ce que la Bible annonce au sujet de ce qui est accompli à la croix – surtout cette dimension de la croix parfois appelée la «substitution pénale». Ainsi, négliger l'un ou l'autre de ces points décisifs nous prédispose à adopter la deuxième approche de Niebuhr, «le Christ de la culture», ou encore sa troisième approche, «le Christ au-dessus de la culture» au sens «synthésiste».

Ne pas tenir compte de l'exode ou du don de la loi, par exemple, nous prive du grand modèle vétérotestamentaire de libération, des normes révélées par Dieu, de l'idée de sainteté liée à la fois à Dieu et à l'obéissance à ce que Dieu a prescrit ou proscrit, de cette tension entre être sauvé *de* quelque chose et être sauvé *pour* quelque chose, d'être un peuple appartenant particulièrement à Dieu, de toute une structure d'alliance liée à un tabernacle ou à un temple, à une prêtrise, à un système sacrificiel – des éléments qui sont tous repris et réorientés de diverses manières dans le Nouveau Testament. Lorsque les chrétiens contemporains saisissent bien et intègrent ces éléments à leur compréhension de soi et à leur vision des choses, il n'est pas difficile d'imaginer comment ces éléments contribuent à leur conception à la fois d'une culture *chrétienne* (c'est-à-dire la culture du sous-ensemble auquel ces chrétiens s'identifient) et de leurs rapports à la culture plus générale (celle de leur pays, de leur région, de leur groupe ethnique, etc.).

Il serait possible d'examiner comment le fait d'omettre ou de diluer d'autres tournants décisifs de l'histoire biblique du salut conduit aisément à une perception tronquée ou tordue du christianisme, et ainsi des relations entre le Christ et la culture. En fait, la suite de cet ouvrage pourrait être considérée comme étant une méditation sur la façon dont une solide théologie biblique tend à protéger les chrétiens contre des formes de réductionnisme extrêmes. Cependant, une telle affirmation ne prétend aucunement qu'on puisse aisément arriver, moyennant quelques efforts minimes, à une solide théologie biblique qui obtiendra l'assentiment général. Mon propos est plus modeste, à savoir qu'une compréhension qui tentera d'intégrer tous les points déterminants de l'histoire du salut, tels que définis par les Écritures, sera probablement une compréhension solidement chrétienne.

On ne peut oublier que toutes sortes d'interprétations « excentriques » ont été préconisées, et continuent à l'être, concernant *toutes* les doctrines chrétiennes, *tous* les tournants décisifs de la théologie biblique – et qu'elles ont été réfutées dans la même proportion. Le problème réside plutôt en ce que ces interprétations excentriques, dans le climat actuel des choses, conduisent certains observateurs à croire que tous les sujets doctrinaux sont en quelque sorte « ouverts », et que par conséquent toute théologie biblique solide soit impossible à réaliser, à tel point que, lorsqu'une telle théologie est avancée, elle est perçue comme étant tout simplement bornée. Cette objection devance notre propos de la seconde partie de ce chapitre, du moins en partie. Quoi qu'il en soit, les chrétiens qui tentent résolument de construire une théologie biblique ne doivent pas se laisser intimider par la pléiade d'interprétations excentriques, même si les résultats de leur entreprise sont présentés avec humilité et qu'ils demeurent provisoires.

Par exemple, désirant soutenir sa « ligne droite » allant de la création à la consommation, Wolfhart Pannenberg interprète la chute (Genèse 3) comme un des éléments de la création se déployant dans le temps, et non comme une immense faillite ou une odieuse rébellion. L'« élément essentiel » de Genèse 3 est d'expliquer les origines de la mort, des difficultés intrinsèques à la naissance et au travail, et ce, non pas comme résultant d'une rébellion « réelle », mais dans le contexte de sa propre évaluation critique sur la façon dont les fables étiologiques viennent à l'existence[20]. L'approche de Pannenberg se complexifie lorsqu'il lie les notions d'«incomplétude» et de «non-régénération», lorsqu'il considère que le mal est d'abord un «risque» inhérent à l'autonomie humaine, elle-même la «condition nécessaire au plan de Dieu pour sa créature», et lorsque sa théodicée est entièrement eschatologique[21]. En tant que systématicien, Pannenberg tente de brosser un tableau cohérent, même si ce dernier s'éloigne, plus qu'il ne le croit, du contexte du Pentateuque, sans même mentionner qu'il s'éloigne également de Paul (voir en particulier, Romains 5.12-21 ; 1 Corinthiens 15.21,22,45-49).

Walter Brueggemann cause lui aussi sa part de difficultés[22]. Non seulement adopte-t-il une lecture plutôt «douce» de Genèse 3, mais il prétend ensuite que les écrivains de l'Ancien et du Nouveau Testament présentent des points de vue diamétralement opposés à propos de la rébellion humaine et de la réaction divine à l'égard de cette rébellion.

Je mentionne ces exemples afin d'illustrer certaines tendances mal orientées. J'affirme, à l'opposé de ces tendances, qu'une position authentiquement chrétienne tentera d'intégrer l'ensemble des points décisifs de l'histoire du salut, tels que la Bible les présente : la création, la chute, l'appel adressé à Abraham, et ainsi de suite.

Deuxièmement, une position authentiquement chrétienne tentera de maintenir en équilibre les divers points saillants de l'histoire du salut. En d'autres termes, il ne suffit pas d'inclure tous ces points saillants, mais aussi les relier les uns aux autres de manière adéquate. L'Église d'Orient accorde une plus grande place à l'incarnation que les Églises d'Occident ; conséquemment, lorsqu'on la compare aux Églises en Occident, elle réduit la place accordée à la croix. De telles croyances donnent naissance à différentes conceptions de soi au plan

---

20. *Systematic Theology*, 3 vol., Grand Rapids, Eerdmans, 1991-1998, vol. 2, p. 263.
21. Voir vol. 2, p. 59-275, surtout p. 127, 132-36, 166-69.
22. Par exemple, *An Introduction to the Old Testament : The Canon and Christian Imagination*, Louisville, Westminster John Knox Press, 2003, p. 32, 37-39.

culturel. Selon leur compréhension globale des Écritures, certains chrétiens mettront un accent plus prononcé sur l'évangélisation, tandis que le progrès social se situera au second plan ; d'autres chrétiens feront l'inverse. Ces croyances déterminent de manière évidente notre compréhension de la « juste » relation entre le Christ et la culture (générale).

Troisièmement, le lieu où les chrétiens vivent de nos jours (un peu partout dans le monde) déterminera d'une façon importante quels éléments du scénario biblique ils mettront en exergue. Des chrétiens aux prises avec la persécution au Soudan du Sud ou dans le nord du Nigeria auront des points de vue forcément différents de leurs frères et sœurs à Genève, en Suisse, à Vancouver, au Canada, ou à Tulsa, en Oklahoma (respectivement, une ville très internationale, une ville très sécuritaire de la chaîne du Pacifique, et une ville des États du sud des États-Unis où il est parfois difficile de trouver quelqu'un ne se disant *pas* chrétien). Les chrétiens d'Oslo ou d'Helsinki, méditant sur la manière d'interagir avec la culture en général et de rendre témoignage au Christ, n'auront pas les mêmes priorités que les chrétiens d'Haïti, par exemple, où la pauvreté est endémique, ou que ceux de Johannesburg, où le SIDA fait des ravages et laisse derrière lui un nombre effarant d'orphelins. Peu importe où ils vivent, les chrétiens les plus cultivés ne prétendront pas que leur façon de réfléchir aux relations entre le Christ et la culture (générale) soit la seule possible. Ils chercheront plutôt à saisir *tous* les points saillants de l'histoire du salut, tout en reconnaissant que leur *propre* situation culturelle exige d'accorder une plus grande priorité à tel accent scripturaire plutôt qu'à tel autre. Percevoir les choses de cette façon ouvre la porte à trois possibilités : (a) un plus grand consensus chrétien de toutes cultures au sujet de ce que *dit* la Bible ; (b) un meilleur respect des exigences de chacune des cultures ambiantes ; (c) une compréhension implicite du fait que, lorsque la culture générale change – lorsque, par exemple, la persécution prend fin et qu'une révolution constantinienne se produit, lorsque l'Église risque d'être séduite par le pouvoir plutôt qu'être brutalisée par celui-ci – la totalité de l'histoire biblique et la multiplicité de ses accents imbriqués les uns dans les autres lui permettent encore et toujours de réformer, de modeler, et de corriger la façon dont les chrétiens perçoivent leur relation au monde dans lequel ils vivent. Par conséquent, une position authentiquement chrétienne, non seulement reconnaît les points saillants de l'histoire du salut, mais interprète judicieusement son époque et réfléchit sérieusement à la façon d'interagir avec la culture (générale) et de prendre l'initiative à l'intérieur de celle-ci.

En résumé : rappelons-nous une fois de plus la définition de la culture telle que proposée par Geertz : « un modèle de significations incarnées dans des symboles qui sont transmis à travers l'histoire, un système de conceptions héritées qui s'expriment symboliquement, et au moyen desquelles les hommes communiquent, perpétuent et développent leur connaissance de la vie et leurs attitudes devant elle »[23]. La culture n'est pas l'apanage d'un individu, même si cet individu peut très bien incarner une culture spécifique. Une culture spécifique peut évidemment s'exprimer en des lieux variés, et ces derniers peuvent aussi chevaucher d'autres cultures, mais cela ne signifie pas qu'on ne puisse comparer des cultures ou opposer une culture à une autre[24]. Du fait que les chrétiens se tournent consciemment vers l'Écriture (interprétée, notamment, selon le « modèle de significations transmis à travers l'histoire » de leur propre groupe chrétien), même si certains de leurs « modèles de significations transmis à travers l'histoire » résultent du fait qu'ils vivent au Burkina Faso ou à Pago Pago, ils ressembleront, à divers degrés, à leurs concitoyens qui ne partagent ni leur héritage chrétien ni leurs croyances. De même, ils ressembleront également à des degrés divers, aux chrétiens vivant ailleurs dans le monde et dont les cultures sont tout à fait différentes des leurs. Voilà pourquoi nous pouvons parler des relations entre le

---

23. Geertz, *The Interpretation of Cultures*, New York, Basic Books, 1973, p. 89.
24. Cette idée est généralement reconnue, en raison de l'emploi du terme « culture » dans les titres de maints articles et ouvrages qui présupposent ce que j'ai avancé – par exemple, Joseph Bottum, « When the Swallows Come Back to Capistrano. Catholic Culture in America », *First Things*, vol. 166, octobre 2006, p. 27-40.

christianisme (ou du moins une de ses manifestations) et la culture (ou d'autres cultures) – ou, sans nuancer à l'extrême, nous pouvons simplement affirmer qu'il est possible de réfléchir au sujet du Christ et de la culture, en tenant compte, dans la suite du présent ouvrage, de ces mises en garde.

De plus, l'ensemble des sens et des valeurs héritées du christianisme provient de la révélation divine, et cela nous mène à percevoir toutes choses d'une manière bien différente[25]. Pour citer les mots bien connus de C. S. Lewis : « Je crois au christianisme tout comme je crois que le soleil s'est levé, non seulement parce que je le vois, mais parce que par lui je vois toute chose[26]. » Voilà pourquoi l'étude de la

---

25. On se rappellera les paroles de Gunther Dehn, dans *Man and Revelation* (Londres, Hodder & Stoughton, 1936, p. 7-8) : « Ce qui promeut la théologie, ce n'est pas la culture, mais plutôt la croyance selon laquelle la révélation de Dieu constitue un événement surpassant toute l'histoire humaine, auquel l'Écriture rend témoignage, et qui est attesté par les Crédos de notre Église. Seule une théologie s'attachant sans faille à ces présuppositions indispensables peut servir à édifier une Église qui demeurera intacte au milieu de toutes les attaques de la part de l'esprit du siècle présent. Seule une telle Église sera le sel de la terre et la lumière du monde ; toute autre église périra avec le monde. » On s'objectera peut-être à l'usage de certains termes : par exemple, le terme « culture » tel qu'employé par Dehn renvoie ici à un sens naturaliste, mais Dehn n'entend pas par-là nier le fait que la révélation fondamentale se soit produite à l'extérieur de la culture ou sans elle, c'est-à-dire à l'extérieur de toute expérience humaine – pas plus qu'il n'affirme, par les termes « surpassant toute l'histoire humaine », que la révélation de Christ n'est *pas* historique. Dehn souligne l'*origine* surnaturelle de la révélation, et ne nie pas que Dieu se soit révélé lui-même à l'intérieur de l'histoire.
26. *The Weight of Glory: And Other Addresses* [1949], New York, Macmillan, San Francisco, HarperCollins, 2001, p. 140. Il est possible que Lewis ait eu la même idée à l'esprit dans un de ses romans allégoriques. Dans *Out of the Silent Planet*, New York, Macmillan, 1946, p. 101, il écrit : « Nous ne voyons pas vraiment la lumière, nous ne voyons que des objets plus lents grâce à elle, de sorte que la lumière est pour nous à l'extrémité – la dernière chose que nous puissions connaître avant que les choses ne deviennent trop rapides pour nous. » Je suis redevable à Michael Thate de m'avoir indiqué ce lien. (NDT : Ce dernier livre existe en français sous le titre : *Le silence de la terre*, Paris, Gallimard, 1952.)

question du Christ et de la culture promet d'être féconde et révélatrice : elle posera un regard différent sur ces choses et le percevra autrement, bien que le sujet ne soit pas nouveau.

Redéfinir le postmodernisme

La question qui demeure ouverte pour l'instant consiste à savoir si toute culture soi-disant chrétienne peut légitimement prétendre être chrétienne au même titre qu'une autre culture apparemment chrétienne. Sinon, notre réflexion au sujet du Christ et de la culture ne peut, dans le meilleur des cas, que suggérer des options – et c'est précisément ce que fait Niebuhr. Là où des chrétiens reconnaissent que l'Écriture sert de « norme directrice » (pour reprendre une expression chère aux réformés), nous devons alors tenter d'établir une synthèse plus complète – non pas seulement décrire ce que *peuvent* être les relations entre le Christ et la culture en des temps et en des endroits particuliers, mais examiner ce que ces relations *doivent* être à la lumière de l'Écriture. Cet effort doit nous conduire vers une synthèse qui soit suffisamment souple pour tenir compte de la diversité présente *à l'intérieur même de l'Écriture* ; il doit aussi être suffisamment unifié pour en rassembler les différentes composantes, sans quoi il y aura peu d'espoir que l'Écriture puisse corriger nos perceptions à ce sujet ou qu'elle puisse servir de norme directrice.

Cependant, un des obstacles à cette recherche, du moins dans le monde anglophone, consiste à croire qu'une telle synthèse soit impossible. Le postmodernisme a rendu désuète toute tentative à cet égard. Il convient ici de noter à nouveau une réalité : le postmodernisme est florissant en Amérique du Nord, il possède des définitions complémentaires, rivales même. Cependant, en France, le postmodernisme est pratiquement mort. Cela provient en partie du fait qu'en France, le postmodernisme était étroitement associé à certains mouvements littéraires maintenant démodés : la tradition de la philosophie analytique, qui domine dans la plupart des pays d'Europe, n'a jamais plié l'échine devant les tendances réductionnistes postmodernes. De plus, Jean-François Lyotard, qui enseignait à ses lecteurs à se méfier de tous les «tableaux d'ensemble» ou de toutes les «métanarrations», a rendu incohérente la notion même de postmoder*nisme*, comme il l'a fait pour les autres «ismes». Un ouvrage français récent, écrit par un habile philosophe, peut parler de «postmodernité» en tant que phénomène[27], mais il ne peut certainement pas parler de postmoder*nisme*. À l'inverse, aux États-Unis, le postmodernisme est devenu un slogan relié à presque toutes les sphères de l'existence humaine. On doit néanmoins reconnaître que certains domaines de la pensée européenne sont fortement réfractaires à la métaphysique – une position qui, aux États-Unis, serait classifiée comme étant postmoderne, même si cette étiquette colle moins en France. Ce qui est cependant plus important, c'est qu'en raison de la puissance des communications à l'étendue de toute la planète, des formes très diverses de «postmodernismes» poussent un peu partout en des lieux aussi variés qu'en Afrique de l'Ouest et à Taipei à Taiwan, où j'ai été invité à parler du «ministère dans les Églises postmodernes».

Même à l'intérieur de la communauté évangélique, la diversité d'opinions à propos de la signification et de la place du postmodernisme ne cesse d'augmenter[28]. À plus grande échelle, la force et la portée de sirènes incessantes et parfois assourdissantes ne semblent pas vouloir diminuer. L'ouvrage récent de Gianni Vattimo, Richard Rorty, et Santiago Zabala, intitulé *The Future of Religion*[29], un ouvrage collectif européen et américain, est fortement antimétaphysique. La religion en général, et le christianisme en particulier, disent-ils, sont acculés au mur, au point d'abandonner l'«ontothéologie», le «réalisme», de même que l'«objectivisme», et ils perdent

---

27. Voir Luc Ferry, *Apprendre à vivre : traité de philosophie à l'usage des jeunes générations*, Paris, Plon, 2006, chap. 5, p. 169-227.
28. Voir, par exemple, Myron B. Penner, éd., *Christianity and the Postmodern Turn: Six Views*, Grand Rapids, Brazos, 2005.
29. *The Future of Religion*, New York, Columbia University Press, 2006.

par conséquent la capacité – qu'ils possédaient jadis – à structurer le discours public. Au plus servent-ils à procurer un réconfort dans la sphère privée de la vie, et en ce sens, ils accomplissent leur rôle sur le plan de la vie civique, ils affichent leur vertu sociale. Les auteurs ne sont pas du même avis à propos de la façon dont le christianisme est arrivé à ce point – Rorty croit que le christianisme chavire au milieu de la tourmente nous venant des Lumières, tandis que Vattimo croit que ce changement provient du message propre au christianisme : le « message actuel » du christianisme n'a rien à voir avec la métaphysique, mais seulement avec l'amour, un amour dont la signification est conforme au nihilisme postmoderne, toutefois, ils s'entendent quant au point central. Et s'ils ont raison, il est alors tout à fait mal venu de discuter de la relation entre le Christ et la culture.

D'autres prennent le virage postmoderne ; cependant, après avoir compris combien le postmodernisme est réticent à parler de la véritable réalité de Dieu, tout comme il se méfie de la métaphysique, ces derniers prétendent que la seule façon d'aller de l'avant est de revenir à la « pensée du processus » de Whitehead, Hartshorne et Ogden[30]. Assurément, en présence de tant de méfiance, allant jusqu'à affirmer que toute affirmation nous en apprend beaucoup plus sur le sujet connaissant que sur le sujet connu, il n'y a qu'un pas à franchir avant de conclure que nous déterminons nous-mêmes la réalité – ce que Rifkin résume avec précision :

> Nous ne nous sentons plus comme des invités chez quelqu'un d'autre, et par conséquent, obligés de nous conformer à toute une série de règles cosmiques préexistantes. Nous sommes maintenant chez nous. C'est nous qui déterminons les règles. C'est nous qui établissons les paramètres de ce qui est réel. Nous créons le monde, et parce que nous le faisons, nous ne sommes plus redevables à des forces extérieures. Nous n'avons plus à justifier notre comportement, parce que nous sommes maintenant les architectes de l'univers. Nous ne

---

30. Ainsi, John W. Riggs, *Postmodern Christianity: Doing Theology in the Contemporary World*, Harrisburg, Trinity Press International, 2003.

nous devons à personne sauf à nous-mêmes, car nous sommes le royaume, la puissance, et la gloire, aux siècles des siècles[31].

Même dans la prose un peu plus contenue d'un écrivain chrétien – au sens général – tel que Franke[32], les problèmes ne sont pas minimes. Ils mettent constamment l'accent sur notre finitude, notre situation culturelle, et sur la spécificité contextuelle du sujet connaissant, et très peu d'accent sur le contenu de la révélation divine (peu importe à quel degré ce contenu est révélé dans des contextes culturels humains et qu'il soit destiné à ces contextes). Le résultat est prévisible : l'autorité de la révélation divine est progressivement apprivoisée, alors qu'on entend rarement comment cette révélation est en mesure de *formuler une critique* à l'égard de la culture.

Une telle position exige évidemment une solide réfutation. Le dernier ouvrage de Franke a été mis en pièces par Paul Helm[33] dans une recension qui a donné naissance à une série d'échanges[34]. D'autres se sont joints à la discussion, en dénonçant de manière cinglante les ténors postmodernes, résolus à préserver la « vérité objective » ainsi que la possibilité de la connaître[35]. À première vue, nous

---

31. Jeremy Rifkin, *Algen: A New Word – A New World*, New York, Viking, 1983, p. 244.
32. Voir l'ouvrage récent de John Franke : *The Character of Theology*, Grand Rapids, Baker, 2005.
33. Voir la recension dans le journal en ligne, *reformation21*, http://www.reformation21.org/blog/2007/05/helm-on-franke.php.
34. Voir http://www.generousorthodoxy.net/thinktank/2005/11/response_to_hel.html ; http://reformation21.org/Front_Desk/Helm_s_Response/121/ ; http://reformation21.com/Front_Desk/Postmodern_Blues/133/ ; http://www.lasalle.edu/~garver/web2printer4.php?img=0&lnk=0&page=http://sacradoctrina.blogspot.com/2005/11/character-of-theology-john-frankes.html.
35. La littérature à ce sujet est imposante. On trouvera une perspective chrétienne dans l'ouvrage récent de Millard J. Erickson, Paul Kjoss Helseth, et Justin Taylor, éd., *Reclaiming the Center: Confronting Evangelical Accommodation in Postmodern Times*, Wheaton, Crossway, 2004 ; Andreas Köstenberger, éd., *Whatever Happened to Truth ?*, Wheaton, Crossway, 2005 ; et plusieurs

semblons être prêts, du moins aux États-Unis, à une confrontation incessante entre modernisme et postmodernisme, entre le fondationnalisme et le postfondationnalisme – une guerre sans merci dans laquelle il ne peut y avoir que des gagnants et des perdants.

Il existe pourtant une autre voie. Un modernisme un peu plus retenu et un postmodernisme « modéré » peuvent en fait découvrir qu'ils tiennent en grande partie le même discours. Un modernisme plus humble, plus modeste, recherche la vérité, mais il reconnaît à quel point nous, les êtres humains, ne connaissons en fait que peu de chose, à quel point nous changeons souvent d'idée ; il connaît aussi certaines causes de nos prétentions à la connaissance. Un postmodernisme faisant preuve de plus de modération reconnaît d'emblée que nous ne pouvons échapper au fait de percevoir les choses d'après un certain point de vue (nous sommes tous des perspectivistes, même si les perspectivistes se divisent en deux camps : ceux qui l'admettent et ceux qui ne le reconnaissent pas), mais il avoue qu'il existe une réalité à l'extérieur des êtres humains et que nous pouvons la connaître, même si nous ne pouvons pas la connaître de manière parfaite ou exhaustive, mais seulement selon notre propre point de vue. Nous glissons lentement vers la vérité, nous nous en approchons de manière asymptotique, mais il est contradictoire en soi de prétendre véritablement

---

essais de J. P. Moreland, par exemple, « Truth, Contemporary Philosophy, and the Postmodern Turn », *JETS* 48, 2005, p. 77-88. Une perspective profondément rattachée à la théologie naturelle se fait aussi entendre, par exemple, J. Budziszewski, *What We Can't Not Know,* Dallas, Spence, 2004 ; *idem, The Revenge of Conscience,* Dallas, Spence, 2004. Il existe aussi des attaques virulentes (et très amusantes) de la part de scientifiques d'allégeance philosophique matérialiste (voir en particulier Paul R. Gross et Norman Levitt, *Higher Superstition: The Academic Left and Its Quarrels with Science,* Baltimore, Johns Hopkins University Press, 1994) et de la part de critiques littéraires (par exemple, John M. Ellis, *Against Deconstruction,* Princeton, Princeton University Press, 1989 ; *idem, Literature Lost: Social Agendas and the Corruption of the Humanities,* New Haven, Yale University Press, 1997).

savoir que nous ne pouvons connaître la vérité[36]. En plaçant côte à côte un tel modernisme plus modeste, et un tel postmodernisme plus retenu, nous pouvons constater combien ils se ressemblent. Ils ne font que mettre l'accent en des endroits différents.

En fait, même s'ils ne le reconnaissent pas toujours eux-mêmes, certains auteurs se considérant comme fondationnalistes modérés et d'autres comme postfondationnalistes prudents s'approchent du même point central, et ce, à partir de points de vue opposés. Il est étonnant de constater dans l'ouvrage de Grenz et Franke, *Beyond Foundationalism*[37], que les auteurs ne mentionnent aucunement ce fondationnalisme modéré, ni la littérature postmoderne plus «nuancée», et qu'ils interagissent encore moins avec de telles approches[38]. Le fondationnalisme leur sert plutôt de souffre-douleur – un phénomène qui s'avère assez courant parmi certains écrivains postmodernes. On dirait pratiquement que ces auteurs ne peuvent défendre

---

36. J'ai tenté de traiter de cette question dans *The Gagging of God*, Grand Rapids, Zondervan, 1996, et dans *Becoming Conversant with the Emerging Church*, Grand Rapids, Zondervan, 2005.
37. Stanley J. Grenz et John R. Franke, *Beyond Foundationalism: Shaping Theology in a Postmodern Context*, Louisville, Westminster John Knox Press, 2000.
38. Cette idée est présentée à juste titre par Millard J. Erickson, «On Flying in Theological Fog», dans *Reclaiming the Center*, p. 330-331. Les fondationnalistes auxquels Erickson renvoie sont William Alston, «Two Types of Foundationalism», *Journal of Philosophy*, vol. 73, 1976, p. 165-185; Timm Triplett, « Recent Work on Foundationalism », *American Philosophical Quarterly*, vol. 27, 1990, p. 93 ; Robert Audi, *The Structure of Justification*, Cambridge, Cambridge University Press, 1993 ; et Audi, *A Contemporary Introduction to the Theory of Knowledge*, London, Routledge, 1998. D'autres auteurs appartenant à ce groupe sont d'anciens anti-fondationnalistes, qui défendent ardemment un fondationnalisme modéré, aucun n'étant plus important que Laurence Bonjour *et al.*, *In Defense of Pure Reason: A Rationalist Account of A Priori Justification*, Cambridge Studies in Philosophy, Cambridge, Cambridge University Press, 1997. Voir l'essai judicieux de J. Andrew Kirk, « The Confusion of Epistemology in the West and Christian Mission », *Tyndale Bulletin*, vol. 55, 2004, p. 131-156.

leur propre position sans démoniser le modernisme et son compagnon de service, le fondationnalisme, habituellement présenté sous ses traits les plus grotesques. Toutefois, tout comme il existe des fondationnalistes modérés, il existe aussi des postfondationnalistes modestes. Pour autant qu'Alvin Plantinga désavoue le fondationnalisme, le fait qu'il maintient avec prudence que la foi en Dieu peut servir de fondement adéquat suggère que le postfondationnalisme est plus souple que certains ne le croient[39] – en effet, dans ce cas précis, D. Z. Phillips va jusqu'à soutenir que la critique de Plantinga à l'égard du fondationnalisme ne parvient jamais à se libérer entièrement de l'emprise de ce qu'il cherche à nier[40]. Kevin Vanhoozer reconnaît pleinement la force des diverses formes de postmodernismes, mais trouve tout de même des façons de conserver un espace pour le sens et la vérité véhiculés par ces textes[41]. La science a appris à parler de «réalisme déflationniste» ou de «réalisme minimal et par bribes[42].»

De manière plus générale, Christian Smith adopte un «réalisme de perspective» : «La réalité ne consiste pas uniquement en une construction ou une interprétation humaine; il existe en fait une réalité organisée, existant indépendamment de la conscience humaine, et procurant les données que les êtres humains interprètent afin de construire ce qui, pour eux, est la réalité[43].» L'ouvrage

---

39. Parmi ses ouvrages, consulter particulièrement son *Warranted Christian Belief*, New York, Oxford University Press, 2000.
40. Voir surtout *Faith After Foundationalism: Plantinga-Rorty-Lindbeck-Berger – Critiques and Alternatives*, San Francisco, Westview Press, 1995, surtout p. 29, 45, *passim*.
41. Pour notre propos, son ouvrage le plus important à ce sujet est probablement *Is There a Meaning in This Text? The Bible, the Reader, and the Morality of Literary Knowledge*, Grand Rapids, Zondervan, 1998.
42. L'expression provient de Sergio Sismondo, *Science Without Myth*, Albany, SUNY, 1996.
43. Christian Smith, éd., *The Secular Revolution: Power, Interests, and Conflict in the Secularization of American Public Life*, Berkeley, University of California

récent d'Esther Meek[44] offre une critique réfléchie, à la fois vis-à-vis de certaines approches rationalistes de la connaissance et vis-à-vis de la dérive postmoderne vers le scepticisme, et se termine par une épistémologie complexe, mais remplie d'espoir et de connaissance heureuse. D'une part, elle critique la conception occidentale selon laquelle «les gens croient que la connaissance doit être sûre, infaillible, sans quoi ce n'est pas de la connaissance[45]». Une telle conception fait du verbe «connaître» et de ses termes apparentés un «terme à réussite : lorsque nous l'employons, nous insinuons que nous avons réussi à bien saisir la vérité[46].» La recherche de la vérité se transforme rapidement en recherche de l'infaillibilité et de la certitude absolue. Talbot, dans une recension de l'ouvrage de Meek, indique où nous mène une telle conception : « La philosophie classique et la philosophie moderne suivent toutes deux un cycle : partant d'un scepticisme initial, on tente d'en arriver à une certitude, pour ensuite revenir au scepticisme, parce que la proposition initiale n'a pas fourni les résultats escomptés[47].» Vu sous cet angle, le postmodernisme n'est que la «capitulation la plus récente au scepticisme», lorsqu'il prétend qu'il n'existe «ni vérité absolue, ni métanarration, ni plan d'ensemble, ni aucune façon dont les choses existent[48].» Toutefois, en adoptant une position plus modeste au sujet de ce qui est requis afin de parler de la capacité humaine à connaître, et en reconnaissant la multitude de facultés, de sensibilités, d'intégrations, et de réalités culturelles contenues dans toute connaissance humaine, il est tout à fait approprié de parler de connaissance humaine. Que l'on adopte

---

Press, 2003, p. xvi.

44. Esther Lightcap Meek, *Longing to Know. The Philosophy of Knowledge for Ordinary People*, Grand Rapids, Brazos, 2003.
45. Meek, *Longing to Know*, p. 32.
46. Meek, *Longing to Know*, p. 26.
47. Mark R. Talbot, « Can You Hear It ? Esther Meek's *Longing to Know* as Skillful and Joyful Activity – A Review Essay », *Christian Scholar's Review*, vol. 34, 2005, p. 367.
48. Esther Meek, *Longing to Know*, p. 31.

ou non les arguments présentés par Meek, on reconnaît du moins à quel point le débat entre modernistes et postmodernistes est dépassé, simpliste, et tristement réductionniste. Le problème n'est certes pas résolu en plusieurs endroits en Amérique du Nord; mentionnons, à titre d'exemple, un débat tenu récemment au Michigan, entre un leader bien connu de l'«Église émergente» et un penseur chrétien plus «traditionnel». Dans le cadre du débat, chacune des parties avait la permission de poser des questions à la partie adverse. Le chrétien plus «traditionnel» avait en fait envoyé ses questions deux mois à l'avance. Parmi ces questions figurait celle-ci : pouvez-vous présenter une quelconque croyance qui soit *nécessaire* au véritable christianisme? Si oui, laquelle ou lesquelles? Le leader de l'«Église émergente» a hésité, et a ensuite présenté une liste d'éléments nécessaires à l'ortho*praxie* –, mais pas une seule d'entre elles n'exigeait la vérité ou la foi. Cette réticence à parler de la vérité est assurément à des kilomètres des auteurs bibliques[49].

---

49. Voir, entre autres, le chapitre 7 de mon livre *Becoming Conversant with the Emerging Church*. Il est parfois difficile d'interagir avec des penseurs postmodernes plus nuancés, si nous ne reconnaissons pas – à la fois au niveau populaire et parmi certains érudits sérieux – que le postmodernisme éprouve une gêne à parler de «la vérité» et du fait de «connaître la vérité». Ces penseurs tentent de dépeindre de la façon la plus positive possible les postmodernes les plus rétrogrades et les plus excessifs. Voir, par exemple, S. Joel Garver, «D. A. Carson on Postmodernism. A Critique and Explanation», http://www.joelgarver.com/writ/revi/carson.htm. Garver a certainement raison d'affirmer que, lorsque les meilleurs postmodernes désavouent la «vérité objective», ils ne désirent pas renier toute théorie au sujet de la vérité, mais seulement une forme tenace de la dichotomie sujet/objet. Néanmoins, je crois qu'il est beaucoup trop conciliant quant à Derrida et à d'autres semblables – et plus important encore, il ne reconnaît pas combien la pensée de Derrida et d'autres engendre de la méfiance vis-à-vis de *toute* prétention à la vérité, selon laquelle la «vérité» est conforme d'une certaine façon à la réalité, peu importe à quelle mesure cette réalité est médiatisée par les processus cognitifs d'êtres humains limités et situés dans une culture. David T. Koyzis (*Political Visions and Illusions. A Survey and Christian Critique of Contemporary Ideologies*, Leicester, IVP, 2003) reconnaît à juste titre

Il ne convient pas de débattre longuement de la liste d'ouvrages qui s'allonge sans cesse traitant du postmodernisme. Dans le cadre de notre propre recherche, nous nous contenterons de suggérer qu'il y a suffisamment d'espace au plan intellectuel pour être capable de parler de connaissance humaine, si limitée et si contingente que puisse être cette connaissance lorsqu'on la compare à la connaissance infinie de l'Omniscience. De plus, afin d'être capable de discourir au sujet du Christ et de la culture de la façon dont je le propose, il est nécessaire, non seulement de pouvoir parler de vérités précises essentielles au christianisme, mais aussi de pouvoir parler de la trame biblique, de la métanarration biblique, d'une vue d'ensemble. En termes négatifs, cela signifie que nous devons absolument rejeter l'idée selon laquelle il n'existe aucune vue d'ensemble. Une des présentations les plus comiques, bien que brève, mais juste, de cette question, est celle d'Ian Rose[50]. Dans la tradition de *Tactique du diable* de C. S. Lewis, Rose dépeint comment les légions en enfer apprennent à convaincre toute l'humanité qu'il n'existe pas de vue d'ensemble, précisément parce que ce grand mensonge suffit à détruire le christianisme. Cette fumisterie choque beaucoup moins qu'un « Dieu est mort » ou que toute autre déclaration semblable, elle est donc beaucoup plus crédible, mais non moins destructrice.

Bref, un postmodernisme « plus modéré » est susceptible d'obtenir la majorité des suffrages : celui qui affirme qu'il existe deux genres

---

à quel point cette négation moderne de la réalité objective est répandue, jumelée à la promotion de l'identité collective et de la volonté individuelle. Alvin Plantinga croit que l'épistémologie de perspective provient d'une vision du monde qu'il appelle « l'antiréalisme créatif » : à savoir, nous qui employons le langage, nous qui sommes les sujets connaissants, nous déterminons les caractéristiques fondamentales de la réalité (« On Christian Scholarship », dans *The Challenge and Promise of a Catholic University*, Theodore Hesburgh, éd., Notre Dame, University of Notre Dame Press, 1994, p. 276). Voir aussi l'important ouvrage de Daphne Patai et Will H. Corral, éd., *Theory's Empire: An Anthology of Dissent*, New York, Columbia University Press, 2004.

50. *The Briefing*, n° 325, octobre 2005, p. 13-14.

de perspectivistes en ce monde, deux genres de postmodernistes, à savoir ceux qui l'avouent et ceux qui ne le reconnaissent pas. Notre finitude et notre déchéance nous forcent à conclure que nous ne voyons que d'une manière obscure, à travers un miroir. Néanmoins, nous sommes capables de voir. Un postmodernisme sans borne qui pousse ses prétentions jusqu'à un relativisme brut et qui nie toute possibilité de connaître cette vision d'ensemble, est non seulement idolâtre et antichrétien, mais frise l'autoréfutation et la bêtise.

Réflexions finales : au sujet des visions du monde

Depuis quelques années, un nombre croissant d'auteurs ont rejeté la notion d'une « vision du monde » en général, et plus précisément, celle de la « vision chrétienne du monde ». Certains se méfient de toute vision du monde sous prétexte qu'aucun être humain limité ne peut réellement percevoir le monde. Et si nous ne pouvons comprendre ce monde, alors notre « connaissance » n'est-elle pas autre chose qu'une idole à laquelle nous rendons un culte ? Et cette idolâtrie n'est-elle pas évidente si nous essayons de l'imposer aux autres, même aux autres chrétiens, vivant dans d'autres cultures ? Cette charge en règle contre la légitimité de toute vision du monde est parfois un peu plus sophistiquée[51], mais elle gravite toujours autour de ce genre d'objections.

Après tout, une « vision du monde » n'est rien d'autre qu'une vision au sujet du « monde » – c'est-à-dire de la réalité tout entière. Une vision du monde est plus complète seulement au sens où elle tente de percevoir la totalité. Personne, à ma connaissance, n'a prétendu qu'une vision du monde « reproduise une perception véritable du monde » (!). L'astuce postmoderne, maintes fois répétée, est

---

51. Par exemple, Carl Raschke, *The Next Reformation: Why Evangelicals Must Embrace Postmodernity*, Grand Rapids, Baker Book House, 2004, surtout le chapitre 4, « *Sola Fide*, Beyond Worldviews ».

d'agiter l'épouvantail suivant : ou bien on reproduit une perception véritable, ou alors une vision du monde valide n'existe pas[52]. L'idée même de « reproduire » une perception véritable est perçue comme étant dégradante et comme une tentative d'apprivoisement ; pire, si une « perception véritable » introduit clandestinement l'idée de perfection, c'est-à-dire, une vision de la réalité s'accordant parfaitement avec la réalité elle-même, alors une « vision du monde » en ce sens est évidemment la prérogative de l'Omniscience seule. Cependant, une telle manière de penser place la barre beaucoup trop haute. Un être humain peut voir la « totalité » de la réalité en un sens moins élevé et entièrement cohérent – voilà, en fait, ce que la trame biblique procure. Une vision du monde doit être suffisamment étendue pour aborder la question de la divinité (Dieu existe-t-il, à quoi ressemble-t-il ?), la question des origines (d'où venons-nous ?), la question du sens (qui suis-je ?), la question du mal (pourquoi existe-t-il tant de souffrance ? Si les choses ne sont pas telles qu'elles doivent être, pourquoi pas ?), la question du salut (quel est le problème, et comment est-il réglé ?), la question du *telos* (pourquoi suis-je ici ? Que réserve l'avenir ?). Elle ne prétend pas répondre à toutes les questions au sujet des quarks subatomiques ; elle ne prétend pas tout dire au sujet de Dieu. Elle prétend seulement développer une vision suffisamment grande lui permettant de connaître la forme de l'ensemble complet. Et ce, ai-je soutenu, est précisément ce qu'offre la Bible.

Je n'ai pas tenté d'aborder la question épistémologique, à savoir, présenter d'une manière détaillée comment on en vient à une vision du monde fondée sur la Bible. Une telle réflexion est le propos d'un autre travail. Néanmoins, je soutiens qu'une vision chrétienne du monde, une perception théologique chrétienne, est plus qu'un système de croyances (quoiqu'elle ne soit jamais en deçà d'un tel système) : elle inclut également la volonté de penser consciemment et d'agir de manière conforme à de telles croyances. La trame biblique,

---

52. J'ai brièvement décrit cette tendance du postmodernisme à l'antithèse absolue dans *The Gagging of God*, p. 106-117, et ailleurs.

dont le centre est l'Évangile de Jésus-Christ, constitue le *summum bonum*, le bien suprême, ce que nous chérissons et ce que nous recherchons résolument. Voilà pourquoi l'évangéliste Jean peut parler à la fois de croire en la vérité et de la pratiquer. Affirmer, avec Raschke, que dans cette ère postmoderne nous devons aller « au-delà » des visions du monde et adopter une croyance selon laquelle Dieu est si Autre que nous ne pouvons le recevoir que par la foi, et prétendre qu'une telle réponse correspond entièrement à l'insistance des réformateurs mise sur la *sola fide*[53], est erroné à maints égards. Plus particulièrement, une telle affirmation a déformé l'idée de « vision du monde » en quelque chose de méconnaissable. Après tout, la trame biblique elle-même donne beaucoup d'espace à ce qui est inconnu au sujet de Dieu : les modernistes, eux aussi, lisent Deutéronome 29.29 (« Les choses cachées sont à l'Éternel, notre Dieu ; les choses révélées sont à nous et à nos fils, à perpétuité »), Romains 11 (« Ô profondeur de la richesse, de la sagesse et de la connaissance de Dieu ! Que ses jugements sont insondables et ses voies incompréhensibles ! »), ainsi que plusieurs passages semblables. Plus important encore est le fait que la foi, selon la Bible, est souvent nourrie et fortifiée *précisément par une déclaration et une défense hardie de la vérité*. La confiance en Dieu, soutenue et nourrie par la puissance de l'Esprit, est fondée non pas tant sur ce qui est inconnu de Dieu, mais sur ce qu'il a révélé à son propre sujet – non seulement dans des actions surnaturelles, la plus importante d'entre elles étant la résurrection de Jésus, mais dans des promesses et des enseignements que nous devons croire et d'après lesquels nous devons agir. La définition de la foi selon Raschke ressemble plus à l'existentialisme bultmanien[54] qu'à la Réforme, sans même parler du Nouveau Testament.

Peut-être est-ce le moment de signaler que le penchant postmoderne à affirmer que Dieu est inconnaissable ou incompréhensible,

---

53. Raschke, *The Next Reformation*, chapitre 4.
54. Rappelons-nous que Bultmann refusait d'inclure plus qu'un simple « das » comme contenu ou objet de la foi chrétienne.

souvent en citant pieusement l'affirmation de Calvin à ce sujet, se méprend à propos de certaines distinctions fondamentales. Notamment, il existe un gouffre énorme entre ce que Calvin signifie lorsqu'il écrit que « Dieu est incompréhensible » et ce que Kant signifie par « Dieu est incompréhensible ». Pour Calvin, Dieu dépasse toute compréhension humaine, mais cela ne signifie nullement que les êtres humains ne puissent rien connaître de vrai à son sujet, d'autant plus que ce Dieu, dans sa grâce, a choisi de révéler, à ceux créés à son image, des choses vraies à son sujet. Les distinctions kantiennes entre le monde nouménal et le monde phénoménal se portent dans une tout autre direction ; elles nous conduisent à créer notre propre conception de Dieu, fruit de la puissance structurante de notre pensée, et dont les liens entre nos constructions mentales et la réalité sont pour le moins très incertains[55]. Souscrire à une vision kantienne d'un Dieu inconnaissable, et ensuite la bénir au nom de Calvin, se situe quelque part entre la gaffe historique et le tour de passe-passe. En outre, même si nous parlons souvent de Dieu en termes analogiques, quelques distinctions élémentaires nous conduisent facilement à éviter des écueils[56]. Il nous est possible d'exprimer des vérités à l'aide de métaphores[57]. De plus, si l'Écriture emploie nécessairement des analogies en référence à la plupart de ce que Dieu a révélé à son sujet dans l'Écriture, il convient de distinguer analogie univoque et analogie équivoque. Ainsi, un énoncé tel que « Dieu existe » n'est pas, pour les chrétiens, un énoncé *métaphorique* (c'est-à-dire qu'il n'est pas le fruit de la créativité humaine), mais une affirmation *analogique univoque* : on peut dire que l'être

---

55. On trouve une telle absence de distinction, par exemple, chez John R. Franke, *The Character of Theology: An Introduction to Its Nature, Task, and Purpose*, Grand Rapids, Baker, 2005, p. 13-15.
56. Voir entre autres, Donald Bloesch, *The Battle for the Trinity: The Debate Over Inclusive God-Language*, Portland, Wipf & Stock, 2001, surtout p. 13-27, 61-64, 101-104, et la bibliographie aux pages 108-109 n. 2.
57. Voir l'ouvrage ingénieux de Janet Martin Soskice, *Metaphor and Religious Language*, Oxford, Oxford University Press, 1985.

spirituel appelé « Dieu » « existe » de la même manière que nous pouvons dire que nous « existons ». L'énoncé « Dieu est notre Père céleste » est, par contraste, un énoncé *analogique équivoque* : à savoir, bien que Dieu ne soit pas ce que nous signifions par le mot « père », néanmoins *mutatis mutandis* (de manière « équivoque ») Dieu est le « Père céleste » de ceux qui sont ses enfants[58].

En résumé, j'ai soutenu tout au long de ce chapitre que nous ne devons pas nous laisser arrêter dans notre réflexion sur le Christ et la culture, ni par les discussions en cours sur la culture, ni par certains courants de pensée postmodernes. Tout chrétien appartient inéluctablement à la culture générale de sa tribu, de sa langue, de sa nation, ou de son groupe, et il l'incarne d'une certaine manière. Toutefois, du fait de souscrire à la vision de la réalité mise de l'avant dans la Bible, et ce, à divers degrés, et du fait que la trame biblique structure cette vision, un chrétien possèdera une vision du monde – une perspective de ce monde qui entrera en conflit avec les autres visions du monde d'autres personnes qui ne choisiront ni cette vision de la réalité ni la confiance et l'obéissance qu'elle exige. Notre discussion deviendrait tout simplement insupportable si je devais continuellement répéter que toutes les visions du monde possèdent des limites et des lacunes, qu'elles chevauchent d'autres visions du monde de différentes manières et à divers degrés, et ainsi de suite. Je ne peux éternellement dire que lorsque je parle du « Christ et de la culture », j'entends « une culture chrétienne et ses relations avec la culture environnante, compte tenu du fait que toute culture chrétienne est nécessairement influencée par la culture environnante alors même qu'elle en fait partie, et alors même qu'elle possède des liens étroits avec d'autres cultures chrétiennes ailleurs dans le monde, en raison de leur allégeance commune à la Bible et à sa trame historique, à laquelle toutes les cultures chrétiennes sont redevables, lequel texte possède pour les chrétiens une autorité normative qui leur permet en

---

58. Je suis redevable à Robert Yarbrough d'avoir attiré mon attention sur certains de ces sujets.

grande partie de résister aux autres éléments de la culture », etc. Ces avertissements feront partie de notre « toile de fond » et nous parlerons, de manière plus succincte, du Christ et de la culture, mais de telle manière à ne pas perdre de vue ces considérations plus étendues.

À ce point-ci, il serait utile de réfléchir à plusieurs des grandes visions du monde qui font concurrence à celle de la Bible et de l'Évangile qu'elle claironne en appelant hommes et femmes à y souscrire. Une telle concurrence démontre pourquoi il vaut la peine de réfléchir sérieusement au Christ et à la culture. Pour chacune de ces grandes visions de ce que constitue le bien, je tenterai d'indiquer comment elles interagissent avec la vision biblique fondée sur la trame biblique, et comment elles s'opposent à elle. Dans la mesure où ces différentes perceptions du bien façonnent des groupes culturels différents, nous discuterons alors de cultures concurrentes les unes aux autres – plus précisément, en ce qui nous concerne, le Christ et la culture. Ce sera le propos de notre prochain chapitre. Cependant, pour ceux et celles qui ont développé une accoutumance aux sujets épistémologiques reliés aux débats actuels touchant le postmodernisme, les pages qui suivent les affranchiront de cette accoutumance ou, au contraire, viendront la nourrir.

Un pas (épistémologique) plus loin

En Amérique du Nord, les débats touchant ces sujets sont devenus si empreints de subtilités, qu'il n'est pas malavisé de sonder cette complexité un peu plus profondément. Les lecteurs chez qui les débats actuels emmêlés dans l'épistémologie, le postmodernisme, et la foi laissent indifférents peuvent tout simplement passer au prochain chapitre sans subir de préjudices.

Je débuterai par un examen de l'ouvrage récent de James K. A. Smith, *Who's Afraid of Postmodernism? Taking Derrida,*

Lyotard, and Foucault to Church[59]. Smith analyse les contributions de Jacques Derrida, François Lyotard et Michel Foucault, des penseurs importants, de manière à ce que ceux-ci deviennent utiles aux chrétiens, plutôt que des ogres ou des démons.

Commençons par Derrida. La déconstruction telle que Derrida la présente se résume à son slogan maintes fois répété : « Il n'y a pas de hors-texte. » Derrida n'est pourtant pas un idéaliste linguistique, soutenant qu'il n'existe aucune réalité à l'extérieur du texte, ou que le monde entier ne constitue en quelque sorte qu'un énorme texte. Il souligne plutôt le fait qu'il n'existe pas d'accès à un texte non interprété, ou à une réalité non interprétée. Smith écrit : « Tout doit être interprété afin d'être expérimenté... [*Derrida*] est ce qu'on pourrait appeler – faute d'un meilleur terme – un herméneute complet, affirmant l'omniprésence de l'interprétation : toute notre expérience est toujours et déjà une interprétation » (p. 39). En fait, ce point de vue « peut être perçu comme étant une traduction radicale du principe de la Réforme, *sola scriptura*. En particulier, la perspicacité de Derrida devrait nous pousser à recouvrer deux accents clés de l'Église : (a) la centralité de l'Écriture comme médiatrice de notre compréhension du monde dans sa totalité, et (b) le rôle de la communauté dans l'interprétation de l'Écriture » (p. 23). Smith sait, bien sûr, que certains pourraient fort bien répondre que si nous n'avons que les interprétations, y compris celles de l'Évangile, nous ne pouvons pas savoir avec certitude si l'Évangile lui-même est vrai. En fait, il m'accuse de soutenir « une variante de cette critique » (p. 43).

> Carson craint manifestement que des gens comme Stanley Grenz, Brian McLaren, et d'autres « postmodernistes purs et durs » (comme il les appelle), rejetant les idées modernes à propos de la vérité absolue ou « objective », n'abandonnent entièrement la vérité. Dans sa

---

59. Smith, *Who's Afraid of Postmodernism ? Taking Derrida, Lyotard, and Foucault to Church*, Grand Rapids, Baker, 2006. Ci-après, les renvois à cet ouvrage seront indiqués entre parenthèses dans le texte.

critique, il devient évident que Carson confond vérité et objectivité : pour Carson, on ne peut affirmer que l'on connaît « véritablement » que si l'on connaît « objectivement »[60]. Même si Carson mentionne que la connaissance humaine ne peut jamais atteindre l'omniscience, cela ne signifie pas que nous ne pouvons affirmer connaître d'une manière partielle, mais cependant véritable. Sa défense au sujet d'une connaissance partielle se transforme toujours en une défense de la connaissance objective. Bien qu'il ne définisse pas le terme objectivité (une omission plutôt étonnante, considérant son propos), Carson accorde manifestement à ce terme le sens d'un postulat s'authentifiant lui-même : si la vérité est objective, alors il ne s'agit pas d'une interprétation (p. 43).

Smith a tellement dénaturé ma pensée que j'ignore où commencer au juste. Peut-être que quelques observations suffiront.

(a) Je n'ai affirmé absolument nulle part que « si la vérité est objective, alors il ne s'agit pas d'une interprétation ». J'ai nié cette idée à maintes reprises dans *The Gagging of God*; et même dans l'ouvrage plus populaire *Becoming Conversant with the Emerging Church*, j'ai répété de diverses manières qu'il n'existe que deux genres de perspectivistes : ceux qui l'avouent et ceux qui ne l'admettent pas. Nous ne pouvons échapper à notre finitude ; en fait, les chrétiens comprennent encore mieux que les postmodernes la nature de nos limites, parce que nous confessons non seulement notre finitude, mais aussi notre déchéance[61].

(b) J'admets volontiers que les termes « objectif » et « objectivement » sont des termes équivoques, et dans *Becoming Conversant* je n'ai pas pris autant de temps que dans *The Gagging of God* à établir certaines distinctions nécessaires. Néanmoins, j'aurais cru qu'un lecteur vigilant aurait saisi le point que j'ai souligné à plusieurs reprises dans l'ouvrage plus complet : les êtres humains peuvent connaître la vérité objective *au sens où ils peuvent connaître ce qui correspond*

---

60. Il cite ici mon ouvrage *Becoming Conversant with the Emerging Church*, Grand Rapids, Zondervan, 2005, p. 105, 130-131, 143 n. 46.

61. Voir en particulier les chapitres 2 et 3 de *Gagging*.

effectivement à la réalité, mais ils ne peuvent la connaître de façon objective, c'est-à-dire qu'ils ne peuvent échapper à leur finitude et (de ce côté-ci de la fin) à leur déchéance, et ainsi aux limites du perspectivisme ; par conséquent, ils ne peuvent rien connaître de manière absolue ou à partir d'un point de vue neutre. Qu'est-ce que tout cela, sinon une autre façon de dire que toute notre connaissance est nécessairement une connaissance interprétée ? Voilà pourquoi j'ai discuté assez longuement de la nature, maintes fois disputée, de la spirale herméneutique, des approches asymptotiques à la connaissance, de la distanciation et de la fusion des horizons. Nous pouvons connaître certaines choses d'une manière véritable, c'est-à-dire que notre connaissance à leur sujet est conforme à la réalité, non pas parce que nous en possédons une connaissance absolue (appartenant à Dieu seul), mais parce que la connaissance que nous en avons, si partielle et si médiatisée soit-elle, s'appuie sur les paroles révélées et sur les actions de Dieu : la connaissance humaine demeure une connaissance *de la vérité*. En d'autres termes, toutes les interprétations n'ont pas la même valeur. Si tel était le cas, alors les critiques les plus virulentes à l'égard du postmodernisme « pur et dur » reviennent nécessairement à la surface. Il est possible, bien sûr, que deux interprétations puissent être des explications tout aussi valides l'une que l'autre au sujet de la vérité (« objective »), même si nous ne pouvons la connaître « objectivement », parce qu'elles perçoivent la réalité selon deux perspectives différentes ; mais certaines interprétations tordent en fait la vérité, ou la trahissent, et sont par conséquent de fausses interprétations.

(c) Voilà pourquoi la Bible souligne constamment l'importance et la fiabilité de la *vérité*. Nous annonçons *la vérité* de l'Évangile. Bien sûr, il est possible, une fois encore, d'insérer toutes ces notes en bas de page et de reconnaître volontiers que, sans la grâce et l'œuvre de l'Esprit, nous n'aurions pas pu discerner la vérité et nous y soumettre, que nos interprétations sont nécessairement partielles et potentiellement erronées, et tout le reste. Toutefois, si nous consacrons toute notre énergie à de telles notes en bas de page, alors nous laissons de côté l'importance que la Bible accorde à la vérité, à la proclamation de la vérité, et au témoignage à rendre à la vérité.

(d) Plusieurs parmi les leaders du mouvement des Églises émergentes – quoique certainement pas tous, comme je l'ai souvent indiqué – énoncent qu'il est *vrai* d'affirmer (une ironie de taille, il va sans dire) que toute connaissance est interprétation, et ils dérivent ensuite vers le fait de relativiser substantiellement toute interprétation. On ne peut certes contester une telle affirmation. L'exemple que j'ai présenté dans *Becoming Conversant* au sujet d'un étudiant universitaire qui, à la suite de la lecture du matériel provenant des leaders des Églises émergentes, était déconcerté au sujet de ce que la Bible disait effectivement à propos de la vérité, ne constituait qu'un exemple pénible parmi tant d'autres. En réponse à ce dilemme, j'avais offert en fin d'ouvrage une liste de passages bibliques traitant de la vérité[62]. Voilà un défi pastoral aux proportions assez considérables.

Nous en arrivons maintenant à Lyotard. Plusieurs postmodernes souscrivent à son « incrédulité à l'égard des métanarrations », à ce qu'il appelle les « grands récits », les vues d'ensemble. Smith soutient que chez Lyotard, les métanarrations possèdent un sens spécifique. Elles sont « un phénomène distinctement moderne : il s'agit de récits qui, non seulement présentent une vision d'ensemble (puisque le phénomène existe dans les histoires prémodernes et tribales), mais elles prétendent aussi pouvoir légitimer ou prouver la prétention de ces visions d'ensemble en faisant appel à la raison universelle » (p. 65). Il en vient donc à mettre en opposition une variété ou une autre de « vue d'ensemble » qui sous-tend la science

---

62. Smith (*Who's Afraid of Postmodernism?*, p. 43 n. 10) ne traite pas de ce dilemme pastoral lorsqu'il réfère à ma « concordance de passages bibliques », m'accusant une fois de plus de confondre indûment vérité et « objectivité ». Cependant, j'ai fait la distinction, à maintes reprises, entre l'« objectivité » en épistémologie (que nous ne pouvons posséder, ai-je indiqué) et notre connaissance (nécessairement interprétée) qui reflète avec précision ce qui existe « objectivement » à l'extérieur de nous, même si nous ne pouvons connaître de manière exhaustive, non médiatisée, ou sans interprétation.

moderne du modernisme, qu'il s'agisse de la dialectique hégélienne de l'Esprit, de l'émancipation de la raison kantienne, ou quelque autre encore. Le rôle de ces métanarrations en est un de légitimation : elles constituent le fondement sur lequel d'autres prétentions à connaître sont érigées. Néanmoins, soutient Lyotard, ces métanarrations ne possèdent aucun statut autonome ; elles sont elles-mêmes le fruit de certaines gens et de certaines cultures. « Lyotard définit précisément les métanarrations comme étant des discours universels de légitimation cachant leur propre particularité ; c'est-à-dire que les métanarrations nient leur fond narratif même si elles s'appuient sur celui-ci… Les métanarrations souffrent de ne pas reconnaître leur propre fondement mythique. Le postmodernisme ne consiste pas en une incrédulité à l'égard du récit ou du mythe ; au contraire, il dévoile le fait que toute connaissance se fonde sur de tels mythes » (p. 69). Le postmodernisme cherche à renverser les prétentions universalistes du modernisme.

Smith prétend que tout cela est favorable à l'Évangile et nous rappelle Francis Schaeffer et Cornelius Van Til. Lyotard ne tentait pas de renverser le christianisme ; il cherchait à renverser le modernisme, et les chrétiens devraient s'en réjouir.

Une telle pensée est à la fois exacte et naïve. Elle est exacte dans la mesure où Smith résume correctement la pensée de Lyotard. Cependant, elle est naïve. Smith croit avoir défini la métanarration si étroitement que ce que nous croyions être la métanarration biblique était en fait autre chose. La plupart des penseurs chrétiens ont toutefois perçu dans l'« incrédulité à l'égard de la métanarration » de Lyotard une menace destructrice face à l'autorité globale de la trame biblique centrale. En effet, Smith reconnaît que des penseurs chrétiens tels que Middleton et Walsh, Grenz, Ingraffia, et d'autres, perçoivent en Lyotard une grande menace quant aux prétentions chrétiennes. Smith estime que ces penseurs s'inquiètent inutilement, parce que « le récit biblique n'est pas réellement une métanarration » (p. 69). Pour tout dire, je doute fort que si on lui posait la question, Lyotard réponde par l'affirmative. Assurément, certains auteurs populaires tels que

McLaren sont maintenant tellement méfiants à l'égard des métanarrations au sens global, qu'ils refusent de présenter les exigences du Christ comme étant fondées sur la trame globale de l'Écriture. Jamais ils ne disent ouvertement que cette histoire est *vraie*.

Smith poursuit son propos et condamne les nombreux chrétiens qui, dit-il, « ont adopté la valorisation moderniste des faits scientifiques et en viennent à réduire le christianisme à une liste de propositions parmi tant d'autres… La connaissance est rabaissée au rang d'une simple information biblique pouvant être encapsulée et codée » (p. 74). Il revient ensuite à ma liste de passages où se trouvent les termes « vrai » ou « vérité », une liste qui semble l'irriter : « Le chapitre est une enfilade de listes de textes-preuves censés posséder une puissance évidente à critiquer le "postmodernisme pur et dur", seulement en fournissant ces passages – une sorte de mini-concordance de versets bibliques employant les termes "vrai" ou "vérité". La critique de Carson vis-à-vis de McLaren à ce sujet, surtout en ce qui a trait à la narration (Carson, p. 163-166), constitue une épopée héroïque dans l'art de se tromper » (p. 74, n. 17). Il ajoute ensuite : « N'est-il pas curieux que la révélation divine à l'humanité ne soit pas accordée sous la forme d'une liste de propositions ou de faits, mais plutôt sous une forme narrative – une vaste histoire grandiose, de la Genèse à l'Apocalypse ? » (p. 74.) En fait, je ne trouve pas cela curieux du tout ; c'est plutôt glorieux, et j'ai souligné l'importance du récit, d'une vue d'ensemble – eh oui, appelons-la ainsi –, d'une *métanarration* au sens le plus fort du terme[63]. Jamais je n'oppose propositions et narration biblique. J'ai simplement appuyé sur le fait que la narration d'ensemble inclut des propositions que l'on ne peut ignorer par le recours au récit. Lorsqu'on mentionne la vérité, McLaren penche vers le fait de dire que Jésus est la vérité, et que la vérité est personnelle et relationnelle. En fait, oui, c'est là *un* usage du terme « vérité » chez *un* auteur du Nouveau Testament. Néanmoins, le même auteur biblique emploie également, et même plus souvent, le terme « vérité »

---

63. En guise d'introduction, voir les chapitres 5 et 6 dans *Gagging of God*.

et des termes apparentés en référence à des *propositions*. La liste de passages bibliques n'avait pas comme objectif de pourvoir une série de propositions qui, rassemblées, constituent la somme de la foi chrétienne, en opposition au récit biblique. Peu d'auteurs ont défendu l'importance non négociable du récit biblique avec plus d'insistance que je ne l'ai fait. J'ai présenté cette liste afin de démontrer dans quelle mesure les auteurs bibliques parlent aisément de la vérité en des termes propositionnels (quoiqu'ils puissent parler de la vérité en d'autres termes), des propositions qui sont en accord avec la réalité (c'est-à-dire des propositions qui sont vraies de manière «objective», même si nous ne pouvons prétendre les connaître de façon objective). Je dois avouer que je suis fortement tenté de décrire la réponse de Smith comme une épopée héroïque dans l'art de se tromper.

Nous en arrivons maintenant, enfin, à Michel Foucault. Smith retrace avec précision l'œuvre de Foucault depuis ses débuts. Les recherches de Foucault portant sur les formes institutionnelles du pouvoir – les prisons, les écoles, les hôpitaux, et les usines – l'ont convaincu qu'il existe un lien étroit entre «pouvoir et connaissance». Au cœur même de telles institutions, notamment au cœur des relations de nature sexuelle et financière, se trouvent des réseaux de pouvoir. Dans la foulée de Nietzsche, Foucault affirme qu'il n'y a qu'un seul drame qui se joue, celui du «jeu incessant des dominations[64]». Foucault semble s'être distancié de Nietzsche au gré du temps, au point d'effectuer un retour (semble-t-il) à une compréhension tirée des Lumières ou du libéralisme classique, de sorte que Smith attire soigneusement l'attention vers le débat parmi les érudits foucaldiens qui cherchent à déterminer lequel parmi ces Foucault est le véritable[65]. Quoi qu'il en soit, Smith cherche à savoir comment Foucault

---

64. Cité par Smith, *Who's Afraid of Postmodernism*, p. 87, citant lui-même Michel Foucault, «Nietzsche, Genealogy, History», dans Donald F. Bouchard, éd., *Language, Counter-Memory, Practice*, Ithaca, Cornell University Press, 1977, p. 150.

65. On trouve la même idée dans un article utile de Richard Wolin, «Foucault the Neohumanist?», *The Chronicle of Higher Education*, 1er septembre 2006, B12-B14.

peut influencer de manière positive ce que Smith appelle «une Église postmoderne». Pour préserver l'utilité de Foucault parmi les chrétiens postmodernes, nous devons le placer «tête en bas» (l'expression est celle de Smith, p. 103). Il nous faut voir les maux que Foucault lui-même perçoit – Smith applique Foucault surtout au capitalisme – tout en rejetant les avertissements de Foucault vis-à-vis de toutes les formes de «société disciplinaire». Précisément parce que Dieu exerce *réellement* l'autorité, le peuple de Dieu doit plutôt construire des sociétés disciplinaires qui soient capables de résister aux attraits séducteurs et destructeurs, de chaînes de télévision prônant le chaos par exemple, et qui soient capables de s'en éloigner. Nous avons certainement grand besoin d'une discipline divine, revêtue de la puissance du Saint-Esprit. Bien sûr, Foucault ne fait aucune exception dans le cas de Dieu. Ailleurs dans ses ouvrages, Foucault lie directement tout ce qu'il trouve de fautif dans l'exercice du pouvoir à ce qu'il comprend des institutions chrétiennes. En d'autres termes, même si Smith désire que les chrétiens postmodernes retirent quelque chose de valable de l'œuvre de Foucault, Smith lui-même doit reconnaître que les chrétiens doivent aller à l'encontre de Foucault en matière de discipline chrétienne et de l'exercice du pouvoir qui lui est inéluctablement rattaché. Je suppose qu'il n'est pas totalement insensé de penser qu'il s'agit là de placer Foucault «tête en bas», et c'est le moins qu'on puisse dire.

Smith propose, quant à lui, que l'Église émergente suive la direction indiquée par un mouvement connu sous le nom d'orthodoxie radicale (p. 109-146)[66]. Des penseurs postmodernes tels que Derrida, Lyotard, et Foucault, nous ont appris, à juste titre, à nous méfier de traditions qui ancrent la vérité, qui revendiquent posséder l'autorité, ou qui exercent un pouvoir coercitif. Smith écrit : «Nous devons apprécier la façon dont certains tenants de la théologie postmoderne

---

66. Smith lui-même a écrit une introduction au sujet de ce mouvement, dans laquelle il en présente les personnages clés : voir James K. A. Smith, *Introducing Radical Orthodoxy: Mapping a Post-Secular Theology*, Grand Rapids, Baker, 2004.

ou de la religion postmoderne ont fortement critiqué certaines formulations particulières du crédo religieux » (p. 117-118). L'entreprise cartésienne tout entière est terminée, ajoutent-ils, elle est un rêve qui a échoué. Ils rejettent « l'équation cartésienne entre la connaissance et la certitude » (p. 118), et s'attachent plutôt à la sagesse de Derrida, qui a déjà écrit : « Je ne *connais* pas ; je dois *croire*[67]. » Smith décrit leur position comme suit :

> En d'autres termes, le théologien postmoderne dit ceci : « Je ne peux *connaître* que Dieu était en Christ, réconciliant le monde avec lui-même. Le mieux que nous pouvons faire est de *croire*. » Pourquoi ? Parce que connaître signifierait en être sûr. Nous savons qu'une telle certitude est un rêve impossible ; par conséquent, la connaissance nous échappe. Nous ne connaissons pas, nous pouvons seulement croire, et une telle foi sera toujours mystérieuse et ambiguë. Or, ce n'est pas une mauvaise chose ; bien au contraire, cela est libérateur et juste. C'est précisément lorsque nous croyons connaître quelque chose au sujet de Dieu que nous érigeons des frontières et que nous instituons la discipline (p. 119).

Smith ne souscrit pas entièrement à ce genre d'analyse postmoderne, quoiqu'il en appuie certains éléments. « Plusieurs auteurs », écrit-il, « qui ont réfléchi à la forme que devrait prendre l'Église émergente dans la postmodernité, ont déjà souligné à juste titre plusieurs de ces éléments » (p. 119). L'orthodoxie radicale refuse, de manière semblable, le paradigme cartésien (p. 120). Smith désire voir les théologiens postmodernes s'engager dans une telle voie. Les êtres humains ne peuvent finalement vivre et rendre compte de quoi que ce soit sans être fondés sur une tradition quelconque – et l'orthodoxie radicale s'intéresse précisément à cette question. En fait, il existe un lien entre

---

67. Smith, *Who's Afraid of Postmodernism?*, p. 118, citant Jacques Derrida, *Memoirs of the Blind*, trad. Pascale-Anne Brault et Michel Naas, Chicago, University of Chicago Press, 1993, p. 155. (NDT : Cet ouvrage de Jacques Derrida a d'abord été publié en français : *Mémoires d'aveugle : l'autoportrait et autres ruines*, Parti pris, Réunion des Musées nationaux, Paris, 1990).

l'énoncé derridien : « Je ne connais pas ; je dois croire », et l'adage d'Augustin : « Je crois, voilà pourquoi je comprends. » En ce sens, les chrétiens postmodernes sont « dogmatiques » à proprement parler : ils possèdent un riche héritage chrétien sur le plan de leurs *croyances* doctrinales leur provenant de générations précédentes, même s'ils rejettent les certitudes cartésiennes. Selon cette façon de voir, affirme Smith, les chrétiens de l'ère patristique étaient des postmodernes perpétuels. Bien sûr, les leaders de l'Église émergente trouvent une occasion de chute dans une si petite dose de « dogmatisme », mais à ce stade de son argumentation, Smith tente de corriger la pensée de ces leaders et de les pousser vers l'orthodoxie radicale.

> Cela ne prône pas un retour au fondamentalisme dénué d'esprit critique, ou à une position triomphaliste de la droite religieuse. J'affirme plutôt que notre confession et notre pratique doivent découler, sans devoir nous en défendre, des éléments particuliers de la confession chrétienne telle qu'elle nous est donnée dans la révélation de Dieu dans l'histoire en Christ, et telle qu'elle s'est déroulée dans l'histoire de la réponse de l'Église à cette révélation. Être dogmatique, donc, c'est confesser notre foi sans devoir nous en défendre, ce qui exige que nous n'ayons pas à nous excuser de la nature précise de notre confession, contrairement à l'anxiété cartésienne dont fait preuve la théologie postmoderne. Cela devrait se traduire par le fait de nous approprier vigoureusement le langage de l'Église comme paradigme à notre pensée et à notre pratique (p. 123).

À tous ces arguments, nous répondrons en sept temps.

(1) Smith a décrit les faiblesses classiques de tous les postmodernistes « purs et durs »[68], mais il ne les réfute pas ; il adopte quasiment leur mode de pensée. « Nous ne pouvons *savoir* que Dieu était en Christ, réconciliant le monde avec lui-même » dit le théologien

---

68. Par « purs et durs » dans ce contexte, je pense à ces postmodernes qui déterminent la polarité moderne/postmoderne en des termes les plus antithétiques possible, voulant que les modernes recherchent la certitude et que la seule solution de rechange, le postmodernisme, évite cette certitude. Voir la discussion ci-dessus.

postmoderne. « Au mieux, nous pouvons *croire*[69]. » Et pourquoi cela ? « Parce que connaître signifierait en être sûr. » Ensuite, ce théologien ajoute sans aucune gêne : « Nous savons [*sic !*] qu'une telle certitude est impossible. » Plus le postmoderniste est pur et dur, plus cette prétention est absolue, et plus elle est intrinsèquement illogique. Si le théologien postmoderne *sait* qu'une telle certitude est impossible, il doit le savoir *avec certitude*. Alors, cela signifie qu'il n'est pas impossible de posséder une certaine connaissance, après tout. D'autre part, si le théologien postmoderne s'est tout simplement mal exprimé, et ne fait que *croire* qu'une telle certitude soit impossible, alors peut-être se trompe-t-il. J'ai vu plusieurs postmodernes « purs et durs » tomber dans ce genre d'incohérence interne, mais rarement si clairement ou en l'espace de deux phrases adjacentes. Il n'existe aucune raison de croire que Smith souscrive à cette ligne de pensée sans nuancer son propos, bien qu'il dise que « plusieurs auteurs ont déjà souligné à juste titre plusieurs de ces éléments ». Toutefois, il y souscrit suffisamment pour écrire que l'« orthodoxie radicale refuse précisément le paradigme cartésien » – ce qui justifie le fait de s'associer à Augustin (qu'il semble mal comprendre : voir plus loin). En d'autres termes, si Smith avait mis au jour l'incohérence interne du théologien postmoderne archétypal qu'il nous présente, alors, plutôt qu'adopter ce rejet du « paradigme cartésien », il aurait trouvé beaucoup plus difficile de faire le prochain pas en direction de l'orthodoxie radicale.

(2) L'idée selon laquelle tous les cartésiens croient que la connaissance est nécessairement liée à la notion de certitude est si facile à réfuter qu'il est un peu ennuyeux de l'entendre être débitée. En fait, un assez grand nombre de postmodernes « modérés » évitent ce piège, à la manière dont ils se prémuniraient contre une infection à la bactérie e-coli. Au moment où nous reconnaissons que plusieurs penseurs modernes recherchent la « certitude » seulement à un degré relatif et qu'ils s'éloignent, d'une manière remarquable,

---

69. Toutes ces citations qui proviennent de deux citations en bloc notées précédemment. Je ne répéterai pas ici toutes les références.

des prétentions implicites à l'omniscience, alors la polarité qui soutient l'argument de Smith tombe à plat. J'ai déjà indiqué comment les postmodernes « modérés » et les modernes plus nuancés peuvent s'écouter les uns les autres de manière plus ouverte, et je n'ai pas besoin de répéter la démonstration à ce stade.

(3) Encore une fois, il importe de revenir à la façon dont l'Écriture traite de ces sujets. Les écrivains bibliques n'éprouvent aucun malaise à parler de vérité, et même de vérité propositionnelle ; de la même manière, ils n'hésitent pas à parler de connaître les gens, de connaître Dieu – et de connaître des choses et de connaître des vérités. Luc, lorsqu'il entame son Évangile, dit à Théophile qu'il lui écrit dans ce but : « [...] afin que tu *reconnaisses* la *certitude* des *enseignements* que tu *as reçus* » (Luc 1.4, c'est nous qui soulignons). Après sa résurrection, Jésus s'est présenté vivant à ses disciples et leur a donné *plusieurs preuves* de sa résurrection (Actes 1.3). Bien sûr, plusieurs auteurs bibliques soulignent également l'importance cruciale de la foi. Mon propos veut démontrer qu'ils peuvent parler de la foi *et* de la vérité, du fait de croire *et* de savoir. Assurément, cette connaissance ne constitue pas l'omniscience ; la « certitude » que Luc désire voir Théophile reconnaître n'est pas la certitude appartenant à Dieu seul. L'Écriture traite de ces sujets en employant de tels termes, et ceci est tout à fait approprié aux modes humains de connaissance et à l'étendue humaine de cette connaissance.

(4) Ceci nous mène à Augustin, « Je crois, c'est pourquoi je comprends. » Puisque Smith ne nous dit pas ce que signifient le nom « foi » ou le verbe « croire », j'ignore si j'ai bien saisi sa pensée. S'il partage la pensée d'autres théologiens du mouvement de l'orthodoxie radicale, alors je pense qu'il a légèrement tordu le sens de ces mots, et qu'il a accordé à ces termes un sens différent de celui que l'on trouve dans le Nouveau Testament et chez Augustin.

Commençons par ce que Paul affirme au sujet de l'Évangile dans sa lettre aux Corinthiens (1 Corinthiens 15.1-11). Une des composantes essentielles de l'Évangile, écrit Paul, est la résurrection de Jésus-Christ. Dans le cadre de son argumentation, Paul ose demander ce qu'il adviendrait de l'Évangile si Jésus n'était *pas* ressuscité d'entre les morts (15.12-19). Il donne toute une liste de conséquences : (a) les témoins qui affirment avoir vu Jésus ressuscité seraient alors de faux témoins. Notons bien : l'argument concerne le fait de dire *la vérité*, c'est-à-dire des témoins rapportant ce qui correspond à la réalité. Évidemment, ni les témoins ni les Corinthiens ne prétendent absolument tout connaître au sujet de la résurrection : leur témoignage est nécessairement rendu selon une perspective donnée. Paul maintient néanmoins que ce témoignage doit être vrai, c'est-à-dire que le récit doit être conforme à la réalité, ou alors les témoins seraient de faux témoins. La vérité sur la résurrection de Jésus est donc « objective » au sens où elle s'est *bel et bien* produite, dans l'histoire, dans le temps et l'espace, dans le monde réel, même si les êtres humains ne peuvent jamais se réclamer d'une objectivité épistémologique qui relèverait de l'omniscience. (b) Si Jésus n'est pas ressuscité des morts, alors les gens sont encore perdus. On suppose, évidemment, que les autres réalités dont parle la Bible demeurent *vraies*, y compris le fait que nous sommes perdus à cause de nos transgressions et de nos péchés *à moins que* Jésus ne meure et qu'il ne ressuscite pour nous. (c) La foi des croyants à Corinthe est vaine. En d'autres mots, ce qui détermine en partie si la foi est valide ou pas, selon la compréhension que Paul a de la foi, est le fait que l'objet de la foi doit être vrai. Si les Corinthiens croyaient que Jésus était ressuscité, mais qu'en réalité, il ne le fut pas, leur foi aurait été rendue vaine parce que l'objet de leur foi aurait été faux. Bien sûr, la foi dépasse le simple fait de reconnaître que quelque chose est vrai. Dans la Bible, la foi implique inévitablement la foi en Dieu et en sa Parole, la confiance dans le Fils de Dieu. Dans l'épître aux Hébreux, la foi inclut la notion de persévérance (voir à quel point cet élément est essentiel, par exemple dans Hébreux 11). Sans exception, la foi est vaine si son objet n'est pas digne de confiance, ou, lorsque de soi-disant faits sont en jeu, si l'objet de la foi n'est pas vrai. La Bible ne nous encourage *jamais* à placer notre foi en ce qui pourrait être ou ne pas être vrai. (d) Il s'ensuit que si nous croyons en quelque chose qui n'est *pas* vrai, « nous sommes les plus malheureux de tous les hommes » (15.19). En d'autres termes, Paul ne croit pas que la foi soit digne d'éloges parce que ceux qui ont la foi sont sincères ou dévots. La foi sans un véritable objet, affirme Paul, est lamentable.

Cependant, dans la majorité des pays du monde occidental, la foi n'est pas du tout liée à la fiabilité ou à la véracité de son objet. La foi n'est guère plus qu'une préférence religieuse personnelle, subjective. Plusieurs personnes croient que la foi est tout à fait infalsifiable, et ainsi on ne peut réellement et réalistement parler de croyances qui rivalisent les unes avec les autres. Heureusement, Smith ne va pas aussi loin. Néanmoins, la foi pour lui sera « toujours mystérieuse et ambiguë ». En fait, oui et non : la foi est mystérieuse en ce que là où il existe une *vraie* foi (au sens paulinien), il ne s'agit pas seulement du fait que nous croyions, mais aussi d'un don de Dieu (par exemple, Éphésiens 2.8-10). Je suppose que l'on puisse dire qu'il existe des éléments ambigus dans la foi, en ce que nous croyons en Dieu et en sa Parole même si nous ne voyons pas clairement tout le sentier devant nous. Toutefois, il nous faut noter que dans la Bible, il est *juste* de croire en Dieu en ce qui a trait à l'avenir, non pas en raison de ce que nous ne voyons pas ou de ce que nous ne connaissons pas, mais en raison de ce que nous *avons* déjà connu au sujet de ce Dieu – y compris une telle *vérité* du *fait* que Dieu a ressuscité des morts son Fils bien-aimé, et ce, pour notre justification. La foi nous permet d'avoir confiance en Dieu là où nous *ne* voyons *pas*, parce qu'elle est fondée sur le caractère immuable de Dieu, dont nous *sommes* parvenus à connaître, par grâce, l'entière fiabilité. Smith ne développe pas cette idée, parce qu'il est trop occupé à distinguer foi et connaissance, en insérant dans son argumentation une polarité entièrement étrangère à l'Écriture.

Lorsqu'Augustin écrit : « Je crois, c'est pourquoi je comprends », il réfère à la foi au sens *biblique*, et non pas au sens quelque peu doucereux que Smith lui confère, et encore moins au sens du « subjectivisme », sens bien populaire en Occident. À l'encontre de ce que pense l'être humain autonome et moderne, Augustin sait très bien que nous, les chrétiens, sommes des êtres limités, dépendants, créés, rachetés. Le début de toute compréhension est la foi en ce Dieu qui nous a créés et rachetés en Christ. Cela ne signifie ni chez Augustin ni dans le Nouveau Testament que nous devrions cesser d'offrir « plusieurs preuves » au sens lucanien (Actes 1.3) ou des raisons « de l'espérance qui en est nous » au sens pétrinien (1 Pierre 3.15). Nous marchons dans les traces de Paul lorsque nous disons : « Connaissant donc la crainte du Seigneur, nous cherchons à convaincre les hommes » (2 Corinthiens 5.11). Du même coup, nous reconnaissons que si quelqu'un est persuadé et en vient à comprendre ces choses, c'est en raison de l'œuvre de grâce de l'Esprit de Dieu dans sa vie (1 Corinthiens 2.14). Et encore et toujours, nous insistons sur le fait que ce en quoi nous exhortons les gens à croire est la vérité, non pas parce que nous prétendons avoir obtenu accès à cette vérité d'un point de vue neutre au plan épistémologique, mais parce que cela est conforme à ce que Dieu nous a donné, peu importe si les gens l'acceptent ou non. La maxime d'Augustin : « Je crois, c'est pourquoi je comprends » se situe donc à des années-lumière de la maxime derridienne : « Je ne sais pas ; alors je dois croire. » Augustin, tout comme Paul (par exemple, Galates 2.15-18 ; Romains 3.27-31), met l'accent sur la nécessité épistémique de la foi ; mais, tout comme Paul, il insiste sur le fait que ce qu'il annonce est « la vérité de l'Évangile » (Galates 2.14), ce que précisément Derrida *ne peut* affirmer.

(5) Lorsque Smith prend ses distances par rapport à son interlocuteur imaginaire, par rapport au « théologien postmoderne », c'est au sujet de son propre engagement vis-à-vis de l'orthodoxie confessionnelle. D'une certaine manière, c'est très rassurant. Pour quelle raison, alors, Smith adopte-t-il cette orthodoxie confessionnelle et la recommande-t-il à ses contemporains postmodernes ? Je dois répéter ici la deuxième longue citation, et souligner un terme répété maintes fois :

> Cela ne prône pas un retour au fondamentalisme dénué d'esprit critique, ou à une position triomphaliste de la droite religieuse. J'affirme

plutôt que notre *confession* et notre pratique doivent découler, sans devoir nous en défendre, des éléments particuliers de la *confession* chrétienne telle qu'elle nous est donnée dans la révélation de Dieu dans l'histoire en Christ, et telle qu'elle s'est déroulée dans l'histoire de la réponse de l'Église à cette révélation. Être dogmatique, donc, c'est *confesser* notre foi sans devoir nous en défendre, ce qui exige que nous n'ayons pas à nous excuser de la nature précise de notre *confession*, contrairement à l'anxiété cartésienne dont fait preuve la théologie postmoderne. Cela devrait se traduire par le fait de nous approprier vigoureusement le langage de l'Église comme paradigme à notre pensée et à notre pratique.

Être si près, et en même temps si loin. Voilà qui est caractéristique de l'orthodoxie radicale : elle n'est tout simplement pas très « radicale », parce qu'elle ne remonte pas à la *radix*, à la racine, de quoi que ce soit. Elle approuve à juste titre les structures de la foi chrétienne et la conduite chrétienne, conformément à l'orthodoxie historique et à l'orthopraxie historique. Et nous en sommes reconnaissants. Cependant, elle ne peut justifier la raison de son choix, sauf en disant que nous affirmons que notre *confession* découle des éléments particuliers de la *confession* chrétienne – et même sans devoir nous en défendre ! Certes, cela n'est pas faux : le confessionnalisme chrétien doit être conforme au confessionnalisme chrétien historique. Mais le contenu de ce confessionnalisme historique chrétien est-il *vrai* ? Croyons-nous ceci ou cela simplement parce que d'autres chrétiens avant nous l'ont cru ? Je ne crois pas que Smith désire être minimaliste à ce point. Cette confession, écrit-il, « nous est donnée dans la révélation de Dieu dans l'histoire en Christ, et *[elle]* s'est déroulée dans l'histoire de la réponse de l'Église à cette révélation ». Parfait. Cette révélation est-elle *vraie*, ou la confessons-nous simplement parce que d'autres l'ont fait ? Les auteurs du Nouveau Testament et Augustin ont tous affirmé sans équivoque la *véracité* de cette révélation, et ils sont prêts à soutenir la raison pour laquelle ils y croient, même s'ils affirment que la foi est nécessaire pour saisir cette révélation – non pas la foi au sens subjectif, non seulement la foi au sens confessionnel indépendamment de ses prétentions à la vérité, mais la foi au solide sens épistémique dont l'objet proclame être *vrai*[70].

(6) La dernière phrase de Smith dans cette longue citation : « Cela devrait se traduire par le fait de nous approprier vigoureusement le langage de l'Église comme paradigme à notre pensée et à notre pratique », est sa façon de faire pencher la balance du côté de la théologie post-libérale, caractéristique de l'école de Yale. Encore une fois, nous pouvons être reconnaissants à plusieurs égards en réponse à cet appel. Les chrétiens *doivent* se familiariser avec le langage linguistico-culturel de l'Écriture, l'employant si aisément que cela structurera nos pensées et notre conduite. Toutefois, si c'est *tout* ce que dit cet appel, il ne va pas assez loin. En fait, il s'agit là d'une approche intellectualiste troublante : rendons nos expressions linguistico-culturelles conformes à celles de l'Écriture, et nous penserons alors conformément au confessionnalisme chrétien, et nous serons alors de meilleures personnes. Cependant, la matrice linguistico-culturelle biblique n'est pas une fin en soi. Nous ne sommes pas sauvés ni transformés par des énoncés linguistiques qui parlent *au sujet* de Dieu, de Christ, et de l'Évangile. Nous sommes plutôt sauvés et transformés par Dieu, par Christ, et par la bonne nouvelle de Christ crucifié et ressuscité, et par tout ce qui découle de ce triomphe de la grâce. *Bien sûr*, nous devrions être imprégnés de cette matrice linguistico-culturelle de la révélation biblique, citant

---

70. La position de Smith contient implicitement un autre élément obscur, typique de l'orthodoxie radicale : elle dissimule des distinctions qui doivent être faites entre l'autorité de l'Écriture et celle de la tradition, plus tardive. Cela n'implique pas de plonger tête baissée dans une approche du type « La Bible seule » qui ignore volontairement comment les chrétiens à travers l'histoire ont débattu de la question du « postulat » biblique, ou qui agit comme si les interprètes contemporains de l'Écriture se situent en quelque sorte hors de toute situation culturelle. Aucun des réformateurs souscrivant énergiquement au principe de la *Sola Scriptura* n'a fait preuve d'une telle ignorance. Les réformateurs avaient cependant raison de situer l'autorité finale dans le Dieu qui nous a donné l'Écriture, et non dans les gens qui énoncent leur confession.

l'Écriture dans nos cœurs, réfléchissant aux paroles de Dieu et à ses voies, et nous réjouissant en elles. Nous devons toutefois le faire parce que le contenu de cette révélation biblique au sujet de Dieu et de ses voies est *vrai*. Nous le proclamons parce que c'est *la vérité*. Nous ne sommes pas sauvés par des mots au sujet de la croix (aussi bibliques puissent-ils être), mais par la croix. Bien entendu, nous n'avons accès à la croix que par des mots : en ce sens, Derrida a raison. Cependant, ces mots eux-mêmes exigent que nous nous reposions sur ce Dieu et sur ses actions, vers lesquelles pointent ces mots. Ne pas voir et souligner la réalité extratextuelle n'est que de l'idolâtrie intellectualiste. Nous annonçons le Dieu qui est présent (comme nous a enseigné à le dire Francis Schaeffer), la Parole incarnée, la mort et la résurrection du Fils de Dieu, la venue historique de l'Esprit – tout en reconnaissant que nous ne pouvons proclamer de telles réalités *sans* mots. Tout comme l'orthodoxie radicale, le post-libéralisme s'arrête un pas trop tôt, et ce dernier pas est pourtant crucial.

(7) *Qui a peur du postmodernisme ?* demande Smith dans le titre de son ouvrage. En réalité, pas moi, quoique je doive confesser que je commence à le trouver monotone. Assurément, les chrétiens réfléchis devraient éviter de trop se rapprocher du modernisme ou du postmodernisme, parce que ces deux mouvements dépendent trop du « je » ou du « nous » de la pensée cartésienne. Cependant, et le modernisme et le postmodernisme ont quelque chose à nous apprendre (bien que Smith désire être enseigné seulement par le second). Il ne sert à rien de nous joindre aux modernistes qui démonisent les postmodernistes, parce qu'en fait, que nous le voulions ou non, nous sommes tous des perspectivistes ; il ne sert également à rien de nous joindre à ces postmodernistes qui démonisent les modernistes, parce qu'en fait, à l'intérieur de ce que signifie être une créature limitée touchée par la grâce, nous pouvons connaître et proclamer la vérité.

−4−

LE SÉCULARISME, LA DÉMOCRATIE, LA LIBERTÉ, ET LE POUVOIR

Nous avons tenté, dans les pages précédentes, de peaufiner la notion de « culture » et de réfléchir davantage au postmodernisme ; notre réflexion a préparé le terrain pour le présent chapitre. Les réalités empiriques de la culture ambiante sont nombreuses et très diverses. Elles engendrent inévitablement des pressions qui forcent les chrétiens, et tous les autres, dans toutes sortes de directions. Au sein du monde occidental, ces nombreuses directions sont souvent en réaction à quatre pressions colossales : le charme de la laïcisation, la mystique de la démocratie, le culte de la liberté, et la soif de pouvoir. Ce ne sont pas là les seules pressions culturelles d'importance, en Occident ou ailleurs dans le monde ; je ne prétends même pas qu'elles soient les plus importantes. Toutefois, la puissance qu'elles exercent à tracer les contours de la culture partout dans le monde, notamment en Occident, nous offre l'occasion de comparer, d'une part, une culture modelée par de telles pressions, et d'autre part, une culture façonnée par une allégeance à la Bible et à sa trame historique culminant en Jésus-Christ et son Évangile.

Le charme de la laïcisation

La difficulté relève en partie de la définition que l'on adopte. Dans la pensée de plusieurs, et non seulement chez les sécularistes, le terme « séculier » (ou laïc) possède une connotation positive. Il rappelle la nécessité de rendre à César, tout comme à Dieu, ce qui lui est dû, tel que Jésus l'a souligné. Il oblige à se souvenir de la théorie de Gélase selon laquelle deux épées possèdent une autorité légitime. Même le terme « laïcisation », qui fait référence au processus, possède parfois une connotation positive. On pense ici au processus de la dédivinisation de la nature tel que le décrit Peter Berger, un processus qui, d'une part, a préservé l'autorité de Dieu sur la nature[1], mais qui, d'autre part, a dégagé suffisamment d'espace pour nous affranchir de la crainte du monde des esprits et nous permettre d'entreprendre une véritable étude scientifique du monde. Enfin, le terme « sécular*isme* » (ou laïcisme) renvoie habituellement à la réalité sociale qui encourage une conscience non religieuse, voire antireligieuse.

Toutefois, dans le discours commun, chacun de ces trois termes, « séculier », « laïcisation », et « sécularisme », évoque une suppression progressive du religieux vers les domaines périphériques de la vie. Plus précisément, la « laïcisation » est ce processus qui exclut progressivement la religion de la place publique et qui la confine à la vie privée ; le sécularisme constitue la position qui approuve et promeut un tel processus[2]. La religion peut ainsi conserver ses titres de noblesse dans la sphère de la vie privée, et d'aucuns parmi les séculiers s'y objecteront. Par contre, si la religion revendique quoi que ce

---

1. Peter L. Berger, *The Sacred Canopy: Elements of a Sociological Theory of Religion*, Garden City, Doubleday, 1969. (Le titre de l'édition britannique est *The Social Reality of Religion*.)
2. Ce sont les définitions utilisées, par exemple, dans le livre important publié par Christian Smith, *The Secular Revolution: Power, Interests, and Conflict in the Secularization of American Public Life*, Berkeley, University of California Press, 2003.

soit dans le domaine public, elle est alors perçue comme menaçante et intolérante.

En réalité, les pressions sociales exercées par la laïcisation sont bien plus implacables que ne le suggère cette simple distinction entre la religion privée et la religion publique. La préservation de la foi chrétienne, même si c'est uniquement dans la vie privée d'un individu, est perçue comme un signe de faiblesse. Si « Dieu » détient quelque droit de cité, ce n'est pas à l'extérieur de la conscience humaine. La religion en général, et le christianisme en particulier, peut posséder une certaine valeur déterminante, mais très peu ; la religion peut posséder une certaine valeur mythologique, en ce qu'elle représente ce qu'il y a de meilleur et de plus noble chez l'être humain, mais réifier le mythe mène à déprécier l'humanisme[3]. Cette pression n'est ressentie nulle part ailleurs plus fortement que dans nos universités[4]. La foi chrétienne doit se cantonner à la vie privée, non seulement en ce qu'elle n'a pas voix au chapitre lorsqu'il s'agit de la direction, des priorités, des théories littéraires, des sciences, ou de quoi que ce soit, mais elle doit être privée au point de devenir invisible : les chrétiens hésitent à parler de leur foi, et ne développent ainsi aucune habileté à rendre témoignage.

Lorsque la laïcité devient aussi impétueuse, elle devient *de facto* une « religion » : elle prône sa propre perception du bien suprême, elle exprime son propre système de croyances, elle établit son propre code d'éthique. Par exemple, la Ligue antidiffamatoire, une puissante voix qui prône la laïcité – David Klinghoffer note à la blague que ce groupe « n'est juif qu'au sens où les bagels sont juifs[5] » – offre

---

3. C'est essentiellement la vision de David Boulton, *The Trouble with God: Building the Republic of Heaven*, New Alresford, John Hunt Publishing, 2002.
4. Voir en particulier George M. Marsden et B. J. Longfield, éd., *The Secularization of the Academy*, New York, Oxford University Press, 1992 ; George M. Marsden, *The Soul of the American University: From Protestant Establishment to Established Nonbelief*, New York, Oxford University Press, 1994.
5. « Speaking Out: That Other Church », *Christianity Today*, vol. 49, n° 1, janvier 2005, p. 62.

une liste d'ouvrages recommandés aux élèves de l'école primaire qui encourage en apparence une « éducation sans préjugé », mais qui promeut un enseignement laïc à propos de l'homosexualité : notamment, *Gloria Goes to Gay Pride*, selon le site web de la Ligue, est résumé en ces termes : « Une jeune fille participe au défilé de la journée de la fierté gaie. »

Mis à part l'attrait indéniable que l'on peut éprouver envers la laïcité, on doit remettre en question certaines subtilités plus séductrices. En voici trois.

(1) Plusieurs ouvrages soutiennent – ou, pire, présupposent – que les processus de laïcisation, tels que présentés ci-dessus, sont inévitables au plan historique. Dans la pensée populaire, la laïcisation devient donc un effluent du siècle des Lumières, de la prospérité matérielle, et par-dessus tout, de l'idée même de progrès. On assiste cependant aujourd'hui à une riposte croissante et importante à ce genre de rapprochement[6].

(2) De manière encore plus subtile, on ressent une pression vers ce qu'Avery Cardinal Dulles appelle « le déisme minimal[7] ». Qu'il s'agisse du déisme de Thomas Jefferson, qui estimait que le christianisme, tel qu'il le (mé) connaissait, était la forme de religion la plus élevée, ou de celui apparaissant sous les traits français épousés par Thomas Paine dans la foulée des *encyclopédistes* fortement réfractaires au christianisme – le déisme a produit, en Occident, « un climat favorable au sein duquel plusieurs formes de religions bibliques ont pu s'épanouir, ce qu'elles ont effectivement réussi à faire[8] ». Ce déisme a laissé dans son sillage diverses formes de religion civile qui croyaient en un Dieu, en une loi morale divine, en une vague croyance en la providence, et en une sorte de récompense ou de

---

6. Voir le sondage de Richard John Neuhaus, « Secularization Doesn't Just Happen », *First Things,* vol. 151, mars 2005, p. 58-61. Voir, en particulier, Christian Smith, *The Secular Revolution* ; et Christopher Lasch, *The True and Only Heaven: Progress and Its Critics,* New York, Norton, 1991.
7. « The Deist Minimum », *First Things,* vol. 149, janvier 2005, p. 25-30.
8. *Ibid.,* p. 29.

punition après la mort (avec un accent marqué sur la récompense plutôt que sur la punition !).

Malheureusement, des chrétiens naïfs croient souvent que ces signes résiduels de religion civile, et le déisme sur lequel ils sont fondés, constituent une évidence solide de convictions chrétiennes. Et inversement, ils perçoivent l'érosion de la religion civile, et le déisme sur lequel elle s'appuie, comme étant l'érosion de convictions chrétiennes véritables. Aucune de ces perceptions n'est réaliste. Pire encore, certains chrétiens, mieux informés, mais pas nécessairement plus sages, tentent de s'engager dans le débat public en employant strictement des structures de pensées déistes, croyant ainsi obtenir une meilleure couverture médiatique et prendre part à un plus large consensus. Dans certains domaines de la politique publique, ils peuvent parfois avoir raison. Cependant, tenter de soutenir la moralité sur la base de présupposés déistes n'équivaut pas à un appel favorable au christianisme, loin de là. Le déisme n'a aucune puissance à contrer le progrès de la laïcisation, car il est une religion sans grande défense intellectuelle et sans véritable pouvoir. Le déisme ne se situe pas à mi-chemin entre la laïcisation et le christianisme ; il est en fait une forme de laïcisation.

Au plan populaire, ce désir instinctif de plaire aux prédilections contemporaines donne naissance aux platitudes d'autonomie personnelle d'un Joel Osteen, si détachées de l'Écriture, tout simplement parce qu'elles ne sont pas fondées sur l'Écriture[9], malgré les apparences. De même, il produit différents filons de christianisme « libéral » puisant à larges traits dans la culture contemporaine plutôt que dans la Bible. Plusieurs de ces filons sont en voie de disparition : « Les raisons de souscrire à cette forme de christianisme

---

9. Joel Osteen, *Le meilleur de vous-même : 7 clefs pour améliorer votre vie au quotidien*, Octave, 2010. Ses 7 clefs pour « être le meilleur de soi-même » sont : (1) élargir votre vision ; (2) développer une saine image de soi ; (3) découvrir le pouvoir de vos pensées et de vos paroles ; (4) laisser le passé derrière vous ; (5) trouver la force dans l'adversité ; (6) vivre pour donner ; (7) choisir d'être heureux.

diminuent de façon proportionnelle à sa propension à s'assimiler à l'éthos dominant[10]. »

(3) Dans la mesure où la culture occidentale se polarise, les difficultés vont croissant pour qu'il y ait une interaction significative entre, d'une part, les chrétiens qui tentent de demeurer fidèles à la Bible, et d'autre part, les gens soutenant une forme ou une autre de laïcité. D'une certaine manière, le problème n'est évidemment pas nouveau, même si les pôles changent de nature au gré du temps. Par exemple, on peut affirmer que ce que le philosophe du XVIIIe siècle David Hume combattait avec véhémence n'était pas le christianisme confessionnel historique, mais plutôt une forme de théologie naturelle britannique christianisée[11]. Cependant, la plupart des observateurs croient que la polarisation des dernières décennies est à la fois plus poussée et plus endurcie. Je reviendrai sur ce point dans la prochaine section.

Pour l'instant, il convient de réfléchir brièvement à propos de la culture de ceux qui souscrivent de manière réfléchie à la laïcité, et à la culture de ceux qui souscrivent de manière réfléchie à un christianisme biblique éclairé. Au risque de me répéter, je dois souligner de nouveau que ces deux groupes peuvent avoir en commun plusieurs valeurs culturelles. Même dans le cadre de notre discussion, il est possible que ces deux groupes puissent souscrire à la même forme de séparation entre l'Église et l'État – même si les raisons invoquées de part et d'autre pour soutenir cette position diffèrent sensiblement. Pour les sécularistes, Dieu, s'il existe, n'est pas un être dont l'autorité s'étend au-delà de l'expérience religieuse personnelle, et peut-être aussi jusqu'à des principes moraux généraux ; pour les chrétiens, leur Maître leur a enseigné qu'il existe bien certaines distinctions entre Christ et César, chacun recevant ce qui lui revient. Je traiterai de ce sujet au prochain chapitre. Une fois que tous ces avertissements ont

---

10. Luke Timothy Johnson, *The Misguided Quest for the Historical Jesus and the Truth of the Traditional Gospels*, New York, Harper Collins, 1996, p. 64.
11. C'est la suggestion judicieuse de Kirsten Birkett, « A Treatise of Hume's Nature », *Case 7*, 2005, p. 7-12.

été présentés, ces deux groupes diffèrent néanmoins dans *la manière dont chacun perçoit le monde* : en résumé, leurs *visions du monde* diffèrent, et ainsi, les cultures qu'ils adoptent et qu'ils incarnent sont décidément distinctes[12]. Pour l'un, le processus de laïcisation offre une libération vis-à-vis de (fausses perceptions au sujet de) Dieu, et ouvre la voie vers la croissance en maturité, vers ce que signifie être un humain ; pour l'autre, le fondement même de l'humanité réside en Dieu seul, et toute tentative de se libérer de Dieu constitue un nouvel acte d'idolâtrie. Pour l'un, l'éthique s'appuie ultimement sur la volonté des législatures, ou sur la loi internationale, ou sur les visées politiques contemporaines promettant divers genres de libération ; pour l'autre, l'éthique doit être ultimement fondée sur la révélation que Dieu accorde dans sa grâce, sans quoi elle sera non seulement instable, mais très destructrice[13].

Les chrétiens dont la vision du monde – dont la façon de voir le monde[14] – est modelée par la trame biblique ne peuvent oublier que nous, les êtres humains, avons été créés à l'image de Dieu, et que notre obligation première est de reconnaître notre état de créature, et par conséquent notre joyeuse obligation envers Dieu ; que le péché n'est rien d'autre que la dé-déification de Dieu ; que notre dignité en tant que porte-étendards de l'image de Dieu en nous est terriblement entachée par notre rébellion ; que la race tout entière,

---

12. Voir pape Benoît XVI, *Christianity and the Crisis of Cultures*, San Francisco, Ignatius, 2006. (Le titre européen est : *The Europe of Benedict: In the Crisis of Cultures*.)
13. On contemple avec horreur les dimensions du mal reflétées dans la triste réalité que, durant le XXe siècle, environ 170 millions d'êtres humains ont été tués par leur propre gouvernement, sans tenir compte des pertes causées par les guerres. Voir le site Web « Freedom, Democracy, Peace ; Power, Democide, and War », www.hawaii.edu/powerkills/welcome.html (page consultée le 18 février 2006).
14. Je ne débattrai pas encore une fois sur le fait qu'il existe ou non une « vision du monde ». Par « vision du monde », je veux dire, comme je l'ai expliqué au chapitre 3, une interprétation assez compréhensible de la réalité (qu'elle soit réfléchie ou non) qui influence tout ce que nous faisons. Nous en avons tous une.

ainsi que toute l'histoire humaine, se dirige rapidement vers le jugement final devant ce Dieu qui n'est pas moins notre Juge que notre Créateur ; qu'il nous faut saisir les nouveaux cieux et la nouvelle terre et craindre l'enfer ; que notre seul espoir d'être réconcilié avec Dieu est par le moyen qu'il a lui-même pourvu en son Fils ; que le peuple de Dieu est composé d'êtres humains de toute langue, de toute tribu, de toute nation, qui croissent en obéissance personnelle et collective et en amour, grâce à la puissance du Saint-Esprit, joyeux de ce que Dieu règne sur eux dans l'attente de l'apparition finale de ce règne. Entre-temps, nous sommes appelés à faire le bien envers tous, et en particulier – bien que certainement pas exclusivement ! – envers ceux de la maison de Dieu. En d'autres termes, le christianisme ne prétend pas seulement véhiculer une vérité religieuse, mais la vérité à propos de la réalité tout entière[15]. Même si les idées sont complexes, même si le parcours devant nous est controversé, cette vision de la réalité diffère complètement d'une perception sécularite voulant que le christianisme soit relégué aux oubliettes, suffisamment éloigné de tout sauf de la vie religieuse en privé. Les chrétiens dont la pensée est imprégnée de la trame biblique ne se laisseront pas intimider par les ricanements académiques, pour ne citer qu'un exemple. Tout comme Paul était irrité à la vue de l'idolâtrie dans une ville aussi sophistiquée et érudite qu'Athènes (Actes 17.16), de même les chrétiens d'aujourd'hui apprendront à se poser la question : « Que pense Jésus-Christ à propos de l'université[16] ? » Ne pas poser la question

---

15. Il s'agit de la thèse centrale de Nancy R. Pearcey et Phillip E. Johnson, *Vérité totale : le christianisme libéré de sa captivité culturelle*, La Lumière, 2015.
16. C'est précisément l'argument de Charles Malik, *A Christian Critique of the University,* Waterloo, ON, North Waterloo Academic Press, 1987, p. 24-25. Le même argument est repris par Duane Litfin, *Conceiving the Christian College*, Grand Rapids, Eerdmans, 2004, p. 79. Selon Litfin, Malik « ne suppose pas la validité du monde académique *séculier* (italique pour souligner) pour ensuite demander ce que ce monde pense de Jésus-Christ ; il commence avec la vérité la plus profonde que le monde ait connue, la seigneurie de Jésus-Christ. Puis, à la lumière de ce fait, il demande ce que nous devrions faire de l'université »

est déjà trahir la cause. Un conflit entre deux cultures où chacune affirme rendre compte de la totalité de la réalité est donc inévitable.

Selon l'usage commun, l'« authenticité » renvoie à quelque chose de strictement personnel. Elle signifie, à peu de chose près, « être sincère ». Une personne « authentique » est une personne qui n'est pas hypocrite. Comment peut-on juger de cette authenticité, à moins qu'il n'y ait un standard d'après lequel on puisse évaluer l'intégrité ou l'hypocrisie ? Les « chrétiens authentiques » ne sont pas seulement ceux qui sont sincères et qui se disent chrétiens. Si le terme « authentique » peut s'avérer d'une quelconque utilité dans cette réflexion, le « chrétien authentique » est celui dont la pensée, les paroles, et les actions sont façonnées par les documents chrétiens fondateurs, par le Seigneur du christianisme, par les credo chrétiens[17]. Voilà pourquoi la lecture et la relecture de la Bible, de même que la connaissance et la récitation des credo, structurent nos pensées et procurent le vocabulaire nécessaire à cette réflexion. Bien sûr, il est possible de n'avoir qu'une connaissance professionnelle de ces sources. Cependant, le christianisme authentique exige bien davantage : aimer ce Dieu qui s'est ainsi révélé, lui répondre par l'obéissance et la foi. Il est futile de parler d'aimer ce Dieu, de lui faire confiance et de lui obéir, si ses paroles ne ravissent pas notre âme, si elles ne nous remplissent pas de terreur, ne nous instruisent pas, ne nous transforment pas. Lorsque

---

(*trad. libre*). En effet, il est admis depuis longtemps que l'idée de l'*uni*versité, opposée à une *multi*versité, parle d'une unité de vérité mieux protégée dans l'heureuse confession que toute vérité est la vérité de Dieu : voir D. A. Carson, « Can There Be a Christian University? », *Southern Baptist Journal of Theology*, vol. 1, n° 3, 1998, p. 20-38, et la documentation citée à ce sujet.

17. Il s'agit de l'un des arguments valides de l'orthodoxie radicale : bien qu'en réalité ses partisans tendent davantage à mettre plus d'importance sur les anciens credo que sur l'Écriture elle-même. Toutefois, l'engagement au projet de repenser notre façon de parler de la réalité est très salutaire. Pour une introduction appropriée sur le mouvement et ses principaux adeptes, voir James K. A. Smith, *Introducing Radical Orthodoxy: Mapping a Post-Secular* Theology, Grand Rapids, Baker ; Bletchley, Paternoster, 2004.

ses paroles accomplissent toutes ces choses, notre vision du monde se transforme graduellement, et la culture dont nous faisons partie, et que nous transmettons aux autres, ne peut que se distancier de la culture de ceux qui adoptent les processus de laïcisation. En de tels cas, le Christ et la culture prennent des directions opposées.

La mystique de la démocratie

La plupart des gens en Occident affirmeront d'emblée que la démocratie est une bonne chose. Certes, aux États-Unis, l'idée selon laquelle la démocratie procure la paix, et par conséquent, que tous les êtres humains y ont droit, a influencé la politique extérieure depuis environ un siècle – depuis les Quatorze Points de Woodrow Wilson. On ne peut nier que la démocratie a conduit à de grandioses transformations. Du sein des décombres de la Seconde Guerre mondiale, du sein de régimes totalitaires ayant échoué au Pays du Soleil levant et au Reich de mille ans, deux démocraties puissantes ont émergé. La démocratie a poursuivi son périple à travers l'Europe de l'Ouest, en Italie, en Grèce, en Espagne. Elle a triomphé de manière remarquable en Corée du Sud. Elle fut une des grandes idées ayant mené au renversement de l'Empire soviétique ; la plupart des anciens pays satellites soviétiques se distancient lentement des formes de régimes totalitaires et se déplacent tranquillement, et à des vitesses variables, vers des idéaux démocratiques. Les conflits militaires actuels en Afghanistan et en Iraq doivent en partie leur élan à l'espérance que des démocraties bien établies dans ces pays mèneront non seulement à la fin des guerres intestines, mais attireront d'autres pays musulmans du Moyen-Orient vers les avantages issus d'un gouvernement démocratique, d'échanges commerciaux libres, de libertés relatives, et de moins de déchaînements d'agression fanatique. Il n'y a personne qui, ayant vécu sous une forme de gouvernement démocratique, n'ignore ses nombreuses aberrations, bien sûr – ses tâtonnements, ses inefficacités, et ses corruptions ; personne ne peut oublier que la ligne de démarcation est bien fine entre la démocratie et la démagogie. Mais même alors, seul un individu ignorant complètement l'histoire ne peut comprendre l'évaluation maintes fois répétée de Winston Churchill : la démocratie est la pire forme de gouvernement, à l'exception de toutes les autres.

Avant de réfléchir aux différentes manières dont la démocratie peut aider à établir une culture, parfois voisine des exigences du Christ, parfois en contradiction avec celles-ci, il convient de se rappeler que la démocratie est un phénomène complexe. Cette complexité se trouve dans les formes de démocratie, dans ses idéologies sous-jacentes, et dans ses degrés de maturité. La démocratie relativement directe, mais certainement restreinte de l'Athènes de jadis diffère sensiblement des degrés complexes du mode de scrutin aux États-Unis, où même le président est élu par la voie de l'institution intermédiaire du Collège électoral. Différents pays font appel à des mythologies se faisant concurrence les unes aux autres. Le Royaume-Uni aime bien reculer jusqu'à l'an 1215 et à la Grande Charte, et se souvient avec fierté que Westminster est « la mère de tous les parlements » – quoique l'histoire depuis le XIIIe siècle fait état de diverses guerres civiles, d'un régicide, de l'institution de l'esclavage et de son abolition, et de la naissance et de la chute de l'Empire britannique. Les Français affectionnent la Révolution de 1789, le renversement du cléricalisme, et proclament « liberté, égalité, fraternité », mais la Révolution de 1789 a bien sûr mené au règne de terreur de Robespierre et aux guerres napoléoniennes, tandis que les nécessités de l'histoire depuis 1789 ont conduit la France à deux empires, deux monarchies, deux dictatures, et, selon mon dernier décompte, à cinq républiques. Les États-Unis chérissent la Constitution et la Charte des droits, leur forme de gouvernement avec sa division des pouvoirs bien établie, mais cette forme de démocratie n'a pas empêché la Guerre civile (de loin la plus sanglante de leur histoire), de longues luttes à propos de l'esclavage et du racisme, de nombreux attentats et tentatives d'attentat contre ses présidents et, évidemment, un lot d'injustices, d'inégalités, d'instances de populisme manipulatoire, et d'erreurs gênantes sur le plan de la politique extérieure.

L'ouvrage récent de Ketcham[18] trace habilement les contours des différentes origines de la démocratie, en Amérique du Nord, en Europe, ou encore en Asie. Par exemple, les contributions idéologiques confucéennes à plusieurs formes de démocratie asiatique ont conduit cette dernière vers des idéaux hiérarchiques et communaux sensiblement éloignés des formes occidentales de démocratie. On peut aussi réfléchir à la façon dont les démocraties évoluent. Les changements peuvent être si lents qu'il n'est pas impertinent de se demander : « À quel moment le Royaume-Uni est-il devenu une démocratie ? » – et de reconnaître qu'aucune explication simple ne répondra à cette question de manière convaincante. On peut également considérer de quelle manière ceux qui ont élaboré la Constitution américaine ont compris la démocratie, non pas tant comme une forme de gouvernement selon laquelle la sagesse se trouve dans l'opinion de la majorité, mais comme une forme de gouvernement selon laquelle les gens sont imputables, par l'introduction de mécanismes d'expulsion des « dirigeants » toutes les quelques années, avant que leur pouvoir individuel, sans mentionner le pouvoir même de gouverner, ne devienne insensible et corrompu[19]. À l'inverse, les politiciens d'aujourd'hui de tout acabit sont tentés d'en appeler à « la sagesse du peuple américain » (on pourrait y substituer « français », « britannique », « canadien », etc.).

---

18. Ralph Ketcham, *The Idea of Democracy in the Modern Era*, Lawrence, University Press of Kansas, 2004.
19. Cette idée n'est nulle part plus claire que dans *The Federalist Papers*, bien entendu. Toutefois, il vaut aussi la peine de parcourir la collection publiée par Bernard Bailyn (*The Debate on the Constitution: Federalist and Antifederalist Speeches, Articles, and Letters During the Struggle over Ratification*, 2 vol., New York, The Library of America, 1993), qui comprend non seulement la majeure partie de l'œuvre de James Madison et d'Alexander Hamilton, mais aussi les œuvres de beaucoup d'autres, dont celles de leurs opposants.

Les « démocraties » qui ne conservent presque aucune des libertés et des valeurs que les Occidentaux associent normalement à la « démocratie » présentent un défi encore plus grand. Plusieurs dirigeants de l'Afrique noire subsaharienne ont été élus selon des modes de scrutin raisonnablement justes, et ils commencent habituellement à exercer leur rôle en étant véritablement appuyés par une majorité de leur population, mais ils se transforment ensuite en tyrans qui ne peuvent être évincés que par un coup d'État. Les nouveaux gouvernements élus démocratiquement en Iraq et en Afghanistan sont encore bien fragiles (surtout le premier), et aucun d'eux ne souscrit à la « liberté de religion » comme le font les démocraties en Occident –, mais en toute justice, la « liberté de religion » n'a pas la même connotation lorsque 99 pour cent de la population d'Afghanistan est musulmane. Les raisons pour lesquelles les électeurs ont accordé leur suffrage à certains plutôt qu'à d'autres sont si complexes, qu'il est difficile de discerner ce qui leur est confié par un tel vote. Plusieurs analystes ont signalé, par exemple, et avec une certaine justesse, que le vote récent (en 2006) en Palestine ayant porté le Hamas au pouvoir était moins le résultat d'une résolution majoritaire du peuple palestinien d'anéantir Israël, que la volonté d'en finir avec la corruption obscène d'Arafat et de ses acolytes – une version plus sensationnelle que le vote au Québec ayant conduit le Parti Québécois au pouvoir, non pas en raison d'un fort appui à l'indépendance du Québec vis-à-vis du reste du Canada (tel que cela fut démontré par le référendum qui s'en est suivi), mais parce que la majorité des électeurs en avait assez des chamailleries, de l'esprit de clocher, et de la corruption des partis traditionnels. En un mot, la démocratie est une affaire qui n'est pas toujours très propre.

Plusieurs commentateurs ont noté que, pour qu'il y ait une démocratie raisonnablement stable au sens occidental, certaines conditions doivent être en place. Il doit y avoir au minimum une magistrature indépendante, la liberté de presse, un certain système d'égalité devant la loi (habituellement enchâssé dans une constitution et défendu par une force policière disciplinée), des structures garantissant que l'armée demeure sous le contrôle civil, et un système s'assurant que la passation des pouvoirs s'opère sans bain de sang (habituellement sous la forme d'un système à deux ou trois partis). On peut y ajouter d'autres *desiderata*, tel qu'un degré d'instruction raisonnable parmi la population, mais l'idée est suffisamment claire : ce que la plupart des Occidentaux entendent par « démocratie » pourrait très bien être étiqueté « démocratie libérale », contrairement à des « démocraties non libérales » qui ont vu le jour un peu partout dans le monde. Cette expression, des « démocraties non libérales », vient de Zakaria, qui affirme, dans un livre perspicace, que, sans des mesures assurant la liberté, les formes superficielles de gouvernement démocratique donnent facilement naissance à des régimes totalitaires – tel que le démontre la montée du fascisme au XXe siècle[20]. En d'autres termes, un vote démocratique, deux votes même, ne signifie pas grand-chose. Idéalement, ce serait un premier pas vers quelque chose de plus substantiel[21], mais une démocratie non libérale peut tenir un scrutin, et même un scrutin assez convaincant, seulement dans le but de soutenir un tyran, un boucher, ou un idéologue (religieux ou autre). À ce que je sache, l'élection récente en Iran n'était pas substantiellement corrompue, mais le nouveau président, Mahmoud Ahmadinejad, appartient à ce sous-ensemble d'êtres humains qui nient l'existence de l'Holocauste. Il jure encore d'effacer de la carte mondiale le pays d'Israël. Alors qu'il impose de plus en plus la *sharia* musulmane dans son pays, les chrétiens y subissent les assauts de nouvelles persécutions. Il semble donc qu'en Iran, le Christ et la culture s'entrechoqueront, de manière substantielle, dans les années à venir. Cependant, ce gouvernement fut démocratiquement élu. Il devient donc évident que les chrétiens réfléchis ne peuvent souscrire à n'importe quel appel à la démocratie.

---

20. Fareed Zakaria, *The Future of Freedom: Illiberal Democracy at Home and Abroad*, New York, Norton, 2004.
21. Bien entendu, c'est l'hypothèse d'un livre qui a la lucidité morale de Natan Sharansky, *The Case for Democracy: The Power of Freedom to Overcome Tyranny and Terror*, New York, Public Affairs, 2004

Restreignons-nous donc maintenant aux démocraties occidentales, ces démocraties ayant bénéficié d'un historique de libertés que nous considérons comme allant de soi. D'un point de vue occidental, seule une démocratie encadrée de diverses libertés et protections est digne de ce nom; c'est que Zakaria appelle une démocratie libérale. Qu'en est-il de ce genre de démocratie? Qu'en penseront les chrétiens?

Il y a quelques années, j'ai parlé à un pasteur en Slovaquie. Il disait que lorsque le mur de Berlin est tombé, de nouvelles libertés sont apparues presque immédiatement dans son pays. En l'espace de trois semaines seulement, il a vu, pour la première fois de sa vie, de la pornographie en vente libre dans les rues de Bratislava. Les chrétiens ne se réjouiront certainement pas de ce genre de développement, mais ils ne se réjouiront pas plus de la suppression de la liberté de presse par le gouvernement. En bref, la liberté ouvre la porte à plusieurs bonnes choses. Or, précisément parce que nous, êtres humains, sommes capables de corrompre n'importe quel système, inévitablement, cette liberté ouvre également la porte à toutes sortes de mauvaises choses. Les experts nous disent que les revenus issus de la vente de matériel pornographique en Amérique du Nord dépassent les profits *conjugués* de la vente d'alcool, de drogues illégales, et de cigarettes.

Le sujet est beaucoup plus complexe que ne le suggère l'épisode mentionné par le pasteur slovaque. La règle de la majorité signifie qu'il existe aussi une minorité. Il n'existe aucune raison de penser que la majorité des gens appuieront parfois, ou même souvent, les idéaux chrétiens. Alors que les pays occidentaux prennent rapidement leurs distances par rapport à leur héritage judéo-chrétien, le fossé s'élargit entre les opinions de la majorité démocratique et celles de la minorité chrétienne – et bien sûr, des autres minorités. En théorie, la démocratie tente de protéger les droits des minorités, mais la réalité est en fait plus complexe. À certains moments, les législateurs et les juges ont tellement voulu protéger la minorité, que les opinions de la majorité ont été laissées pour compte[22]. Toutefois, lorsque les opinions de la minorité sont issues de leurs croyances religieuses, en particulier des croyances chrétiennes, alors « le mur de séparation entre l'Église et l'État » de Jefferson a exigé, pour un temps, une privatisation de la religion – ce qui nous ramène au défi de la laïcisation, telle que décrite précédemment. Si les chrétiens interviennent dans des domaines tels que l'avortement, l'homosexualité, et la recherche sur les cellules souches, on les accuse assurément de tenter d'imposer le christianisme à la sphère publique, là où il n'a pas voix au chapitre. Si, par ailleurs, ils interviennent, en tant que chrétiens, dans des domaines tels que les sans-abris, les pauvres, l'aide sociale, et le consumérisme, alors ils sont reçus (même si c'est parfois de manière condescendante) comme des voix prophétiques.

Il y a tout un étalage de sujets qu'il nous faut sonder un peu plus profondément. Nous avons brièvement fait mention de la liberté, un sujet auquel je reviendrai dans la prochaine section. La question des relations entre l'Église et l'État est nettement plus vaste qu'un appel à la démocratie, et je devrai traiter de cette question plus étendue au prochain chapitre, parce que les chrétiens divergent quelque peu au sujet de ce que devrait être « la » vision chrétienne de l'État. Il suffit pour l'instant de souligner que même ces réflexions préliminaires démontrent que les chrétiens ne peuvent considérer la démocratie comme le « remède » à tous les maux de la planète. En raison de plusieurs facteurs pragmatiques et moraux, on peut s'entendre sur le fait qu'à l'intérieur de structures et de libertés favorables, la démocratie est la forme de gouvernement la moins irresponsable à l'égard du peuple, et la moins susceptible de brutaliser ses citoyens sans éventuellement devoir rendre des comptes. Elle est la forme de gouvernement la plus capable de promouvoir les libertés individuelles, notamment, et habituellement, la liberté pour les chrétiens de pratiquer et de propager leur foi. En revanche, la démocratie a

---

22. Voir, par exemple, Richard John Neuhaus, « The Tyranny of the Minority », *First Things*, vol. 154, juin-juillet 2005, p. 63-64.

aussi démontré sa capacité de rejeter tout sentiment d'obligation envers le Dieu Créateur, sans parler du Dieu et Père de notre Seigneur Jésus-Christ, ce qui n'est qu'une autre façon de dire que la démocratie a promu l'idolâtrie. Les libertés que procure la démocratie, ces libertés si dignes de louanges au plan politique, religieux, personnel et artistique, incluent aussi la liberté d'être hédoniste, de structurer sa vie autour des loisirs, de s'endurcir par rapport aux responsabilités familiales, aux interactions communautaires, et aux sacrifices personnels, et de se diriger vers un culte incessant de soi, de modes passagères, et de scintillements mondains. S'amasser des trésors dans le ciel ne semble pas préoccuper un grand nombre de chrétiens. Même s'ils rendent grâce pour les libertés provenant de la démocratie, les chrétiens qui comprennent bien la trame biblique de la création à la consommation, ne peuvent ignorer que la démocratie, le gouvernement par le peuple, ce que nous pouvons appeler le « règne royal » (*kingdominion*) par le peuple, ne peut se comparer à la justice du « règne royal » de Dieu. L'histoire régurgite plusieurs exemples où la démocratie n'a pu accomplir ce qui est droit : on n'a qu'à penser à la République de Weimar, en Allemagne. En tenant compte de ce que la Bible dit au sujet de l'imputabilité morale des gens et des nations, on peut anticiper que Dieu demandera éventuellement des comptes à certaines démocraties occidentales, comme il l'a fait au moyen de guerres et de fléaux, et comme il l'a fait pour chacune des civilisations dans le passé. En effet, ce monde est encore un monde qui appartient à Dieu, un monde dans lequel la justice élève une nation, tandis que le péché est l'ignominie des peuples (Proverbes 14.34). Alors même que les chrétiens sont appelés, par l'Écriture elle-même, à être de bons citoyens, notamment dans une démocratie, leur citoyenneté ultime, et leur loyauté suprême se situent ailleurs (Hébreux 13.14). Les tensions entre le Christ et la culture sont inévitables, parce que les tensions entre la démocratie et la religion sont inévitables[23].

---

23. Voir les multiples essais bien réfléchis dans l'édition anniversaire du printemps 2004 de *Public Interest*.

Le culte de la liberté

À ce stade, les lecteurs auront compris que les quatre sections de ce chapitre ne sont pas indépendantes les unes des autres, mais qu'elles sont interreliées. Nous avons déjà vu comment le charme de la laïcisation est inéluctablement lié à la mystique de la démocratie (surtout en Occident). La démocratie est indéniablement rattachée aux notions de liberté. Cependant, la liberté est beaucoup plus qu'un terme politique. On peut être «libre» des contraintes de l'État, mais on peut aussi être «libre» des traditions, libre vis-à-vis de Dieu, libre de la moralité, libre d'inhibitions, libre de parents oppressants, libre de parents sages, libre de devoirs de toutes sortes, libre du péché, et plus encore. Les Américains aiment bien croire qu'ils habitent au «pays des gens libres», et tendent donc à accorder à la liberté la place la plus élevée au panthéon des vertus. «Vivre libre ou mourir», dit la devise d'un État. Il est difficile d'imaginer un État dont la devise serait «Vivre saintement ou mourir» – donc une fois de plus, sans pour un seul instant renier les diverses façons dont les chrétiens désirent saisir la liberté, il n'est pas difficile de découvrir des façons dont le culte de la liberté peut en fait déclasser le culte envers Dieu. Le Christ et la culture peuvent avoir un certain nombre de perspectives en commun, mais il est facile de voir comment ils peuvent s'entrechoquer.

Il nous faut réfléchir un peu plus avant à la nature de la liberté vis-à-vis de la coercition de l'État. Aux États-Unis, tandis que la droite se lamente sur le pouvoir de la gauche dans certains secteurs, en particulier les médias, les cours de justice, et les universités, la gauche se lamente au sujet du pouvoir de la droite dans les secteurs exécutifs et législatifs du gouvernement depuis environ les vingt-cinq dernières années. Une des compositions en prose lyrique les plus fascinantes fut mise par écrit peu après les élections de 2004. «Ce qui m'a troublé hier», écrivait Tom Friedman dans le *New York Times*, «était le sentiment que cette élection était pipée parce que George Bush a été soutenu par un grand nombre de gens qui non seulement appuient des politiques auxquelles je ne souscris pas, mais qui privilégient également un genre d'États-Unis complètement différent. [...] La base électorale de Monsieur Bush tente désespérément de faire adopter des opinions sociales et d'étendre les frontières de la religion, à tel point qu'il semble que nous réécrivons la Constitution américaine, au lieu d'élire un président[24]. » Garry Wills a effectué un rapprochement encore plus désespéré :

> Les États séculiers de l'Europe moderne ne comprennent pas le fondamentalisme de l'électorat américain... [Nous] ressemblons maintenant moins à ces nations qu'à nos ennemis putatifs. Où trouvons-nous un zèle fondamentaliste, une fureur face à la laïcité, l'intolérance religieuse, la peur et la haine à l'égard de la modernité? Non pas en France ou au Royaume-Uni, en Allemagne, en Italie ou en Espagne. Nous trouvons une telle propension dans le monde musulman, chez Al-Qaïda, chez les loyalistes sunnites de Sadam Hussein. Les États-Unis s'étonnent que le reste du monde les perçoive comme étant si dangereux, si acharnés, si insensibles aux appels internationaux. Ils craignent le djihad, peu importe qui manifeste ce genre de zèle[25].

Dans le même ordre d'idée, Robert Kuttner a dit que les démocrates « n'ont pas averti la majorité des électeurs des dangers d'un président théocratique dont l'assise électorale rejette la modernité, et ils n'ont pas clairement formulé de discours moral convaincant[26] ». Et Maureen Dowd, jamais surclassée, écrit : « W. mène un djihad aux États-Unis afin d'en mener un autre en Iraq – attirant aux urnes un troupeau dévoué d'évangéliques, ou "électeurs d'opinions", tel qu'ils se nomment eux-mêmes, en s'opposant à l'avortement, en étouffant la recherche sur les cellules souches, et en soutenant un amendement

---

24. « Two Nations Under God », *The New York Times*, 4 novembre 2004, lettre ouverte, http://www.nytimes.com/2004/11/04/opinion/04friedman.html?ei=5090&en=141d38656c8&oref=slogin.
25. « The Day the Enlightenment Went Out », *The New York Times*, 4 novembre 2004, http://www.commondreams.org/cgi-bin/print.cgi?file=/views04/1104-25.htm.
26. « An Uncertain Trumpet », *The American Prospect* (numéro en ligne), 12 décembre 2004, http://www.prospect.org/web/printfriendly-view.ww?id=8870.

constitutionnel contre le mariage homosexuel. [...] Seul Dick Cheney peut faire en sorte que l'expression "afin de servir et de protéger" ressemble à "afin de violer et de piller"[27]. »

Le plus remarquable au sujet de ces opinions est non seulement l'ardeur extraordinaire de leurs propos, mais aussi l'insistance martelée voulant que Bush et ses électeurs s'éloignent de la démocratie et retournent à la théocratie. Dans un essai perspicace, Ramesh Ponnuru imagine, pour les besoins de la discussion, et en citant certaines des mêmes sources (ainsi que d'autres), que les conservateurs au plan social ont eu gain de cause : à quoi ressembleraient alors les États-Unis[28] ? Il suggère que « les *desiderata* des organisations chrétiennes conservatrices qui s'occupent de politique » interdiraient l'avortement, et peut-être aussi la recherche menant à détruire des embryons humains. Ces conservateurs mettraient un frein à la pornographie et s'assureraient que le gouvernement ne reconnaisse pas les relations homosexuelles à titre de mariages. Ils tenteraient sans doute d'obtenir plus de prières dans les écoles, et moins d'enseignement au sujet de l'évolution. Ils remplaceraient l'éducation sexuelle par une éducation à l'abstinence. Ils encourageraient des lois fiscales incitant à la stabilité conjugale. La plupart d'entre eux pensent que « les groupes religieux devraient être en mesure de recevoir de l'aide des programmes fédéraux sans compromettre leurs croyances ». Les plus conservateurs d'entre eux tenteraient de bannir la sodomie et la contraception, de même que quelques autres choses que presque tout le monde reconnaît comme étant inatteignables. À la suite de cette énumération, Ponnuru émet le commentaire suivant :

> Je n'ai pas l'intention d'affirmer, en l'occurrence, que nous devrions souhaiter qu'un tel programme ni même qu'une version relativement restreinte de ce dernier soit mis en place (ou même qu'il soit

---

27. « The Red Zone », *The New York Times*, 4 novembre 2004, Section A, p. 25.
28. « Secularism and Its Discontents », *National Review*, vol. 56, n° 24, 27 décembre 2004, p. 32-35 ; la majeure partie du résumé dans les lignes qui suivent vient de la page 33.

permis par la Cour suprême). Mon argument consiste plutôt à souligner que la mise en œuvre de telles politiques – et de la plupart des politiques les plus conservatrices – nous ramènerait en arrière, vers la fin des années 1950. C'est sans doute une très mauvaise idée, puisque l'Amérique de 1950 n'était pas une théocratie[29].

En d'autres termes, lorsque le choix des électeurs diffère de ce que veulent ces écrivains libéraux, ces derniers ne peuvent y voir le résultat de la démocratie ; ils y conçoivent plutôt le fait de sacrifier la démocratie. Ce jugement s'appuie sur l'hypothèse que les considérations théologiques ne peuvent avoir voix au chapitre dans la réflexion de quelque électeur : autrement dit, la religion est une affaire privée, les valeurs de la laïcité ne peuvent être remises en question, et ceux qui s'opposent à une telle manière de voir ne sont nullement démocratiques. Pire, dans la pensée des leaders de la gauche, leur liberté est réduite à néant, de même que leur perception de l'Amérique.

Cette position n'est pas celle de tous ceux de la gauche, bien sûr, mais elle est répandue de manière surprenante. Considérons l'ouvrage récent d'Amy Gutmann[30]. Au premier abord, Gutmann semble comprendre le problème : elle critique les libéraux parce qu'ils demandent trop de liberté et en accordent trop peu à ceux qui ne sont pas de leur avis. Drapés dans la bannière d'une liberté égale pour toutes les façons de vivre au sein d'une démocratie, dit-elle, les libéraux en viennent typiquement à restreindre la liberté de ceux dont la vision du bien exige plus de structure. L'éthos libéral égalitaire finit par désirer que rien ne prospère, sinon l'éthos libéral égalitaire – de telle sorte que lorsqu'il tente de freiner les options qui lui paraissent plus « étroites », il est perçu par les autres comme n'étant rien d'autre

---

29. Ponnuru, « Secularism and Its Discontents », vol. 33. De même, on se rappelle lorsque John F. Kennedy s'est adressé à la Greater Houston Ministerial Association le 12 septembre 1960 : voir Ithiel deSolaPool, *Candidates, Issues, and Strategies: A Computer Simulation of the 1960 and 1964 Presidential Elections*, 2e éd., Cambridge, MIT, 1965, en particulier les p. 107-110. Merci à Michael Thate pour cette référence.

30. *Identity in Democracy*, Princeton, Princeton University Press, 2004.

qu'un gâchis de contradictions, étroit d'esprit et animé par une motivation bien précise. Il nous faut reconnaître que Gutmann cerne bien le problème. Elle désire une forme de libéralisme, dit-elle, dans lequel les libéraux ne défendent pas un individualisme atomiste, mais où ils comprennent sans l'ombre d'un doute que les individus prospèrent dans le cadre d'associations privées, de « groupes identitaires » (d'où le titre de son ouvrage), incluant les Églises. De plus, les libéraux ne devraient pas tolérer ces groupes identitaires seulement en concédant leur existence ; ils doivent vivement appuyer la liberté d'association. Jusqu'ici, tout va bien.

Gutmann traite cependant toutes ces associations – les Églises, les troupes de théâtre, la Ligue des droits civils pour les gens de couleur, et même des groupes que l'on identifie par des termes tels que les *geeks*, les *jocks*, les *bimbo*s et les *hotties* – comme n'étant que le résultat de choix *individuels*. Ces groupes identitaires sont fluides et changeants, à peine plus que les contextes de la liberté de choix individuel. Ainsi, la primauté de la liberté de choix individuelle est prônée dans cette discussion. Gutmann ne dit à peu près rien à propos des obligations et des responsabilités – qu'il s'agisse de la famille, de la patrie, de l'Église, ou de Dieu – des obligations et des responsabilités qui peuvent très bien exister, *qu'on les ait choisies ou non*. Dans le cadre de notre discussion, les responsabilités et les obligations des chrétiens tirent leur existence et leur mandat de Dieu lui-même, de la même manière que les joies et les privilèges puisent aussi leur source en Dieu lui-même. Gutmann ne dit toutefois rien à ce sujet. Selon elle, les groupes identitaires ne doivent pas être autorisés à réprimer la liberté de choix individuelle, parce que les « gens libres » se joignent à différentes associations et s'en séparent, et qu'ils doivent par conséquent posséder des personnalités multiples et changeantes ; c'est-à-dire qu'un individu a la liberté de construire sa personnalité sur mesure au gré de ses désirs, et que le gouvernement doit protéger une telle liberté. Si les gais insistent pour avoir le droit de devenir membres des scouts, ou si les féministes revendiquent un droit égal à participer au leadership de la vie juive orthodoxe, alors le gouvernement a le droit et l'obligation de forcer ces groupes à s'y conformer. Si un quelconque membre de ces groupes perçoit que *ses* droits et libertés sont foulés au pied dans la boue de cette vision libérale égalitaire, c'est son problème ; on ne peut permettre que son point de vue supplante la « justice démocratique » et « l'égalité civile ».

Il est troublant de découvrir que Gutmann ne perçoit même pas le problème. Si les scouts ont le droit d'exclure les gais, dit-elle, alors les scouts ne devraient pas avoir la permission de se réunir en un quelconque lieu public, parce qu'une telle permission indiquerait que le gouvernement suggère que les gais sont inférieurs. Gutmann ne considère jamais le fait qu'en *excluant* les scouts de toute rencontre en un lieu public, le gouvernement indique alors que les scouts sont inférieurs, pour nulle autre raison qu'ils ne sont pas d'accord avec les présupposés libéraux égalitaires en cette matière. Gutmann va jusqu'à affirmer que les groupes religieux ne devraient faire l'objet d'aucune considération particulière, sans préciser sa pensée. Cela signifie-t-il que le gouvernement devrait exercer des pressions sur les catholiques afin qu'ils admettent des femmes au sacerdoce ? Des homosexuels ? Qu'est-ce que cela communiquerait à propos de la liberté ? De la liberté de religion ? Alors qu'elle tente de définir la démocratie tout entière, Gutmann ne perçoit tout simplement pas qu'elle appartient elle-même à un groupe identitaire, à une tribu plutôt bornée, plus empressée d'imposer ses opinions idéologiques à tout un chacun que la plupart des membres des autres groupes identitaires qu'elle tente de marginaliser[31].

---

31. Même si Gutmann m'a servi de faire-valoir dans cette discussion, son approche est loin d'être exceptionnelle. Voir par exemple, Alan Race et Ingrid Shafer, éd., *Religions in Dialogue: From Theocracy to Democracy*, Aldershot, Ashgate, 2002, qui rassemble des porte-parole des trois plus importantes religions monothéistes afin de pousser la thèse implicite que contient le titre. Mais pourquoi ces porte-parole respectables sont-ils davantage engagés envers la même vision de la démocratie qu'envers leur prétendue religion ? Remarquez que j'ai spécifié « la même vision de la démocratie » : je veux dire par là qu'il existe d'autres conceptions de la démocratie que celle de Gutmann, qui en fait, au nom de

Par ces observations, je n'essaie ni de démoniser la gauche ni de croire que seuls ceux de la gauche tentent de promouvoir leur point de vue au sein des démocraties occidentales. Bien au contraire ; chaque opinion touchant à une vaste gamme de sujets essaie de promouvoir son point de vue et de faire élire ses représentants, sauf pour ceux qui préfèrent se tenir à distance du système, soit en raison de leur léthargie (par exemple, tous ceux qui ne se soucient pas d'aller voter) soit à cause de leur idéologie séparatiste (par exemple, les amish). Assurément, certaines voix s'élèvent du côté de la droite, qui tente de convaincre qu'ils forment la « majorité morale » (la terminologie de *moral majority* est américaine, il va sans dire, mais cette idée n'est certainement pas confinée aux États-Unis). Ainsi donc, toute position qui tente d'obtenir une voix plus forte au sein du mélange démocratique essaie d'obtenir la majorité des suffrages, un consensus. Or, en ce moment, les voix qui s'élèvent, non seulement pour faire valoir leur point de vue (ce qui est assurément la chose démocratique à faire), mais aussi pour affirmer que leurs opposants ne sont ni vraiment démocratiques ni vraiment favorables à la liberté, sont presque tous des gens de gauche[32].

---

la liberté, tente simplement d'imposer sur la « démocratie » une perspective tribale particulière.

32. Ce n'est pas la même chose que de dire que toutes les voix de gauche adoptent ce point de vue : voir, par exemple, l'œuvre plus soignée de Jeff Spinner-Haley, *Surviving Diversity: Religion and Democratic Life*, Baltimore, The Johns Hopkins University Press, 2000, dont le but est de « défendre le choix que les gens font de vivre une vie non libérale » (trad. libre), et de considérer comment de tels groupes culturels et religieux pourraient protéger leur « identité » à l'intérieur du contexte d'une démocratie libérale (p. 5-6). Néanmoins, on se demande parfois, avec cynisme, si certaines des intempérances de la presse, en particulier, pourraient provenir du sentiment de frustration lié au fait qu'elle est de moins en moins entendue. Entre 1900 et 2000, le lectorat des quotidiens aux États-Unis est passé de 52,6 % de la population adulte à 37,5 %. Pour ceux qui ont entre 18 et 34 ans, le pourcentage diminue à 19 %. Ajoutez à cela la transition peu subtile du journalisme impartial au style de « journalisme d'enquête » qui suppose à tout coup que ceux qui sont au pouvoir sont corrompus,

Même si nous sortons de ces premiers débats traitant de la nature de la liberté à l'intérieur d'une démocratie, nous devons offrir quelques commentaires à propos de plusieurs autres domaines.

(1) Lorsque la nation américaine a vu le jour, plus de gens croyaient à l'existence de la « loi naturelle » ou d'un « Dieu de la nature », et ainsi, la connotation du terme « droits » était bien différente de celle qu'il possède de nos jours[33]. Les « droits » étaient conférés par la « nature » ou par Dieu ; le gouvernement avait alors l'obligation de défendre ces droits *en ne s'immisçant pas dans ce domaine*. La liberté était ainsi rattachée à des libertés données par Dieu (ou par la nature), et que le gouvernement lui-même devait respecter. Par contraste, les « droits » d'aujourd'hui se rapportent à des autorisations qui sont « accordées » par le gouvernement et que tout gouvernement plus imposant doit inévitablement rémunérer, en établissant des lois « positives » selon la volonté du peuple, qui ne réfèrent aucunement à une loi supérieure, la loi naturelle ou la loi divine. Le concept de « liberté » a subi un profond changement de signification.

(2) La tension entre la règle de la majorité et la nécessité de préserver les libertés de la minorité est clairement illustrée dans le cas de la pornographie. Supposons que la majorité dise que la pornographie est une mauvaise chose et qu'elle décide de l'interdire ; à quel point cela compromet-il la liberté de ceux qui croient que la pornographie est inoffensive, et que l'interdire risque de léser la

---

et l'on commence à comprendre la dynamique. Les lecteurs normaux se font constamment dire que tous ceux que nous élisons au parlement sont des voleurs et des malfaiteurs, des abrutis et des mégalomanes. Évidemment, certains le sont. Néanmoins, lorsque le but de la presse n'est pas de rapporter les nouvelles aussi impartialement que possible, mais de révéler le mal qui doit *assurément* se cacher en ces représentants élus, la vertu d'être objectif envers ceux qui sont au pouvoir laisse place au vice de la suspicion, de la division, de la surenchère et du triomphalisme hypocrite.

33. Voir Jon Meacham, *American Gospel: God, the Founding Fathers, and the Making of a Nation*, New York, Random House, 2006 ; David L. Holmes, *The Faith of the Founding Fathers*, Oxford, Oxford University, 2006.

liberté de presse ? Supposons plutôt que la majorité affirme que la pornographie est inoffensive et qu'elle décide de la protéger ; à quel point cela met-il en péril la liberté des gens qui croient que la pornographie est dégradante envers les femmes et dangereuse pour les enfants ? Ou encore, un individu ici et là qui fait usage de substances illicites et prend des hallucinogènes n'est guère une menace à l'ordre public et au bien commun ; mais lorsqu'une telle pratique prend des proportions épidémiques, le bien commun est menacé de plusieurs façons, et l'État a intérêt à intervenir, même si certaines libertés individuelles sont alors restreintes. Habituellement, les législatures et les magistratures tentent de se prononcer au sujet de ces différences de perspective en essayant de déterminer ce qui est d'intérêt public, ou en tentant d'être sensibles à ce que le « citoyen moyen » juge révoltant, etc. Toutefois, de tels mécanismes ne font qu'étaler au grand jour les gouffres qui séparent les opinions contemporaines[34], dont certaines sont produites par des débats à propos du point précédent – à savoir s'il existe ou non une moralité transcendante.

Ou alors, réfléchissons aux manifestations d'indignation de la part de la communauté musulmane internationale à propos des caricatures offensantes du prophète Mahomet parues dans la presse danoise. Les chrétiens ont bien sûr enduré ce genre de choses depuis des siècles. Des expositions telles que le *Piss Christ* ou la *Dung Madonna* peuvent susciter des protestations, des lettres aux

---

34. C'est aussi pourquoi certaines opinions peuvent osciller. Le jeu en Amérique était incroyablement répandu lors du dernier tiers du XIXe siècle, mais il a été progressivement banni pour des raisons morales lors des décennies suivantes puisque les ravages sociaux coûtaient cher au gouvernement et la corruption transparente devenait de plus en plus visible. Lors des deux ou trois dernières décennies, la tendance penche vers le côté opposé, sous l'influence de deux grandes idées : celle de pouvoir choisir ses propres plaisirs et celle de pouvoir récolter des montants énormes de taxes pour hausser les revenus du gouvernement (sans, bien entendu, calculer le coût de ce genre d'action pour le gouvernement au fil du temps pour gérer les problèmes de dépendance, d'emplois perdus, de corruption, de foyers brisés, etc.). Où se trouve la liberté ?

éditeurs, ou des projets de loi, mais certainement pas des marches en foule menant à la mort de beaucoup de gens dans plusieurs pays. Bien sûr, les gens bien ne cherchent pas à offenser délibérément les autres, qu'ils soient chrétiens, musulmans, ou autres. Néanmoins, il est possible de compatir avec les musulmans dans leur protestation seulement si on suppose que l'Islam a raison et que les libertés inhérentes à la démocratie sont malicieuses. Après tout, là où les gens ont la liberté de ne pas être d'accord, et même d'exprimer leur profond désaccord, certaines formes de satire vont inévitablement paraître. Doit-on les supprimer par la force ? Cela signifie-t-il que seul le parti au pouvoir sera à l'abri de la satire – un point de vue extraordinairement dangereux ? On commence à comprendre pour quelle raison l'ouvrage d'Ibn Warraq, *Pourquoi je ne suis pas musulman*, ne jouit pas d'une grande diffusion dans les pays musulmans, tandis que *The Protocols of the Elders of Zion* est en vente partout. Le respect envers l'Islam ne se convertit pas en respect envers le judaïsme ou le christianisme. Par contraste, au sein d'une démocratie, on peut s'objecter à ce que les fonds gouvernementaux soient utilisés pour profaner certaines religions, mais personne n'émet d'avis juridique religieux (une *fatwa*) contre quelqu'un dessinant une caricature offensante. De plus, les manifestations mondiales ont eu lieu plusieurs mois après la publication des caricatures, et ce, uniquement après que plusieurs des manifestants ont eu le temps de se ravitailler en drapeaux danois afin de les brûler lors des manifestations ; après tout, de combien de drapeaux danois disposait-on pour les brûler en Palestine, à Karachi ou au Caire, à moins que cela n'ait été soigneusement orchestré ?

On peut très bien comprendre si le gouvernement décide d'intervenir quand la sécurité publique est en jeu, lorsque, par exemple, des nazis américains ont menacé de défiler dans les rues de Skokie, une ville à fort contingent israélien, il y a trente ans. Toutefois, de manière générale, les groupes religieux, et notamment les chrétiens, savent qu'ils n'ont pas besoin d'écouter ou de lire la propagande de ceux qui les méprisent, et ils sont heureux de célébrer et d'honorer la liberté qui leur permet d'adorer en paix, sachant très bien que s'ils écrasent leurs adversaires d'aujourd'hui, le vent pourrait très bien tourner en leur défaveur dans un avenir rapproché. On doit assurément reconnaître que la liberté est une expression politique de la dignité des êtres humains créés à l'image de Dieu, même si l'on peut malheureusement abuser de cette liberté. De la même manière, on doit également convenir que la démocratie libérale permet et même encourage ce que Carter appelle «la dissension des gouvernés[35]», sans que cette dissension tourne en bain de sang. Les chrétiens savent que ce monde est déchu et fracturé; cependant, bien que non seulement ils concèdent une telle liberté, mais s'en réjouissent, ils reconnaissent aussi qu'à la venue du royaume il n'y aura plus de dissension des gouvernés; nous aurons des pensées et des cœurs au diapason de la pensée et du bon plaisir de notre Créateur et Rédempteur. Ainsi donc, notre espérance *finale* ne peut jamais s'appuyer sur les libertés que la démocratie cherche à institutionnaliser. De telles libertés sont, au mieux, des mesures intérimaires cherchant à atténuer le mal dans un monde rebelle. En tant que telles, elles méritent d'être soutenues et appuyées par tous, chrétiens et non-chrétiens. Mais cela est loin de leur attribuer le genre de suprématie qu'on leur accorde généralement.

(3) Plusieurs observateurs en ont conclu, à juste titre, qu'à moins que les citoyens composant un État démocratique ne s'entendent dans une large mesure à propos de la nature du «bien», cet État aura tendance à voler en éclats, forçant ainsi le gouvernement lui-même à devenir de plus en plus puissant et intrusif, afin de maintenir les pièces ensemble. Selon David Hart :

> Tout au long de l'histoire de la modernité, l'érosion graduelle de l'idée d'une société comme étant une association morale et spirituelle dirigée par d'utiles croyances éthiques, des révérences immémoriales, et des structures d'autorité complémentaires (l'Église, la communauté, la famille), a inévitablement mené à un accroissement

---

35. Stephen L. Carter, *The Dissent of the Governed: A Meditation on Law, Religion, and Loyalty*, Cambridge, Harvard University Press, réimpr., 1999.

de l'autorité de l'État... Nous faisons appel à l'État afin de nous protéger de nos vices ou de nous permettre de les vivre au grand jour, parce que notre culture n'est pas orientée vers ce qui est bien, engagée à défendre la vertu, ou apte à créer une société civile capable d'accueillir toute forme de liberté qui excède la simple volonté subjective. Voilà tout simplement ce qu'être moderne signifie[36].

Voilà donc l'ironie : plus les citoyens divergent quant à leur définition de la liberté, plus le gouvernement (y compris les cours de justice) s'ingère dans ces discussions et en vient à soustraire de plus en plus de liberté.

(4) L'optimisme démontré par plusieurs penseurs à propos de la liberté vis-à-vis d'un contrôle coercitif (tel que nous le percevons en Occident) semble à certains d'entre nous naïvement optimiste. Par exemple, dans son récent ouvrage, Michael Novak pense que le « choc des civilisations » est loin d'être inévitable, parce que le désir universel de liberté étouffera les formes les plus contraignantes de gouvernement et de religion[37]. Novak ne s'attend pas que le monde musulman devienne laïc (il ne croit pas que l'avenir appartienne aux successeurs d'Atatürk) ; il espère plutôt – en fait, il s'y attend – que surgiront des formes de l'Islam qui s'adapteront au monde moderne, y compris à la démocratie et à l'économie de marché, de la même façon que le catholicisme s'est adapté à ces réalités. Eh bien, peut-être, mais je ne retiendrai pas mon souffle. Cet ouvrage respire l'utopie : donnons-leur le temps, et ils deviendront de gentils démocrates comme nous, même s'ils y parviennent en empruntant d'autres voies. Il est toujours possible que l'on puisse éviter de violents chocs pour un temps ; chacun l'espère certainement. Toutefois, l'Écriture et l'histoire rendent toutes deux témoignage au fait que de grandes puissances se forment continuellement, parce que le péché

---

36. David B. Hart, « The New Pornography Culture », *The New Atlantis*, vol. 6, été 2004, http://www.thenewatlantis.com/archive/6/hart.htm.
37. *The Universal Hunger for Liberty: Why the Clash of Civilizations Is Not Inevitable*, New York, Basic Books, 2004.

se manifestera : il y aura des guerres et des bruits de guerre, même si ce n'est pas encore la fin (Matthieu 24.6).

À ce stade, la raison pour laquelle on ne doit jamais confondre la démocratie, si valable soit-elle comme forme de gouvernement, et la vision chrétienne du bien devrait être évidente, de même que celle pour laquelle on ne peut joindre de manière isomorphe culture démocratique et culture chrétienne. Les chrétiens appuieront la démocratie, croyant que dans l'ensemble, elle profite au plus grand nombre, qu'elle fournit des mécanismes limitant le pouvoir humain (et s'assure que le pouvoir change de main sans effusion de sang), et qu'elle procure habituellement plus de liberté que d'autres régimes gouvernementaux. Ces libertés permettent inévitablement à toutes sortes de choses de prospérer (j'ai presque écrit suppurer) que les chrétiens détesteront, mais les mêmes libertés protègent la liberté de culte, la liberté de rendre témoignage, la liberté de changer de foi sans représailles du gouvernement, et plus encore. Néanmoins, toute idée de liberté évoque, implicitement ou explicitement, les notions complémentaires de *liberté face à*, de *liberté à* ou de *liberté dans le but de*[38].

La tradition démocratique en Occident a grandement favorisé la *liberté face à* l'Écriture, à Dieu, à la tradition, et à diverses contraintes morales ; elle a incité à la *liberté à* s'occuper de ses propres affaires, à l'hédonisme, au nombrilisme, au consumérisme. Par contraste, la Bible encourage la *liberté face au* nombrilisme, face à l'idolâtrie, face à la cupidité, et face à tout péché, et la *liberté à* vivre notre vie comme des porte-étendards de l'image de Dieu, comme ayant été transformés par sa grâce, de telle sorte que notre plus grande joie est d'accomplir sa volonté. Même si cette direction (la « liberté à ») ne sera jamais parfaite avant la venue des nouveaux cieux et de la nouvelle terre, le chrétien entrevoit déjà la gloire de

---

38. C'est l'un des points principaux du livre de Richard Bauckham, *God and the Crisis of Freedom: Biblical and Contemporary Perspectives*, Louisville, Westminster John Knox Press, 2002.

ces mots : « En vérité, je vous le dis, quiconque commet le péché est esclave du péché... Si donc le Fils vous rend libres, vous serez réellement libres » (Jean 8.34-36). Le grand paradoxe inhérent à de telles croyances provient directement de la trame biblique : notre plus grande liberté est de devenir esclaves de Christ[39]. « La dureté de Dieu est plus bienveillante que la douceur des hommes, et sa contrainte est notre libération[40]. » Cela produit une culture où se chevauchent une ou plusieurs des notions de liberté dans les cultures de notre époque, mais elle diffère certainement de toutes ces dernières et semblera incohérente à plusieurs d'entre elles, et même repoussante pour certaines. David Hart a raison : souvent, les décisions rendues par la Cour suprême « devraient servir à nous rappeler qu'il existera toujours un élément de tension entre tradition démocratique biblique et tradition démocratique libérale. Ce que l'une entend par liberté est perçu par l'autre comme une forme d'esclavage[41] ».

La soif de pouvoir

Nous avons énoncé de plusieurs manières aux sections précédentes qu'il est impossible d'apposer l'étiquette « bon » ou « mauvais » respectivement à la laïcité, à la démocratie et à la liberté. Ils peuvent être l'un ou l'autre, selon le contexte dans lequel ils opèrent ; en fait, en raison de la multiplicité des contextes, ils sont souvent à la fois l'un et l'autre.

---

39. Voir notamment Murray J. Harris, *Slave of Christ: A New Testament Metaphor for Total Devotion to Christ,* New Studies in Biblical Theology, vol. 8, Leicester, Apollos, 1999.
40. C. S. Lewis, *Surpris par la joie*, Raphaël, 2006, trad. libre.
41. Hart, « The New Pornography Culture ».

Il en va de même du pouvoir[42]. Nonobstant l'opinion des déconstructionnistes et autres sentimentalistes, l'exercice du pouvoir n'est pas toujours une mauvaise chose. Dans le cadre familial, l'absence complète de discipline ou d'autorité engendre souvent des enfants désorientés et anarchiques. Lorsqu'une émeute éclate dans nos rues, lorsqu'un vol de banque se produit, lorsque des gangs de rue s'entretuent pour obtenir le contrôle du marché de la drogue, lorsqu'une femme est violée, la plupart d'entre nous sont très heureux de voir la police intervenir et exercer son autorité. Même au plan international, certains maux ne peuvent être réglés que par la force. Sans aucun doute, on ne devrait faire la guerre qu'en dernier ressort (et c'est souvent le cas), mais peu d'entre nous affirmeront que résister à Hitler ou stopper le génocide perpétré en Serbie était une mauvaise chose au plan moral. En fait, lorsque toutes les circonstances nécessaires sont réunies pour conduire une « guerre juste, » tous, sauf les pacifistes, reconnaîtront que ce serait un échec au plan moral de *ne pas* aller en guerre, puisque cela équivaudrait à un manque d'amour envers notre prochain, à un manque de volonté à se sacrifier en faveur d'autrui. De toute évidence, les journalistes qui aiment critiquer ceux qui sont « au pouvoir » exercent eux-mêmes leur propre forme de pouvoir par leur travail. Même si nous détestons parfois la manière dont les médias exercent leur influence, la plupart d'entre nous qui avons vécu la majeure partie de notre vie dans des pays où la liberté de presse existe n'aimeraient pas voir cette liberté nous être retirée, car une restriction de la liberté de presse conduit tôt ou tard à un abus de pouvoir de la part de l'État lui-même.

Cependant, toute forme de pouvoir peut devenir abusive. Lorsqu'une dynamique familiale se résume à l'emploi de la force brute et aux diverses réactions à cette dernière, les dégâts sont

---

42. Dans cette section, j'utilise le mot « pouvoir » très librement de façon à inclure l'exercice de l'autorité sous ses différentes formes, dont la force physique, la contrainte légale, la persuasion morale, la démagogie et la force des armes.

considérables. La police, appelée à servir et à protéger la population, peut être corrompue et exercer son autorité à des fins personnelles, ou simplement parce que l'exercice du pouvoir deviendra enivrant. Même les « guerres justes » contiennent invariablement des incidents ou des manières d'agir, sans même mentionner des décisions personnelles, moralement inexcusables, générées par trop de pouvoir et trop peu de conscience. Même si les médias sont nécessaires afin de préserver l'existence d'une société relativement libre, la soif de pouvoir – qui se traduit sous forme d'argent, d'influence, de temps de couverture médiatique, d'emplois bien en vue – est si forte qu'elle aveugle fréquemment ceux qui détiennent ces postes quant à la nature de leur travail, et ainsi à l'importance d'un travail accompli avec vérité et intégrité.

Bien sûr, ceux qui exercent l'autorité au nom du Christ peuvent le faire pour de bons ou de mauvais motifs. Le désir d'être le « premier », d'être le numéro un, ne s'est pas éteint à la mort de Diotrèphe (3 Jean 9). Ayant rejeté l'autorité du pape, plusieurs pasteurs protestants exercent une autorité quasi papale dans des fiefs plus restreints. Nul besoin d'avoir exercé le ministère depuis bien longtemps avant de s'apercevoir que certains vicaires, ministres adjoints – quel que soit leur titre dans différentes confessions – essaient de saper l'autorité de leurs aînés, tentant méchamment de prendre le pouvoir, camouflant leurs manœuvres sous un pieux verbiage et un vernis d'humilité. Cependant, la solution ne se trouve pas dans le fait que les ministres de l'Évangile ne possèdent aucune autorité, aucun pouvoir ; une lecture des épîtres pastorales nous rappellera l'autorité de la Parole elle-même, l'autorité de la pression morale, le pouvoir inhérent au fait d'être un bon exemple, sans même mentionner la puissance du Saint-Esprit à l'œuvre dans l'Évangile et dans les croyants. De plus, ce ne sont pas tous les ministres de l'Évangile qui sont assoiffés de pouvoir. L'exemple de Jésus-Christ est un frein constant contre ceux dont la conscience est suffisamment sensible ; le Maître était le parfait Serviteur souffrant, mais il fut aussi celui qui purifia l'enceinte du temple en renversant les tables des changeurs de monnaie et qui chassa leurs animaux à l'aide d'un fouet. Comme Richard John Neuhaus ne se lasse jamais de nous le dire, nul besoin de choisir entre le fait d'être un voyou ou une mauviette. Même de manière défaillante, nous essayons d'apprendre quand il nous faut endurer les injures et aimer ceux qui nous persécutent, tout comme le Maître lui-même, et quand nous devons purifier le temple, tout comme le Maître lui-même l'a fait. Ainsi, la nature même du message de l'Évangile, dont le centre se situe dans l'obscénité de la croix, restreint la soif de pouvoir, aussi longtemps que l'Évangile lui-même est prisé par-dessus tout.

Même à ce stade, nous ne faisons qu'effleurer le sujet. La soif de pouvoir est si subtile et si prenante qu'il serait insuffisant d'affirmer tout bonnement : « parfois le pouvoir est bon, parfois il est mauvais » – aussi vrai que cela puisse être. Le fait que le pouvoir possède dans chaque cas le potentiel de corrompre celui qui l'exerce, démontre à quel point nous, êtres humains, sommes déchus. La soif de pouvoir est souvent le reflet de notre désir de contrôler les autres. Même lorsque nous pensons que c'est pour leur bien – et parfois c'est le cas, bien que moins souvent que nous le croyions – ce désir de contrôler les autres est très difficile à distinguer d'un manque d'amour envers notre prochain ; il est presque impossible à départager de notre désir d'assumer le rôle de Dieu, ce qui constitue une violation du premier commandement.

Ici aussi, bien sûr, l'attrait du pouvoir est intimement lié à la voix des autres sirènes décrites plus haut : la liberté, la démocratie, la laïcité. (1) Plus nous possédons de pouvoir vis-à-vis des autres, et moins ils en ont envers nous, plus nous estimons être « libres ». Vu sous cet angle, même un consumérisme effréné peut être défini comme un sous-ensemble de la soif de pouvoir : nos jouets étincelants nous rendent aussi bons, sinon meilleurs que nos voisins ; plus nous possédons de choses, plus nous sommes « libres » d'organiser nos vies comme nous l'entendons et de faire face aux vicissitudes de la vie avec indépendance et assurance ; de meilleurs soins de santé, de nouvelles vacances à l'étranger, des sommes importantes dépensées en psychothérapie. Si le consumérisme n'est pas une pierre d'achoppement, son contraire pourrait tout aussi bien l'être. Étrangement, même cette forme séductrice de supériorité qui singe l'humilité et qui nous incite à nous glorifier de notre esprit de sacrifice et de notre frugalité, succombe aisément à cette même soif de pouvoir. Elle n'a qu'à flatter notre désir de dominer sur les autres, même en pensée. (2) Nous avons déjà vu que l'exercice de la démocratie est intimement lié à l'équilibre des pouvoirs entre différents secteurs du gouvernement et d'institutions non gouvernementales, incluant les médias. Christopher Lasch n'avait pas tort d'affirmer qu'aux États-Unis aujourd'hui, la démocratie dans la pensée populaire est rattachée à un sentiment d'espoir, lui-même fondé sur des notions de progrès, d'individualisme, de laïcité, et de richesse[43] – tous des éléments liés au pouvoir. (3) Dans la mesure où la laïcité nous leurre à penser que Dieu est mort ou, de manière tout aussi condamnable, dans la mesure où elle nous trompe en nous amenant à penser que Dieu existe afin de bénir notre mode de spiritualité conçu et défini selon nos propres goûts tout en demeurant complaisamment sans rapport à la façon dont nous vivons, elle rehausse notre sentiment de puissance personnelle.

Rien de ce que nous avons dit ne peut préserver les « personnes religieuses » d'une pareille soif de pouvoir. Sous prétexte d'être soumis à Dieu, nous pouvons invoquer le mot « Dieu » afin d'accroître

---

43. Christopher Lasch, *The True and Only Heaven: Progress and Its Critics*, New York, Norton, 1991, et *The Revolt of the Elites and the Betrayal of Democracy*, New York, Norton, 1996. Lasch lui-même désire que l'espoir soit lié à la mémoire (personnelle et collective), à la vertu, à l'humilité, aux limites et à la discipline spirituelle de la religion. Lasch soutient que lorsque l'espoir est détaché de son contexte théologique adéquat, il est simultanément détaché de l'humilité et de toute compréhension des limites. La démocratie, selon lui, doit être fondée sur la conception de l'égalité humaine qui est elle-même basée sur un sens commun de la fragilité humaine. Voir la discussion pénétrante de Patrick J. Deneen, *Democratic Faith*, Princeton, Princeton University Press, 2005.

notre autorité et de justifier nos opinions. La soif de pouvoir ne se limite pas à ceux qui ne professent aucune religion. Même le désir d'être utile ou de « travailler à l'expansion du royaume » peut en partie (nos motifs étant si perfides) servir de masque à une soif inassouvie de pouvoir. D'ailleurs, j'ai brièvement décrit certaines manifestations de pouvoir dans le contexte occidental, surtout aux États-Unis, mais il serait facile de reprendre l'exercice et de décrire les manifestations de pouvoir dans d'autres cultures bien différentes et sous d'autres régimes, de la Chine au Liechtenstein, de l'Arabie saoudite jusqu'en Inde.

Toutefois, les chrétiens qui s'engagent à réfléchir aux conséquences doctrinales et éthiques de « tout le conseil de Dieu » sont nécessairement ralentis dans cette course universelle au pouvoir. La doctrine de Dieu nous rappelle que nous ne sommes pas suprêmes : Dieu est suprême. La doctrine de la création nous rappelle que nous ne nous appartenons pas à nous-mêmes ; nous sommes redevables à Celui qui nous a créés. Tout pouvoir que nous exerçons nous provient d'ailleurs, et nous devrons rendre compte de ce que nous en faisons. La doctrine du péché nous interpelle en ce qui a trait à notre tendance très créative à nous excuser constamment de notre idolâtrie. La trame biblique tout entière nous dit encore et encore : « Soyez réconciliés avec Dieu. » La mort de Jésus-Christ enlève le poids énorme du péché que nous porterions sans elle, tandis que sa résurrection nous permet d'anticiper les nouveaux cieux et la nouvelle terre, là où la justice habitera – alors même que son exemple nous appelle à renoncer à nous mettre en valeur, parce que nous sommes appelés à souffrir avec lui et ensuite, et seulement ensuite, à régner avec lui.

Ces réalités bibliques construisent une vision du monde nettement distincte des visions du monde de ceux qui nous entourent, même lorsque certaines valeurs se chevauchent. Nous ne pouvons souscrire à une laïcité sans borne; la démocratie n'est pas Dieu; la liberté peut n'être qu'un autre terme pour la rébellion; nous devons exercer une bonne dose de prudence quant à la soif du pouvoir. Ceci signifie que les communautés chrétiennes désirant honnêtement vivre selon la Parole de Dieu généreront inévitablement des cultures qui, pour le moins que l'on puisse dire, seront parallèles aux valeurs de la culture dominante, ou même en confrontation avec ces valeurs. Mais c'est pour le moins insuffisant. Les chrétiens qui sont ainsi modelés par l'Écriture imaginent une Église qui non seulement va à l'encontre des autres cultures, mais qui cherche de manière sacrificielle à servir au bien des autres – la ville, la nation, l'humanité, et particulièrement les pauvres. Le sel ne confronte pas; il rehausse. Les chrétiens doivent être les meilleurs citoyens possibles (voir Jérémie 29.7; voir aussi 1 Pierre 1.1; Jacques 1.1), ce qui signifie que les chrétiens, qui reçoivent leurs directives (et ainsi leur vision du monde) ailleurs que de la culture dominante, non seulement structurent et forment une culture suffisamment différente de celle dans laquelle ils se trouvent, mais ils s'y engagent aussi profondément afin d'améliorer l'ensemble.

Cependant, il se trouve partout des écueils à éviter, et dans les deux derniers chapitres, je tenterai d'esquisser deux d'entre eux, non pas tant pour adopter une position à contre-courant, mais pour nourrir des attentes elles-mêmes modelées par l'Écriture.

–5–

L'Église et l'État

Ce chapitre ne prétend nullement présenter une théorie complète, encore bien moins utopiste, de la relation entre l'Église et l'État. Les discussions concernant l'Église et l'État constituent cependant une espèce de sous-ensemble de discussions plus vastes au sujet du Christ et de la culture. En fait, dans certains pays, la *seule* forme de discussions portant sur les relations entre le Christ et la culture à l'ordre du jour se limite aux discussions à propos des relations entre l'Église et l'État. Je chercherai à clarifier un peu cette discussion et à démontrer que suivre la typologie de Niebuhr est réductionniste.

De la définition d'expressions cruciales

Dans la plupart des pays occidentaux, le terme « religion » possède surtout une connotation négative, si on le compare, par exemple, à « spiritualité ». Lorsqu'on parle de « religion et de politique », la première idée venant à l'esprit de la majorité est la nécessité de séparer Église et État. Plus précisément, le thème de la séparation de l'Église et de l'État serait à l'ordre du jour, mais n'apparaîtrait pas nécessairement sous cette formulation ; l'expression « séparation de l'Église et de l'État » est utilisée dans plusieurs pays ; mais dans certaines démocraties occidentales, on emploie souvent d'autres formulations pour traiter de toute une série de sujets analogues.

En fait, nous nous sommes heurtés à une foule de termes employés de manière si diverse, pour ne pas dire de façon si négligée, qu'il est difficile de penser de façon exacte d'autant plus si nous nous référons au Nouveau Testament, là où certains de ces mots n'apparaissent pas, et où certains de ces termes possèdent une signification bien différente de celle d'aujourd'hui. La liste de ces expressions problématiques inclut des termes tels que « religion », « Église », « État », « nation », « foi », « société », et d'autres encore que j'ai déjà examinés précédemment, notamment « foi » et « culture ». Quelques explications sont donc de rigueur.

Religion

De nos jours, le mot « religion » évoque un système précis de valeurs suprêmes incarnant la quête de la vie idéale. Supposer une telle quête remet en question le *statu quo*. C'est au sein du christianisme que cette supposition surgit de la manière la plus évidente, et en substance dans le judaïsme, d'où le christianisme est issu. Une telle quête s'opposait fondamentalement aux autres « religions » au Ier siècle, d'abord préoccupées par les rites sacrés et l'observance cultuelle, par la préservation et la protection de traditions anciennes. L'influence du christianisme et la montée du multiculturalisme ont, de manière conjuguée, poussé d'autres religions à se transformer en quêtes. Dans les pays fortement christianisés, le christianisme lui-même délaisse son volet de quête et devient beaucoup plus protecteur ; en d'autres termes, le christianisme commence à se percevoir comme une « religion » selon l'ancien sens païen, obsolète. Parfois, un renouveau voit le jour à partir de l'intérieur même de la communauté ; c'est-à-dire qu'un sous-groupe rétablit cet élément essentiel de « quête », tout comme le *reste* du peuple de Dieu dans l'Ancien Testament avait remis en question le *statu quo* dégradant dans lequel leur nation s'était enlisée. Donc, parler du christianisme au Ier siècle comme étant une « religion » parmi tant d'autres n'est pas exact. C'est donner l'impression, soit que le christianisme était principalement sectaire et protecteur plutôt que « quête » et transformation, soit que les anciennes religions païennes étaient préoccupées, tout comme le christianisme, par la recherche de la vie idéale, avide de transformation éthique et spirituelle, et vivant à la lumière des valeurs éternelles[1].

Quoique plusieurs traductions du Nouveau Testament emploient le terme « religion » à un moment ou un autre, il n'existe pas de mot grec ou latin dont le sens soit exactement celui de « religion » au XXIe siècle. L'article extraordinairement intéressant traitant du terme *religion* dans l'*Oxford Latin Dictionary* propose dix significations possibles, dont deux ou trois renvoient au sens antérieur d'« observance cultuelle » ou quelque chose de semblable, et d'autres n'ayant rien à voir avec la « religion ». La *Revised Standard Version* traduit 1 Timothée 3.16 par : « Et il faut avouer qu'il est grand, le mystère de notre religion ($εὐσέβεια$, *eusebeia*) : il a été manifesté en chair... » Mais le terme grec signifie plutôt « piété » (Segond, Colombe ; *godliness* en anglais ; ainsi, ESV, NIV, TNIV) ; ce « mystère » touchant la personne et l'œuvre de Christ est la clé de notre « piété » ou de notre « dévotion »[2]. Le terme grec souvent traduit par « religion » dans Jacques 1.26,27 est $θρησκεια$ (*thrēskeia*) et renvoie plus à la notion de révérence et d'adoration qu'à celle de « religion ». Nul besoin d'examiner d'autres termes grecs ou latins ; on peut facilement saisir l'idée

---

1. En fait, pendant les trois premiers siècles, le christianisme était perçu par les païens comme étant une « philosophie », renvoyant à une époque où le terme « philosophie » signifiait quelque chose comme une *vision du monde* – tout un cadre de référence procurant un sens, une direction, des valeurs, une théorie des origines, et ainsi de suite, telle que le stoïcisme et l'épicurisme. À l'opposé, le terme « philosophie » de nos jours renvoie à une discipline académique assez précise et à ses variantes, et qui, dans l'ensemble, s'intéresse plus à évaluer les visions du monde qu'à en construire une.
2. Ainsi, la TNIV rend ce texte par : « the mystery from which true godliness springs is great : He appeared in a body... » (Le mystère d'où émane la véritable piété est grand : il a paru en un corps...)

générale – le Ier siècle ne possédait pas de terme pour l'idée de « religion » telle qu'elle est conçue de nos jours.

Pour éviter le problème lié à la signification des termes, plusieurs chrétiens contemporains, à l'instar de la culture occidentale en général, emploient le terme « religion » uniquement au sens péjoratif. Que l'on comprenne le terme « religion » en son ancien sens sectaire et protecteur ou en son sens de quête de la vie idéale, ces chrétiens diront que ces deux sens engendrent des structures de pensée où c'est *nous* qui accomplissons des actes religieux, ou qui recherchons la vie idéale. Le danger associé à un tel langage, affirment-ils, est que ces sous-entendus subjuguent l'accent biblique dévolu à la grâce, où c'est Dieu lui-même qui produit en nous « le vouloir et le faire selon son bon plaisir » (Philippiens 2.13).

On perçoit immédiatement le problème. On parle de nos jours de l'importance de la « liberté de religion ». Mais qu'entend-on par « religion » ? Si les chrétiens s'affairent à distinguer foi et religion, disons-nous alors que nous n'incluons pas le christianisme parmi les religions censées être « libres » ? Disons-nous qu'on doit préserver seulement la liberté des structures sectaires, de pieuses observances, tandis que les quêtes d'une vie idéale ne seraient pas protégées de la même manière ? Ou disons-nous que seules les quêtes d'une vie idéale doivent être protégées, et non pas les manifestations sectaires ?

En fait, dans la pensée des chrétiens réfléchis qui étudient différents champs de connaissance, le terme « religion » change souvent de sens selon le contexte. Lorsque nous soutenons la liberté de religion, nous incluons le christianisme parmi toutes ces religions, en réclamant la même liberté pour toutes ; lorsque nous expliquons les éléments distincts du christianisme fidèle à la Bible, nous différencions alors christianisme et religion. Lorsque nous décrions les formes les plus virulentes du sécularisme humaniste, nous sommes tentés de dire qu'elles sont des formes de « religion » (c'est-à-dire qu'elles possèdent leurs propres absolus, leurs propres quêtes de la vie idéale, leurs propres « dieux », etc.), suggérant implicitement ou explicitement que les humanistes séculiers ne peuvent en toute justice nous rejeter sous le prétexte de la « religion » alors qu'ils sont aussi « religieux » que nous – bien que quelques minutes plus tard, dans un autre débat, nous puissions décrier la « religion » ou, dans une autre conversation encore, nous nous portions à la défense des gens religieux à l'encontre des sécularistes. Pas étonnant qu'il soit difficile d'en arriver à des notions et des expressions précises en cette matière. Nous employons tous le terme « religion » de plusieurs manières, et il nous faut tout simplement reconnaître ce fait et permettre au contexte de guider le lecteur attentif.

Église

Ce terme a été utilisé de diverses façons tout au long de l'histoire – et, avouons-le, nous devons régler la question si nous désirons progresser dans notre réflexion à propos des relations entre « Église » et « État ». Ceux qui croient que l'épiscopat constitue un troisième ordre de ministère, distinct d'une part du diaconat, et d'autre part du pastorat, font souvent appel à la formule d'Ignace : « Là où se trouve l'évêque, là est l'Église[3]. » Pour certains, l'évêque non seulement définit l'Église, mais en établit le lien organique avec les apôtres : pour qu'une Église puisse se considérer comme véritable, elle doit être en mesure d'établir un lien direct entre le Ier siècle et les évêques d'aujourd'hui. Cependant, les arguments invoqués pour lier cette compréhension de l'épiscopat aux documents du Nouveau Testament sont très ténus. De plus, ces mêmes documents appuient

---

3. Il faut noter que cette formule d'Ignace ne soutient pas, de manière aussi univoque que le pensent certains, l'existence de trois offices distincts et ainsi la présence de l'Église en la présence de l'évêque. Ignace lui-même se souciait davantage de défendre la vérité que l'office d'évêque. Dans le protestantisme confessionnel, l'Église se définit, au minimum, par l'Évangile, c'est-à-dire par la vérité, et par l'observance fidèle des ordonnances. Voilà la vérité qu'Ignace tentait de soutenir. Il est anachronique d'interpréter la formule d'Ignace en mettant l'accent sur l'office en soi, au détriment de la primauté de la fidélité à l'Évangile, objet de la préoccupation d'Ignace.

de manière plus juste l'explication alternative principale à propos de la nature de l'Église, à savoir qu'elle constitue le peuple que Dieu appelle à lui par l'Évangile. Il est donc essentiel de demeurer fidèle à l'Évangile biblique si l'on veut définir ce qu'est l'Église. C'est ce que Paul souligne lorsqu'il affirme que, même si un apôtre ou un ange du ciel (sans même parler d'un évêque!) dévie de cet Évangile, qu'il soit *anathème* (Galates 1.8,9). C'est à partir de tels textes qu'est née la compréhension, certainement juste dans ses éléments essentiels, que l'Église est le peuple de Dieu là où l'on prêche fidèlement l'Évangile, là où l'on observe fidèlement les ordonnances, et là où l'on exerce correctement la discipline divine.

En quoi cette polarisation des opinions quant à la nature de l'Église a-t-elle des conséquences dans notre analyse de l'Église et de l'État? La différence est surtout pragmatique : une dénomination dont la structure est épiscopale sera susceptible d'avoir une ou deux voix, ou un petit nombre d'entre elles, servant d'interlocuteur auprès des autorités, tandis que les Églises locales qui ne sont pas rattachées à de telles structures d'autorité seront plus susceptibles d'adopter des réponses fragmentaires. Bien sûr, des Églises locales sans structure épiscopale peuvent toujours se regrouper en puissantes associations[4] qui peuvent appuyer des personnages publics traitant des relations Église-État.

En ce qui nous concerne, un autre débat touchant la signification du terme « Église » est plus éloquent. Dans la pensée de plusieurs, le terme « Église » n'est qu'un terme collectif désignant les chrétiens. Si nous acceptons cette équivalence, discuter des relations entre Église et État se résume à discuter des relations entre les chrétiens et l'État. Ceux qui soutiennent ce point de vue arrivent à cette conclusion de diverses manières. Quelques-uns ont une conception « minimaliste » de l'Église : là où deux ou trois sont assemblés au nom de

---

4. « Associations » plutôt que « dénominations » : voilà pourquoi une expression telle que « l'Église baptiste » peut référer à l'Église locale au coin de la rue, mais pas à une dénomination visible – contrairement à « l'Église anglicane », une expression pouvant référer soit à l'Église locale soit à la dénomination.

Jésus, disent-ils, là se trouve l'Église. Ils notent alors comment, dans le Nouveau Testament, l'Église est étroitement liée à la propagation de l'Évangile et à l'enseignement de la Parole de Dieu ; et parce qu'ils conçoivent l'« Église » et les « chrétiens » comme deux entités indissociables, ils donnent l'impression que les seules choses valables que les chrétiens puissent accomplir sont la propagation de l'Évangile et l'enseignement de la Parole de Dieu. D'autres penchent plutôt du côté d'une interprétation maximaliste. Peut-être ont-ils hérité d'une compréhension paroissiale de l'Église se composant de tous les chrétiens habitant une localité donnée. Peu importe toutefois comment on y arrive, cette équivalence entre Église et une quelconque collectivité de chrétiens, de telle façon que l'on utilise « Église » et « chrétiens » de manière interchangeable, dénature l'analyse en la conduisant dans une direction maximaliste. John Stott figure parmi les leaders chrétiens adoptant cette manière de penser. Lorsqu'il affirme que les *chrétiens* doivent être impliqués dans diverses formes d'aide sociale, il entend également que *l'Église* doit aussi s'impliquer dans diverses formes d'aide sociale. En d'autres termes, lorsqu'il soutient qu'une des responsabilités *des chrétiens* consiste à s'engager dans un domaine ou un autre, cela signifie essentiellement pour lui que la mission *de l'Église* exige un tel engagement[5].

---

5. Par exemple, parmi ses nombreux ouvrages pertinents à ce sujet, voir la façon dont les termes « Église » et « chrétiens » sont facilement interchangeables dans son *Issues Facing Christians Today: A Major Appraisal of Contemporary Social and Moral Questions*, Londres, Marshall, Morgan and Scott, 1984. Plus clairement, voir son *Christian Mission in the Modern World*, Downers Grove, InterVarsity, 1975, p. 24 : « Maintenant, *[Jésus] nous* envoie, dit-il, comme le Père l'a envoyé. Ainsi donc, *notre mission*, tout comme la sienne, doit en être une de service. Il s'est humilié lui-même et a pris la forme d'un serviteur, et sa pensée empreinte d'humilité doit *nous* habiter (Philippiens 2.5-8). Il *nous* sert de parfait modèle de service, et il envoie son *Église* dans le monde pour être une *Église* qui sert » (c'est nous qui soulignons). Je remercie Mark Dever de m'avoir signalé cette dernière référence.

Mais supposons que « l'Église » dans le Nouveau Testament ne puisse être restreinte à une collectivité de croyants : les possibilités sont alors plus subtiles. Dans le Nouveau Testament, lorsque l'Église se réunit, elle s'assemble afin d'offrir ses louanges à Celui qui est assis sur le trône et à l'Agneau ; elle se rassemble afin de s'encourager mutuellement (notamment par des psaumes, des hymnes, et des cantiques spirituels), afin de s'instruire, se corriger, et se convaincre, le tout d'une manière harmonieuse et suscitée par un enseignement complet des Écritures (2 Timothée 3.16,17), et afin de prendre le repas du Seigneur (1 Corinthiens 11.17-34). Certains auditeurs présents parmi ces croyants peuvent être convaincus et se convertir (1 Corinthiens 14), et on peut y traiter de sujets sérieux de discipline (Matthieu 18.15-18). Ses conducteurs distinctifs – les pasteurs/anciens/évêques[6], et les diacres – possèdent certaines responsabilités. L'emploi métaphorique du terme Église au sens d'organisme – dans au moins deux occurrences du terme « corps », par exemple, sans même mentionner des images renvoyant à l'Église comme une *unité* telle que l'épouse du Christ – nous amène à nous demander si l'on rend justice au terme « Église » lorsqu'il réfère à deux ou trois chrétiens se rencontrant par hasard à l'arrêt d'autobus et échangeant un ou deux versets bibliques. Le Christ est sans aucun doute parmi eux, mais ce petit groupe de chrétiens peut-il opérer à la manière de l'*Église* dans le Nouveau Testament ?

Ce volet comporte d'importantes implications pour le sujet qui nous préoccupe dans cet ouvrage et ce chapitre. Il est difficile d'ignorer les nombreuses injonctions de l'Écriture de faire le bien, de démontrer de la compassion, de prendre soin des pauvres, de se soucier de la justice. Si toutes ces responsabilités sont du ressort de l'Église *en tant qu'Église, en tant qu'institution*, alors les leaders de l'Église – ses pasteurs/anciens/évêques – doivent assurément en assumer la responsabilité et conduire l'Église en ce sens. Nous trouvons dans le Nouveau Testament que les premiers conducteurs, les

---

6. J'emploierai les termes « évêque » et « anciens » de manière interchangeable.

apôtres, ont soigneusement défini leur rôle en accordant la priorité à l'enseignement de la Parole de Dieu et à la prière (Actes 6.2). Même les questions de justice *à l'intérieur de la congrégation* avaient été remises, jusqu'à un certain point, à d'autres hommes remplis de l'Esprit (6.1-7). Lorsque les pasteurs/anciens/évêques sont sollicités de toute part, le ministère de la Parole et de la prière revêt une importance primordiale. Ces ministres prêchent, enseignent, et évangélisent (le ministère de la Parole dépasse la simple prédication). C'est à l'intérieur de l'Église que les gens sont baptisés et s'assemblent autour de la table du Seigneur. Cependant, les chrétiens sont à la fois le sel dans un monde corrompu, et la lumière dans un monde de ténèbres. Tout comme les exilés de l'époque de Jérémie (Jérémie 29.1-7), les chrétiens apprennent à faire le bien au sein de la ville qu'ils habitent, sachant très bien que la prospérité de leur ville est autant à leur avantage qu'à celui de la ville. Ce n'est peut-être pas la mission *de l'Église*, sous la direction des conducteurs de l'Église, mais c'est certainement l'obligation *des chrétiens*.

Cette analyse laisse entrevoir l'existence de dangers pour les chrétiens avisés. D'une part, certains chrétiens semblent penser qu'ils devraient s'occuper uniquement d'être fidèles à annoncer l'Évangile et à enseigner la Bible. Ils n'ont pas à prendre soin des pauvres, par exemple, de ceux qui souffrent du SIDA ou des victimes de sévices de tout genre. Ils n'ont pas à s'intéresser aux arts. De manière plus générale, ils n'ont certes pas à se soucier des enjeux auxquels le gouvernement doit faire face. Une telle compréhension risque de transformer le christianisme en un docétisme chrétien qui ne tient nullement compte de la totalité de l'enseignement de la Bible, évitant la tension continuelle entre le « déjà » et le « pas encore », reconnaissant à la fois notre citoyenneté céleste et (de concert avec Paul) notre citoyenneté de la ville de Rome (ou de la France, de l'Australie, ou du Kenya). D'autre part, certains chrétiens deviennent si absorbés par des ministères de compassion et de justice, au point de négliger l'évangélisation et l'enseignement de la Bible, ou alors ils sont si captivés par les coulisses du pouvoir, qu'ils se trompent eux-mêmes en pensant être de fidèles chrétiens, alors qu'en réalité, leur obéissance au Seigneur ressuscité ne tient pas compte de ce qui est primordial. Ils marginalisent leurs responsabilités en tant que membres de *l'Église* de Jésus-Christ, de cette Église qui vit et meurt pour le Grand Mandat.

Heureusement, il existe de meilleurs exemples pour illustrer la façon de conjuguer ces éléments. J'en noterai trois. Le Réveil évangélique a donné naissance à des changements sociaux d'envergure, initiés par des chrétiens convertis sous le ministère de Howell Harris, George Whitefield, John Wesley, et leurs contemporains. Ces chrétiens ont eu une influence, non seulement en faisant bannir l'esclavage partout dans l'Empire britannique, mais aussi en faisant adopter des lois interdisant le travail des enfants dans les mines de charbon et en réformant le système pénal. Ils ont mis sur pied d'innombrables institutions dans le but de venir en aide aux indigents, et ils ont fondé des syndicats afin de dompter la rapacité surgie des premiers essors de la révolution industrielle. (Parmi les premiers leaders syndicaux, trois étaient des pasteurs méthodistes qui, en « récompense » de leurs efforts, ont été exilés en Australie.) Mais ce qui est remarquable à propos de ces leaders est le fait qu'ils aient été, dans l'ensemble, des chrétiens de l'Évangile avant tout, profondément engagés dans leur Église locale respective, extrêmement disciplinés dans leur propre lecture de la Bible et dans l'évangélisation. John Newton, qui pouvait dire qu'il savait deux choses, notamment « je suis un grand pécheur, et le Christ est un grand Sauveur », était ce même John Newton qui a encouragé William Wilberforce à demeurer en politique et à lutter contre la traite des esclaves et contre l'esclavage même.

Ou pensons à Abraham Kuyper (1837-1920), auquel je reviendrai au chapitre six. Sa démarche vers une première forme des « sphères de souveraineté » l'a conduit à fonder une université chrétienne, à mettre en place des syndicats chrétiens, à fonder un parti politique chrétien, et d'autres institutions du même ordre. Toutefois, il a veillé attentivement à ce que *l'Église en tant que telle* ne dirige pas ces mouvements, ou n'en soit pas responsable. Il a été un homme d'Église toute sa vie ; en même temps, il avait compris l'importance d'exercer une influence chrétienne dans la société. Cependant, il se montrait judicieusement prudent afin de ne pas mêler *l'Église en tant que telle* aux projets qu'il chérissait comme chrétien. Ce genre de distinction est inévitablement associé aux relations nécessaires entre l'Église et l'État telles que nous les concevons. Lorsque les Américains parlent du « mur de séparation » entre l'Église et l'État, conçoivent-ils en réalité un mur de séparation entre *l'Église comme institution* et l'État, ou entre *les chrétiens* et l'État ?

Mon troisième exemple touche deux Églises contemporaines, toutes deux œuvrant dans des centres urbains, de deux dénominations différentes. Ces deux Églises sont connues en raison de l'excellence de leur ministère d'enseignement de la Bible sous la forme de prédications qui exposent le texte biblique ; toutes deux connaissent une croissance numérique importante, surtout par des conversions, et l'âge moyen se situe dans la jeune trentaine. Ces deux Églises insistent sur la différence à maintenir entre des formes de ministère et de service dans lesquels *l'Église* est engagée *en tant que telle*, et des formes de ministère et de service dans lesquels les chrétiens membres de ces Églises sont engagés. Dans l'une ou l'autre de ces Églises – les modèles ne sont pas tout à fait les mêmes dans ces deux congrégations – les chrétiens s'affairent à venir en aide aux victimes du SIDA et aux pauvres, à mettre sur pied des sociétés à but non lucratif à différentes fins sociales, à servir dans les sphères supérieures du gouvernement, rendant un témoignage chrétien dont l'influence se fait sentir dans diverses entreprises artistiques ou dans certaines décisions législatives, et plus encore. Le pasteur principal d'une de ces Églises me dit qu'un pourcentage important du temps dédié à la prière à son Église est consacré à implorer Dieu pour qu'il aide ceux qui sont engagés dans de tels efforts ; le pasteur principal de l'autre Église a aidé à recueillir des fonds, à l'extérieur de l'Église, afin de venir en aide à ces entreprises. Cependant, ni l'un ni l'autre ne juge approprié que *l'Église en tant que telle* dirige ces organisations.

Dans chacun des exemples précédents, des chrétiens se sont engagés à servir dans des domaines perçus par beaucoup de gens comme étant du ressort de l'État. De plus, dans tous ces exemples, la distinction de base entre ce que *les chrétiens* accomplissent et ce que *l'Église en tant que telle* accomplit a des répercussions sur la compréhension de la relation entre l'Église et l'État, quelle qu'elle soit.

Nation/État

La raison pour laquelle nous devons examiner brièvement les termes « nation » et « État » est le fait que pour les chrétiens, les documents du Nouveau Testament traitant de relation entre l'Église et l'État supposent que « l'État » est l'Empire romain, tandis que le terme « État » possède aujourd'hui une connotation bien différente – encore plus quand il est question de différents États. Sept éléments sont à considérer.

(1) Il convient de réfléchir à l'argument présenté par Éric Werner dans son ouvrage intitulé *Le système de trahison*[7]. Werner soutient que si un État n'est ni une nation ni un empire, la trahison ne semble pas être quelque chose de si mauvais. Par contre, qu'un Japonais soit lié à une histoire de trahison est absolument honteux, parce que le Japon est une « nation » tissée serrée, et non pas un *melting pot* de peuples différents. Ajoutons à cela une société basée sur la honte, et la trahison devient alors quelque chose de terriblement ignoble. Ou encore, à l'apogée de l'Empire britannique, il était particulièrement répréhensible d'agir de manière à causer consciemment du tort à l'Empire. Par contraste, lorsqu'un État se targue de sa joyeuse diversité, la trahison elle-même prend des allures de démocratie[8]. Il n'existe aucune « idée globale » d'après laquelle tout doit être évalué. Aux États-Unis, les procureurs peuvent bien s'acharner à poursuivre les traîtres, les médias ne sont jamais outrés. Ils sont plutôt fascinés, et parfois même dans l'admiration.

---

7. Lausanne, L'Âge d'homme, 1986.

8. De même pour l'hérésie, en ce qui nous concerne, mais c'est un autre sujet.

(2) L'Empire romain au Ier siècle fait certainement partie de la catégorie « empire » dans l'analyse de Werner, mais cet empire possédait néanmoins un certain nombre de polarités pertinentes par rapport à notre réflexion. (a) Rome avait établi la loi et l'ordre, elle avait évité l'anarchie, la rébellion et la corruption, mais les formes les plus grossières de débauche et de corruption s'y étaient intensifiées de façon exponentielle, surtout dans les hautes sphères du pouvoir, de sorte qu'il n'y subsistait que l'ombre d'une discipline. (b) La puissance militaire de Rome était liée à un système juridique plus ou moins acceptable, et à un excellent réseau de routes et de communications – qui ne fut surpassé dans le monde occidental qu'au XVIIIe siècle – afin d'étendre la *pax romana*, si prisée, à travers l'Empire ; cependant, elle n'y est parvenue qu'au moyen de l'usage brutal de la force. (c) L'Empire était extraordinairement multiethnique et multiculturel, tout en chérissant tout ce qui était romain. Dans la sphère religieuse, lorsqu'elle conquérait de nouveaux territoires, Rome effectuait des échanges de divinités, tel que nous l'avons vu au chapitre deux ; elle exigeait que les populations adoptent certains dieux du panthéon romain, alors qu'elle-même adoptait certains dieux locaux dans son propre panthéon. Des orateurs tels que Cicéron et Juvénal ont eu beau mépriser et décrier l'invasion de dieux étrangers, les empereurs ont tout de même mis en œuvre cette politique impériale. Cependant, ces divinités étrangères ont vite été romanisées à leur tour, et elles ont ainsi été domestiquées. Par-dessous tout, ces tendances signifiaient que Rome était (d) à la fois tolérante et intolérante, syncrétiste et exclusiviste[9]. Le pluralisme et la tolérance allaient de soi, aussi longtemps qu'une religion étrangère ne possédait aucune prétention à la vérité exclusive ou qu'elle ne constituait aucune menace à l'ordre public impérial. Les dieux étaient rattachés à l'ordre social ; ils étaient liés de manière complexe à des réseaux de

---

9. Voir en particulier Robert Turcan, *The Cults of the Roman Empire*, trad. Antonia Nevill, Oxford, Blackwell, 1996, p. 1-27. Voir aussi D. Jeffrey Bailey, « Development and Diversity in Early Christianity », *JETS* 49, 2006, p. 45-66.

relations avec les gens, la terre, les conducteurs, l'élite, et l'empereur lui-même. Ainsi, les dieux étrangers « étaient simplement annexés[10] » au panthéon de l'Empire – et tout ce qui représentait une menace ou qui était perçu comme tel était violemment supprimé. Bien sûr, l'Empire romain possédait une pléthore de clubs et d'associations non gouvernementales. Des recherches récentes ont démontré combien ces associations étaient populaires – non pas parce que certains cherchaient un réconfort au sein d'une culture en déclin, comme il a été parfois allégué, mais parce qu'elles constituaient une part importante de la *pietas* publique et de la loyauté civique[11]. Toutefois, lorsque Rome détectait le moindre indice de déloyauté, et percevait ainsi une menace de sédition, sa réaction pouvait être brutale[12]. Voilà donc « l'État » dont parlent les écrivains du Nouveau Testament.

(3) Au Ier siècle, la plupart des « nations » étaient perçues comme vivant *à l'intérieur* de « l'État » de l'Empire romain. Selon la formulation matthéenne du Grand Mandat, les croyants reçoivent l'ordre de faire des disciples « de toutes les nations » (Matthieu 28.19) – et quoique ce commandement puisse certainement s'étendre aux peuples se situant au-delà des frontières de l'Empire (on pense à la conversion de l'eunuque éthiopien dans Actes 8), l'évangélisation et l'implantation d'Églises dépeintes dans le Nouveau Testament avaient lieu en grande partie au sein des « nations » situées *à l'intérieur* de l'Empire. Après la chute de l'Empire, la seule structure sociale qui a subsisté fut souvent l'œuvre de seigneurs féodaux alliés en formes de gouvernements associés à une conscience ethnique

---

10. L'expression provient de P. Garnsey, « Religious Toleration in Classical Antiquity », dans *Persecution and Toleration*, W. J. Sheils, éd., Oxford, Blackwell, 1984, p. 6.

11. Ainsi, à juste titre, Philip A. Harland, *Associations, Synagogues, and Congregations: Claiming a Place in Ancient Mediterranean Society*, Minneapolis, Fortress, 2003.

12. Sur ce point, Harland ne semble pas lire les sources de manière juste ; voir la critique éloquente de Wendy Cotter, *Catholic Biblical Quaterly*, vol. 68, 2006, p. 542-543.

alimentée par une langue, une culture, ou une géographie commune. Ainsi, pendant longtemps, le terme « nation » évoquait presque l'idée d'associations tribales/culturelles. Elle n'a chevauché le concept de « l'État » que bien partiellement.

(4) Vers la fin du XVIIIe siècle, la montée de l'État-nation en Europe (et éventuellement ailleurs) a transformé le paysage politique. Avant cette époque, plusieurs groupements tribaux/culturels, gouvernés de manière plus ou moins locale, s'agglutinaient autour d'associations politiques plus grandes qui s'ajustaient parfois à cette réalité, et ce, de diverses manières. Le changement vers l'État-nation n'est nulle part mieux typifié que par Bismarck et la fondation de l'Allemagne moderne. Néanmoins, la tension entre « nation » et « État » dans « l'État-nation » s'est poursuivie à travers les siècles. Le national-socialisme d'Hitler a joué avec les notions de *peuple* allemand et de *nation* allemande – utilisant aussi bien *Volk* que *Nation* – qui, semble-t-il, avait besoin d'un conducteur unique pour gouverner, et qui constituerait un État-nation. Il y a quelques mois à peine, le Parlement canadien a accordé au Québec le titre de « nation ». Le terme « nation » est un peu plus ambigu en français qu'il ne l'est actuellement en anglais, et dans ce contexte précis, il se peut qu'il ne signifie rien d'autre que le fait de reconnaître un peuple dont la culture est différente. C'est certainement ce que le premier ministre Harper avait à l'esprit, car le libellé final reconnaissant le Québec comme une nation comprenait aussi l'ajout « dans un Canada uni ». Maintenant que le Québec peut s'appeler une « nation », il n'est pas étonnant que certains séparatistes désirent plus de privilèges propres à une « nation » au sens politique, y compris l'autorité d'établir sa propre politique étrangère. Cependant, le fait demeure qu'ils doivent se tourner vers Ottawa, la capitale « nationale », afin d'obtenir une telle permission (qui ne leur sera pas facilement accordée). On perçoit combien la terminologie peut devenir fuyante et bigarrée lorsqu'on franchit la frontière du Canada vers les « *États*-Unis ». La tension dynamique existant entre l'autorité légitime des États individuels et l'autorité du gouvernement fédéral à Washington est en

perpétuel changement. Aucun État des États-Unis ne possède toutefois l'autorité de gérer sa propre politique étrangère. Un dernier exemple de changements politiques ayant embrouillé la terminologie : nulle part ailleurs, sans doute, l'idée d'État-nation n'a divergé autant sur les perceptions tribales/culturelles de sa population qu'en Afrique, où le dernier souffle du colonialisme a tracé des lignes sur une carte et a constitué des « États » en faisant peu de cas des innombrables sensibilités tribales/culturelles (c'est-à-dire « nationales » au sens ancien du terme).

La montée de l'État-nation a accordé de plus en plus de pouvoir au gouvernement central. Les institutions médiatrices – y compris les clubs, les associations, les syndicats, les gouvernements locaux, l'élite intellectuelle et sociale, et même les Églises et les autres institutions religieuses – ont de plus en plus été soumises à l'approbation et aux inspections, rendues imputables, et dans une certaine mesure, contrôlées de manière bureaucratique par l'État, le gouvernement central. Ce procédé a été réalisé parfois avec doigté, et parfois sans aucun doigté. Dans certains cas, le gouvernement a perçu l'Église comme une alliée, dans d'autres, ce fut le contraire. Lorsque l'Allemagne est devenue un État-nation, une idée a fait son chemin, selon laquelle « l'État n'est pas une fin en soi, mais plutôt le modèle, l'expression et le serviteur de la culture nationale ». Parce que l'Église était une composante de cette culture, « *[des]* philosophes comme Hegel et Fichte, des poètes tels que Heine, des sociologues tels que Durkheim, et des théologiens, de Schleiermacher à Troeltsch, ont affirmé que la religion (comprise correctement) procure la chaleur culturelle, l'inspiration morale pour ce que Bismarck aurait appelé le "christianisme pratique"[13] ». Bien sûr, on pourrait affirmer qu'un tel christianisme est à des lieues de ce que l'Écriture exige. Cependant, ce qui est particulièrement important pour notre propos est cette perception implicite de l'État comme se cimentant lui-même et

---

13. Russell Hittinger, « The Churches of Earthly Power », *First Things* 164, juin-juillet 2006, p. 28.

comme étant le véhicule et le promoteur de l'identité nationale/culturelle. Dans un tel contexte, parler de séparation de l'Église et de l'État aurait été absurde. Néanmoins, c'est l'État-nation qui, dans ce cas, s'empare silencieusement de la totalité du pouvoir.

(5) Dans la plupart des pays occidentaux, cette montée de l'autorité de l'État-nation, à l'encontre de toutes les (autres) institutions médiatrices, s'est effectuée dans la foulée de la montée de la perspective laïque. Ce jumelage entre autorité de l'État et laïcité s'est bien sûr opéré de manière très différente d'un pays à l'autre. Ainsi, presque simultanément qu'en Allemagne, des développements sensiblement différents ont eu lieu en France et aux États-Unis. La Constitution américaine, et encore plus la Charte des droits se sont élevées contre les classes dirigeantes des Églises. La Révolution française de 1789 en France a donné lieu à un anticléricalisme radical si détaché de l'autorité et de la médiation ecclésiastiques de la vie publique, que la séparation de l'Église et de l'État (une expression usitée en France dès 1905) « signifiait précisément le transfert des avoirs de l'Église en associations culturelles supervisées par un ministre des sectes[14] ». Que l'on pense à l'Allemagne, à la France, ou aux États-Unis, ou même à un pays comme le Royaume-Uni avec son Église d'État, il est difficile de ne pas percevoir une volonté de laïcisation de la part des moyens opérationnels de l'État – une idée que nous avons analysée au chapitre quatre. Cette réalité a évidemment une portée énorme pour les chrétiens qui tentent de réfléchir clairement aux relations adéquates entre l'Église et l'État.

(6) Alors que les États se sont approprié plus de pouvoir et qu'ils régissent et même contrôlent maintenant toutes les (autres) institutions médiatrices, au moins en Occident ainsi que dans d'autres parties du monde, ces États constituent des démocraties. Nous sommes loin de ce que Paul a vécu. Cependant, si les chrétiens doivent être de bons citoyens à l'intérieur d'une structure démocratique, ils ont le devoir de changer les choses d'une manière qui était impossible aux

---

14. *Ibid.*, p. 28.

croyants du Ier siècle. Ainsi, notre compréhension des relations entre l'Église et l'État sera de nouveau influencée en partie par des compréhensions différentes de ce qui constitue un État. Autrement dit, la façon dont nous nous approprierons les exemples et les instructions du Nouveau Testament exigera un examen très soigné[15].

(7) Si nous étendons notre analyse des relations entre l'Église et l'État aux pays à l'extérieur de la tradition occidentale que je viens de décrire brièvement – à des nations telles que la Chine, la Turquie, l'Arabie saoudite, le Soudan, la Malaisie, le Kirghizistan, pour n'en nommer que quelques-unes – la façon dont nous passons des Écritures, des documents fondateurs du christianisme, à une formulation fidèle des relations entre l'Église et l'État devient alors une tâche imposante.

Nous devons d'abord nous rappeler certaines accentuations bibliques.

Un survol des priorités bibliques quant aux relations entre l'Église et l'État

En ce qui a trait aux thèmes et aux passages bibliques, les chapitres précédents ont esquissé les éléments suivants : (a) certains des tournants décisifs de l'histoire du salut (b) des éléments parmi les plus importants de la prédication de Jésus à propos du royaume de Dieu à venir, et (c) des réflexions préliminaires au sujet de la signification remarquable de la déclaration de Jésus selon laquelle il faut « rendre à César ce qui est à César, et à Dieu ce qui est à Dieu » – de même que des instructions semblables de la part de l'apôtre Paul (Romains 13). Ces thèmes et ces textes ont des répercussions inévitables lorsque des chrétiens contemporains tentent de sonder les relations entre l'Église et l'État.

---

15. On trouve une défense impressionnante de l'État-nation chez Pierre Manent, *Cours familier de philosophie politique*, coll. « Tel », n° 332, Paris, Gallimard, 2004.

Dans les paragraphes qui suivent, je tenterai de démontrer avec quelle diversité le Nouveau Testament traitait des relations entre l'Église et l'État au Ier siècle – et même une variété de représentations vétérotestamentaire du peuple de l'alliance divine en exil, pour indiquer comment ces illustrations préparent le terrain. J'ai traité précédemment de Marc 12.13-17 (où se trouve l'énoncé « Rendez à César ce qui est à César et à Dieu ce qui est à Dieu ») et de Romains 13.1-7, et je ne reprendrai pas ici ces textes cruciaux. Cependant, il convient de nous rappeler qu'une analyse des perspectives bibliques au sujet des relations entre l'Église et l'État ne se limitera jamais à la simple énumération d'une série de textes, parce que plusieurs de ces textes ont été interprétés de manière très créative. Une analyse complète exigerait une évaluation détaillée de ces diverses interprétations. Cela nous mènerait à écrire un ouvrage bien différent ; je n'entreprendrai donc pas une telle analyse ici, sauf peut-être pour mentionner une ou deux interprétations saugrenues méritant d'être notées brièvement.

Quelques interprètes ont compris l'énoncé : « Rendez à César ce qui est à César » comme une manière ironique et puissante pour dire que *rien* n'appartient à César, et qu'on ne doit donc rien lui rendre[16]. Tout appartient à Dieu. Comment le Dieu de la Bible pourrait-il partager son autorité avec quelqu'un d'autre ? Cette interprétation sert de soutien à l'idée selon laquelle le royaume de Dieu devient un « îlot de résistance » toujours prêt à critiquer les abus de pouvoir des César de ce monde. Il est certainement juste de se rappeler que Dieu et César ne règnent pas sur des domaines s'excluant l'un l'autre : Dieu demeure souverain, et César, bien qu'impérial, n'est rien d'autre que le vassal de Dieu. Néanmoins, cette interprétation, proposée par certains, ne résiste pas à un examen attentif. Jésus n'encourage personne à ne pas payer ses impôts. L'interprétation traditionnelle de Marc 12 est certainement la plus évidente, et elle s'accorde avec la tension

---

16. Par exemple, Johnny Awwad, « The Kingdom of God and the State : Jesus' Attitude to the Power and Governing Structures of His Day », *Theological Review*, n° 22, 2001, p. 35-60, surtout p. 48-52.

néotestamentaire entre l'eschatologie inaugurée et l'eschatologie finale : Jésus affirme que toute autorité dans le ciel et sur la terre lui appartient déjà (Matthieu 28), et lui-même est présenté comme le roi médiateur exerçant toute autorité divine (1 Corinthiens 15) ; et cependant, cette autorité est elle-même médiatisée, et elle est fréquemment contestée jusqu'à la fin des temps. De plus, l'interprétation traditionnelle de Marc 12 a bien saisi la signification fondamentale des paroles de Jésus, qui empêche ses disciples de s'identifier à quelque nation que ce soit, qu'il s'agisse d'Israël ou d'une autre. L'interprétation « ironique » des paroles de Jésus se fait au prix d'une telle compréhension, ce qui constitue un prix élevé à payer.

D'une manière semblable, Robert Hurley affirme que Romains 13.1-7 doit être compris de manière ironique[17]. Cette interprétation permet à Hurley de comprendre ce passage au sens contraire de ce qu'il affirme. Les indices littéraires auxquels Hurley fait appel sont toutefois loin d'être convaincants. Qui plus est, on se rappellera la tendance constante des Actes, qui non seulement cherche à signaler que le mouvement chrétien n'est pas une menace politique, mais qui note également chaque décision judiciaire favorable à l'Église chrétienne naissante. Enfin, l'interprétation de Hurley ne cadre pas vraiment avec les exhortations bibliques à prier pour les rois et les dirigeants.

Une interprétation semblant plus impressionnante au départ est celle selon laquelle Romains 13 enseigne peu aux croyants quant à la manière de gouverner, mais plutôt comment être gouvernés[18]. Si l'on suit le raisonnement de Paul, cette observation est fondamentalement juste. Néanmoins, en présentant sa pensée, Paul nous donne au moins quelques notions sur ce qui constitue un bon gouvernement : il refrène le mal, collecte les impôts nécessaires, et agit comme

---

17. « Ironie dramatique dans la mise en intrigue de l'empire en Romains 13.1-7 », *Studies in Religion / Sciences Religieuses*, vol. 35, 2006, p. 39-63.
18. Par exemple, Brian J. Lee, « Govern Well or Be Governed ? The Christian and the Civil Authorities in Romans 13 », *Modern Reformation*, vol. 15, n° 6, novembre-décembre 2006, p. 16-19.

serviteur de Dieu en exerçant une direction (ce qui entraîne vraisemblablement certaines conséquences par rapport à la justice). Après tout, Paul a hérité de la tradition voulant que «la justice élève une nation, mais le péché est l'ignominie des peuples» (Proverbes 14.34). On doit conjuguer ces observations exégétiques à quatre bribes d'information : (a) de nos jours, plusieurs chrétiens vivent au sein de démocraties ou de démocraties limitées, où il est possible de faire le bien *à l'intérieur* de l'appareil gouvernemental d'une manière qui n'était pas possible aux croyants à l'époque de Paul. (b) L'Ancien Testament avait déjà énoncé l'obligation pour le peuple de Dieu de rechercher le bien de la ville où ils étaient exilés, même si elle n'était pas leur demeure permanente : «Recherchez la paix de la ville où je vous ai déportés et intercédez auprès de l'Éternel en sa faveur, parce que votre paix dépendra de la sienne» (Jérémie 29.7). (c) Le prophète Daniel est un exemple impressionnant de service fidèle à l'intérieur des instances gouvernementales; il s'est acquis une réputation d'intégrité dans son service, tout en se fixant des limites qu'il n'était pas prêt à franchir, même au prix de sa vie. (d) De la même manière, un des premiers documents du Nouveau Testament commande ce qui suit aux croyants : «Ainsi donc, pendant que nous en avons l'occasion, pratiquons le bien envers tous, et surtout envers les frères en la foi» (Galates 6.10). Bref, bien que Romains 13 enseigne d'abord aux croyants comment être gouvernés (même lorsque cette autorité gouvernante est l'Empire romain), il prodigue néanmoins certains indices à propos de ce qui ressemble à un bon gouvernement, et, lié à d'autres filons de pensée biblique, il contribue à enseigner comment les croyants se trouvant au sein de l'appareil gouvernemental devraient se conduire.

Toutefois, ce n'est pas la seule perspective biblique du gouvernement. Même si nous nous restreignons aux Écritures néotestamentaires sous prétexte que le nouveau peuple de Dieu, conformément aux instructions de Jésus, ne constitue pas un État-nation théocratique (contrairement à l'ancien Israël), la diversité de positions est remarquable. Un survol de thèmes néotestamentaires contribuant à une compréhension chrétienne des relations entre l'Église et l'État doit inclure les éléments suivants (sans ordre d'importance particulier) :

L'opposition et la persécution

Les béatitudes du Sermon sur la montagne prononcent une bénédiction sur « ceux qui sont persécutés à cause de la justice, car le royaume des cieux est à eux » (Matthieu 5.10). Cette béatitude est ensuite amplifiée quand Jésus s'adresse à ses disciples à la deuxième personne : « Heureux serez-vous lorsqu'on vous insultera, qu'on vous persécutera et qu'on répandra sur vous toute sorte de mal, à cause de moi. Réjouissez-vous et soyez dans l'allégresse, parce que votre récompense sera grande dans les cieux, car c'est ainsi qu'on a persécuté les prophètes avant vous » (5.11,12). La persécution présuppose un choc des cultures : on peut distinguer les disciples de Jésus de la culture environnante, et même les blâmer, parce qu'ils vivent selon un ensemble de normes différentes. Toutefois, dans ce texte, rien ne laisse croire que la persécution est parrainée par l'État. Mais les choses changent en Matthieu 10 ; il y est écrit que les premiers disciples de Jésus, non seulement feront face à de l'opposition de la part des tribunaux locaux et des synagogues (10.17), mais, dit Jésus, « vous serez menés, à cause de moi, devant des gouverneurs et devant des rois, pour leur servir de témoignage à eux et aux païens » (10.18).

L'idée selon laquelle les disciples du Christ feront face à la persécution qui, en partie du moins, sera cautionnée par l'État est courante dans le Nouveau Testament. Elle est parfois rattachée au fait que les disciples ne peuvent raisonnablement s'attendre à être mieux traités que leur Maître (par exemple, Jean 15.18 – 16.4). Le livre des Actes rapporte des instances de persécution à la fois dans des contextes juifs et des contextes païens, tout en notant également chacune des décisions judiciaires *favorables* aux chrétiens – vraisemblablement pour attirer l'attention vers des précédents juridiques qui pourraient aider à atténuer des attaques ultérieures. La liste que Paul dresse de ses souffrances physiques (2 Corinthiens 11.21-28) inclut non seulement des privations telles que la faim et la soif, les conséquences de fortes tempêtes en mer, les dangers de la part des voyous et des brigands, des émeutes, et des séances de flagellation infligées par des arrêts judiciaires que les synagogues pouvaient édicter à l'égard de leurs adhérents juifs, mais aussi la prison et des bastonnades de la part des autorités romaines (« battu de verges » est certainement romain). Toutefois, le livre du Nouveau Testament qui dépeint de la manière la plus détaillée l'Empire romain à titre d'ennemi satanique disposé à persécuter et à détruire l'Église est l'Apocalypse. Jean, le voyant, est parfaitement conscient que le plus grand danger que les croyants ont à affronter consiste parfois à être trompés par les idolâtries et le confort du siècle présent (plusieurs des dangers auxquels les « sept Églises » d'Apocalypse 2 - 3 ont à faire face ont peu à voir avec la persécution), mais son attention est centrée en grande partie sur le culte impérial et les dangers issus de la brutalité parrainée par l'État. Si la seconde bête, la bête qui monte « de la terre » (Apocalypse 13.11-18), cherche à tromper de manière magistrale, la première bête, celle qui monte « de la mer » (Apocalypse 13.1-10) reçoit la puissance « de faire la guerre aux saints et de les vaincre » (13.7).

Une confrontation restreinte

Il est souvent arrivé que les tensions entre les chrétiens et l'État ne surviennent pas au plan impérial, mais au plan local. Ces tensions ont pu avoir plusieurs causes, la partie adverse faisant alors usage de l'appareil judiciaire (local). Selon Actes 16, la prédication de Paul et de Silas à Philippes, et surtout le fait que Paul ait exorcisé un démon d'une servante qui procurait un profit à ses maîtres par ses divinations, a produit un tel ressentiment que les fonctionnaires locaux s'en sont mêlés. Les maîtres de la servante « saisirent Paul et Silas et les traînèrent sur la place publique vers les magistrats. Ils les amenèrent aux préteurs et dirent : « Ces hommes troublent notre ville ; ce sont des Juifs, qui proclament des coutumes qu'il ne nous est permis ni de recevoir ni de pratiquer, à nous qui sommes Romains » (16.19-21). Pressés par la foule, les magistrats ont ordonné de les « faire battre de verges » et de le jeter en prison (16.23) – et ainsi, l'autorité locale est intervenue. Ceci implique au moins que l'État (l'Empire romain, dans le cas présent) prend consciemment ses distances vis-à-vis d'un problème local. Dans ce cas précis, si l'État n'est pas l'agent directement engagé dans la persécution, il n'est pas non plus le bastion de la liberté religieuse.

Dans certains cas, nous ne sommes tout simplement pas suffisamment au fait des dynamiques du Ier siècle pour savoir d'où pouvaient provenir les dangers *politiques* par opposition aux dangers *religieux*. Selon Apocalypse 2.6,14-16, la doctrine des nicolaïtes ressemblait à celle de Balaam, qui « enseignait à Balaq à faire en sorte que les fils d'Israël trouvent une occasion de chute en mangeant des viandes sacrifiées aux idoles et en se livrant à la débauche » (2.14). Manger des viandes offertes aux idoles pouvait facilement signifier participer aux cultes païens (comparer 1 Corinthiens 8 et 10) ; la référence à la « débauche » peut renvoyer à l'apostasie spirituelle contre laquelle l'Ancien Testament met en garde, en employant le terme fornication au sens métaphorique[19] – quoique le lien entre certains cultes païens et des rites de fertilité laisse croire que fornication physique et religions païennes n'étaient pas toujours complètement distinctes. Dieu réprouve de telles complaisances dans les termes les plus forts : le Christ exalté dit à ceux qui ont tenu ferme contre une telle idolâtrie : « Cependant tu as ceci pour toi, c'est que tu as de la haine pour les œuvres des Nicolaïtes, *pour lesquelles moi aussi j'ai de la haine* » (2.6). La force d'une telle opposition entre des chrétiens fidèles et les nicolaïtes a pu avoir des ramifications politiques, si ces

---

19. Le meilleur exposé de ce thème est celui de Raymond C. Ortlund Jr., *Whoredom: God's Unfaithful Wife in Biblical Theology*, New Studies in Biblical Theology, Leicester, IVP/Grand Rapids, Eerdmans, 1996, récemment réimprimé sous le titre *God's Unfaithful Wife: A Biblical Theology of Spiritual Adultery*, New Studies in Biblical Theology 2, Downers Grove, InterVarsity, 2003.

derniers avaient la faveur des autorités, mais nous ne possédons pas assez d'évidence dans le cas présent pour l'affirmer avec certitude.

Bien sûr, Luc rapporte soigneusement des événements qui connaissent un tout autre dénouement – lorsque l'autorité locale restreint effectivement une émeute. Le secrétaire de la ville d'Éphèse réprimande la foule parce qu'il ne veut pas que le tumulte attire l'attention de l'empereur et vienne compromettre l'autonomie relative du gouvernement de la ville (Actes 19.35-41). Néanmoins, ce qui n'était qu'un affrontement local peut s'intensifier au point de devenir un affrontement avec Rome elle-même – exactement ce à quoi Paul doit faire face en Actes 26 – 28. Cependant, notre argument est le suivant : lorsqu'il y a opposition entre l'Église et l'État, la partie « État » peut être tout aussi locale que la partie « Église » dans le conflit.

Des allégeances fondamentalement différentes

Comme nous l'avons vu, bien que la Bible encourage les chrétiens à honorer les autorités politiques, à payer leurs impôts, et à obéir aux lois (Romains 13), cet encouragement a des limites. Lorsque les autorités religieuses et politiques de Jérusalem ont ordonné aux apôtres de cesser de prêcher, Pierre et Jean ont répondu : « Est-il juste, devant Dieu, de vous obéir plutôt qu'à Dieu ? À vous d'en juger, car nous ne pouvons pas ne pas parler de ce que nous avons vu et entendu » (Actes 4.19,20). Que les croyants forment une communauté séparée, distincte de la culture générale, tient de l'évidence, lorsque Paul insiste sur le fait que les règles de conduite qu'il a exposées s'appliquent à l'Église, et non pas à ceux du dehors. Ainsi, on peut discipliner les membres de l'Église, mais évidemment pas ceux du dehors. « Qu'ai-je, en effet, à juger ceux du dehors ? N'est-ce pas de ceux du dedans que vous êtes juges ? » (1 Corinthiens 5.12.) Par conséquent, l'apôtre exige une conduite qui se différencie de ce qu'on exige et anticipe normalement de la part des autres citoyens romains. Même si Paul réprouve les péchés de son époque, sa préoccupation première ne consiste pas à voir la législation en vigueur modifier cette façon de vivre. Son attention est centrée sur la vie, la foi, et la moralité de la communauté chrétienne comme prenant part, – mais de manière très distincte – à la culture ambiante. Cela n'a rien d'étonnant puisque, tout comme Abraham « attendait la cité qui a de solides fondations, celle dont Dieu est l'architecte et le constructeur » (Hébreux 11.10), ainsi les croyants appartiennent à « la Jérusalem d'en haut » (Galates 4.26), même si, tout comme Paul, ils peuvent aussi déclarer qu'ils sont citoyens romains.

De manière plus globale, Paul dit aux Philippiens : « Pour nous, notre citoyenneté est dans les cieux ; de là nous attendons comme Sauveur le Seigneur Jésus-Christ, qui transformera notre corps humilié, en le rendant semblable à son corps glorieux, par le pouvoir efficace qu'il a de s'assujettir toutes choses » (Philippiens 3.20,21). Le terme « citoyenneté » est inévitablement politique[20]. Bien que les chrétiens du Ier siècle soient citoyens romains, leur allégeance se porte vers quelque chose de plus fondamental : leur citoyenneté est au ciel. Même le titre de « sauveur » possède une connotation politique au Ier siècle : l'empereur Auguste était décrit comme « un sauveur ayant mis fin à la guerre et ayant établi toute bonne chose », alors que l'empereur Claude était révéré à titre de « sauveur du monde », et salué

---

20. Voir Peter T. O'Brien, *The Epistle to the Philippians: A Commentary on the Greek Text*, New International Greek Text Commentary, Grand Rapids, Eerdmans, 1991, p. 461 : « La plupart des interprètes reconnaissent que le terme πολίτευμα contient un sens enrichi dans une lettre envoyée à Philippes. Ce n'est cependant pas parce que l'interprétation de "colonie" lui convient. Plutôt, d'après les dispositions de la forme de gouvernement constitutionnel romain conféré à la cité par Octave en 42 av. J.-C., Philippes était "gouvernée comme si elle se trouvait en sol italien et son administration reflétait celle de Rome presque à tout point de vue". Ainsi, en écrivant à des chrétiens dans une ville fière de sa relation avec Rome, Paul dit aux Philippiens qu'ils appartiennent à une communauté céleste, c'est-à-dire que leur gouvernement constitutif est au ciel, et en tant que citoyens de cet État, ils doivent en refléter la vie (voir aussi 1.27, où Paul emploie le verbe apparenté πολιτεύομαι). »

comme « dieu sauveur et bienfaiteur »[21]. Le même texte au sujet de notre citoyenneté céleste, Philippiens 3.20,21, décrit le pouvoir de Jésus comme étant si considérable qu'il lui permet de « s'assujettir toutes choses » – une affirmation dont les échos sont au moins partiellement politiques[22]. Inévitablement, donc, l'allégeance fondamentale des chrétiens avisés les distingue des autres citoyens de l'Empire qui eux, ne ressentent pas la moindre loyauté envers une « citoyenneté… dans les cieux ».

Des styles de gouvernance différents

Le royaume que Jésus présente possède un style de gouvernance diamétralement opposé à celui du monde politique. Nulle part ailleurs n'est-ce plus évident que dans la scène spectaculaire décrite en Matthieu 20.20-28.

> [20] Alors la mère des fils de Zébédée s'approcha de Jésus avec ses fils, et se prosterna, pour lui faire une demande.
>
> [21] Il lui dit : Que veux-tu ?
>
> Ordonne, lui dit-elle, que mes deux fils que voici soient assis, dans ton royaume, l'un à ta droite et l'autre à ta gauche.
>
> [22] Jésus répondit : Vous ne savez pas ce que vous me demandez. Pouvez-vous boire la coupe que je vais boire ?
>
> Nous le pouvons, dirent-ils.
>
> [23] Et il leur répondit : Il est vrai que vous boirez ma coupe, mais pour ce qui est d'être assis à ma droite et à ma gauche, cela n'est pas à moi de le donner, sinon à ceux pour qui cela est préparé par mon Père.

---

21. Pour une analyse de ce sujet, incluant les inscriptions pertinentes et les références, voir Peter Oakes, *Philippians: From People to Letter*, Society for New Testament Studies Monograph Series 110, Cambridge, Cambridge University Press, 2001, p. 139.

22. « Au Ier siècle après Jésus-Christ, celui que la plupart des gens percevaient comme ayant le pouvoir de s'assujettir toutes choses était l'empereur » (Oakes, *Philippians*, p. 145).

> ²⁴ Les dix qui avaient entendu cela furent indignés contre les deux frères. ²⁵ Jésus les appela et dit : Vous savez que les chefs des nations les tyrannisent, et que les grands abusent de leur pouvoir sur elles. ²⁶ Il n'en sera pas de même parmi vous. Mais quiconque veut être grand parmi vous, sera votre serviteur ²⁷ et quiconque veut être le premier parmi vous sera votre esclave. ²⁸ C'est ainsi que le Fils de l'homme est venu, non pour être servi, mais pour servir et donner sa vie en rançon pour beaucoup.

Il est évident que les attentes de Jean, de Jacques, et de leur mère, concernaient le fait que le royaume de Jésus serait tout d'abord de nature politique (aussi juste et messianique soit-il), et ils désiraient obtenir des places de choix dans cette nouvelle administration. Lorsque Jésus leur demande s'ils peuvent boire sa coupe, il leur demande s'ils peuvent prendre part aux expériences qu'il subira et aux responsabilités qui lui incomberont – et Jésus pense bien sûr d'abord à ses souffrances imminentes (c'est la raison pour laquelle il demande à son Père à Gethsémané, si « cette coupe » peut s'éloigner de lui [26.39]). Jacques et Jean, débordant de confiance, mais n'ayant aucune idée des souffrances qui attendaient Jésus, répondent avec assurance qu'ils peuvent en effet boire la coupe de Jésus. Avec une douce ironie qu'ils ne peuvent encore comprendre, Jésus leur confirme qu'en effet, ils boiront de sa coupe ; ils devront affronter bien plus de choses qu'ils ne peuvent l'imaginer pour l'instant. Même alors, certaines affectations dans le royaume ne relèvent pas de lui, mais de son Père. L'indignation des dix à l'égard des deux frères provient sans aucun doute d'un sentiment de jalousie et de trahison : les deux tentent d'avoir la haute main sur la situation, de sorte que les autres seront relégués au second plan. Jésus réprimande le groupe tout entier. Ce faisant, il met en contraste le modèle d'autorité de l'État et celui du royaume qu'il établit. L'un tyrannise ses sujets, l'autre subit l'ignominie de la croix.

Dans plusieurs milieux chrétiens, cela a donné lieu à la notion du « leader-serviteur ». Cette expression incite à l'abus. Pour certains, elle dit tout au sujet du service, et rien à propos du leadership. Quoi qu'il en soit, Jésus n'était pas une mauviette. Il était un leader dont l'autorité est sans égale – et dans les documents du Nouveau Testament décrivant les pasteurs chrétiens, eux aussi possèdent un leadership et à qui l'on doit obéir ; ils exercent une autorité à laquelle les autres sont exhortés à se soumettre (par exemple, Hébreux 13.17). Quelle est donc la nature du contraste que Jésus présente en Matthieu 20 ? Ce n'est certainement pas entre le fait d'exercer l'autorité et de n'en exercer aucune. La différence est celle-ci : l'exercice de l'autorité dans le monde, communément illustrée par l'État, est assoiffé de pouvoir et de louanges ; ses conducteurs veulent être les premiers, et ils finissent par tyranniser les autres, en grimpant les échelons tout en marchant sur le crâne de ceux qu'ils piétinent au passage. Par voie de contraste, Jésus atteint la plénitude de son autorité royale en allant à la croix, en servant les autres au prix d'une souffrance agonisante et de la mort la plus brutale, subie pour le bien de ceux sur qui il régnerait. Le Fils de l'homme « n'est pas venu pour être servi, mais pour servir et donner sa vie en rançon pour beaucoup » (Matthieu 20.28). De la même manière, les chrétiens exerçant l'autorité dans l'Église ne démontrent pas qu'ils sont des disciples de Jésus en abandonnant l'exercice de toute autorité, mais en l'exerçant à l'intérieur des balises d'une existence vécue de manière sacrificielle pour le bien des autres.

Le contraste est saisissant. Bien sûr, à l'intérieur de la richesse de la grâce divine commune, il existe des dirigeants possédant véritablement un cœur de serviteur, des dirigeants qui ne sont pas indûment corrompus par l'honneur et le pouvoir. Malheureusement, il existe également des conducteurs ecclésiastiques empruntant au modèle de leadership du monde dans lequel ils vivent, vendant leur âme à ce qui est pompeux, flatteur, et à un désir toujours grandissant de contrôler et de manipuler. Cependant, si les chrétiens imitent leur Maître, alors leur influence s'accroît dans le monde, de sorte que leur conduite fait honte aux dirigeants de ce monde. Ces divers styles de gouvernance, d'exercice de l'autorité, sont si différents, que chacun demeure atterré devant l'autre.

Le même modèle est profondément incrusté dans l'Évangile même. Nous devons apprendre à adopter «la pensée qui était en Jésus-Christ» (Philippiens 2.5) – cette pensée qui «n'a pas estimé comme une proie à arracher d'être égal avec Dieu» (2.6), mais qui l'a plutôt conduit à l'incarnation, au service, à la mort de la croix (2.7,8). Si nous prêchons Christ dans la sphère publique, nous proclamons la sagesse de Dieu, perçue par le monde comme étant terriblement insensée (1 Corinthiens 1.18 – 2.5). En effet,

> afin de bien comprendre ce que signifie avoir la pensée de Christ, nous devons nous rappeler qui est ce «Christ» pour l'apôtre Paul : il est le crucifié. Avoir la pensée du Christ, c'est participer au modèle de la croix (voir Philippiens 2.1-11), parce que la sagesse de Dieu se manifeste de façon ultime dans la mort de Jésus. Par conséquent, la connaissance spirituelle particulière dont parle Paul devrait conduire au renoncement à tout privilège, à toute vantardise, à toute querelle[23].

Bref, la dynamique interne de l'autorité dans l'Église, lorsqu'elle est au mieux, est si différente de la dynamique interne de l'autorité dans le monde, que les trajectoires respectives de l'Église et de l'État sont destinées à être divergentes[24].

---

23. Richard B. Hays, *First Corinthians*, Interpretation, Louisville, Westminster John Knox Press, 1997, p. 47.
24. Certains dont l'expérience et l'étude de la gouvernance se résument à ce qu'il y a de meilleur dans la tradition occidentale trouveront mes propos exagérés. Tout ce que je peux dire, c'est qu'ils n'ont pas examiné attentivement les gouvernements en Asie centrale, par exemple, en Afrique, ou en Amérique latine; ils n'ont pas lu beaucoup sur l'histoire à l'extérieur du canon occidental. Il arrive parfois que des gouvernements tyranniques ne soient rien d'autre que l'incarnation de voyous, bien sûr. Mais très souvent, une structure philosophique sous-jacente façonne l'exercice de l'autorité – qu'il s'agisse de l'autorité tribale investie dans le conducteur du clan, ou l'autocongratulation des philosophes-rois de Platon (et de Harvard), ou l'oligarchie de la *nomenklatura* marxiste qui seule met en œuvre les enseignements marxistes, ou la présupposition des polarités confucéennes qui situe les dirigeants «en haut» et tous les autres «en bas». Bien sûr, les dirigeants à l'intérieur de telles traditions peuvent

La transformation de la vie, et par conséquent des institutions sociales et gouvernementales

L'Évangile, reçu avec foi et obéissance, change l'orientation et les valeurs des gens. « Bien-aimés », écrit l'apôtre Pierre, « je vous exhorte, *en tant qu'étrangers et voyageurs*, à vous abstenir des désirs charnels qui font la guerre à l'âme » (1 Pierre 2.11). En d'autres termes, la transformation morale est ouvertement contre-culturelle. Aux yeux de plusieurs dans la culture romaine en général, certaines croyances et certains comportements chrétiens paraîtront étranges, peut-être même quelque peu antisociaux. Ces croyances et comportements chrétiens risquent d'attirer l'attention de l'État. L'exclusivisme des affirmations chrétiennes semblera à la fois étroit et vaguement menaçant à la lumière des politiques impériales, conçues afin de permettre la diversité tout en romanisant toutes les religions. L'absence d'idoles ressemblera à de l'athéisme. Et un refus constant d'adorer César de la part des chrétiens apparaîtra non seulement comme un manque de respect, mais aussi comme une trahison.

La brillante petite lettre à Philémon, bien qu'elle évite toute allusion qui prônerait le renversement de l'esclavage, pose néanmoins les fondements de sa destruction. Là où un tel enseignement était répandu, et là où il était mis en pratique dans une certaine mesure, l'ordre social était menacé.

être bons ou mauvais à leurs propres yeux, mais le bien n'est jamais évalué uniquement selon des critères chrétiens. Hadrien, l'empereur au IIe siècle, était un « bon empereur » au sens où il était énergique, bien organisé, discipliné, et ainsi de suite. Si les trains avaient existé à l'époque, il se serait assuré qu'ils respectent leur horaire. Il pouvait également être brutal envers les chrétiens, et il prêtait l'oreille aux voix païennes prétendant que l'Empire s'affaiblît à cause de l'influence chrétienne. Nul doute que l'Occident a connu sa part d'horribles conducteurs, mais nous sommes aveugles vis-à-vis de notre héritage si nous ne reconnaissons pas que plusieurs conducteurs universellement reconnus comme étant bons ont introduit dans leur gouvernance une part de l'accent distinctement chrétien au sujet du *service*.

À la fin, Jésus remporte la victoire

L'affirmation selon laquelle toute autorité appartenait *déjà* à Jésus (par exemple, Matthieu 28.18-20), la promesse qu'il régnerait jusqu'à ce qu'il ait mis tous ses ennemis sous ses pieds (1 Corinthiens 15.25), sera certainement offensante pour ceux qui croient ne rien devoir à Jésus, et cela peut attirer les foudres de l'État. Lorsque l'apôtre insiste sur le fait que l'Évangile renverse la sagesse des sages, qu'ils soient juifs ou grecs (1 Corinthiens 1.18-25), il est difficile d'en conclure que Paul avait à l'esprit la « religion privée »; ce qu'il proclamait était la vérité publique. « Au cœur même du débat, donc, se trouve une *contradiction fondamentale*, une *opposition* même, entre l'Évangile et le monde. [...] Par conséquent, l'Évangile comme vérité publique, l'Évangile dans le domaine public, n'est pas un discours facile à tenir, car il est à contre-courant, et il agit à partir d'une sagesse tout autre, à la lumière de laquelle toute sagesse humaine paraît être une folie[25]. » Lorsqu'on se rappelle que les chrétiens du Nouveau Testament avaient les regards fixés sur la fin, moment où *tout* genou fléchira et confessera que Jésus est Seigneur (Philippiens 2.11), où le royaume de ce monde deviendra le royaume de notre Seigneur et de son Messie (Apocalypse 11.15 ; voir aussi Apocalypse 19), nous comprenons que la foi chrétienne dans le Nouveau Testament, bien que sans aucun doute très personnelle, n'était jamais purement personnelle. Inévitablement, la culture ambiante allait être confrontée – et cela incluait l'État.

Sommaire de la diversité des thèmes bibliques

La diversité de positions que l'on trouve dans les différents documents du Nouveau Testament vis-à-vis de l'État, présuppose l'existence de certains traits communs, tandis que les situations locales et les vérités théologiques complémentaires font écho à des accents

---

25. Paul Trebilco, « Gospel, Culture, and the Public Sphere. Perspectives from the New Testament », *Evangel*, vol. 24, n° 2, été 2006, p. 42.

plus disparates. En raison de l'enseignement du Maître lui-même, les chrétiens du Ier siècle ont compris que l'Église chrétienne n'était fusionnée à aucune nation, mais qu'elle était une communauté transnationale, et que le Dieu souverain qu'ils confessaient avait institué le gouvernement de l'État pour une bonne raison, de sorte qu'il incombait à tous les chrétiens de respecter cette autorité et de s'y soumettre, non seulement pour être de bons citoyens, mais aussi pour être loyaux envers Dieu. Cependant, les premiers chrétiens ont également compris que lorsque l'État abusait de son mandat divin et obligeait les chrétiens à désobéir à Dieu, ou qu'il interdisait ce que Dieu leur avait ordonné, ils devaient alors se heurter à l'État et en subir les conséquences, parce que l'allégeance envers ce Dieu qui surpasse à la fois l'Église et l'État, venait alors en premier lieu. Et à la fin, Dieu sera totalement justifié.

Ces points d'ancrage étant bien fixés, le Nouveau Testament peut présenter non seulement les jugements judiciaires de l'Empire favorables aux chrétiens, mais aussi les persécutions impériales les plus brutales. Il peut se frayer un chemin à travers les confrontations subtiles et les différences fondamentales dans la façon dont l'autorité est exercée par l'État et par l'Église, et il peut anticiper la fin, alors que tous, sans exception, fléchiront le genou devant Jésus le Roi. Considérés dans leur ensemble, les textes encouragent les chrétiens à être de bons citoyens au sein de l'Empire, tout en insistant sur le fait que leur allégeance première se porte vers leur citoyenneté céleste. La proclamation de l'Évangile transforme les gens, peu importe où cet Évangile est cru et reçu, et tôt ou tard, une telle transformation améliorera l'État ou suscitera une opposition de sa part.

Ces modèles divergents ne constituent pas des typologies différenciables des relations entre l'Église et l'État. Plutôt, les points communs émergeant ici et là se développent de diverses manières selon la vitalité des chrétiens, les officiers gouvernementaux au plan local, les émeutes « accidentelles », les précédents judiciaires, l'intensité de la persécution, et plus encore. Les fluctuations dans les relations entre l'Église et l'État deviennent cependant encore plus nuancées lorsque nous nous souvenons que, lorsque l'État s'oppose aux croyants ou qu'il les persécute, il oriente ses efforts vers des chrétiens individuels plutôt que vers *l'Église en tant que telle*, tandis que les documents du Nouveau Testament font régulièrement la différence entre ce que les *chrétiens* font dans la mise en œuvre de leur foi et ce que *l'Église comme Église* est appelée à faire.

Avant de conclure ce chapitre et de réfléchir sur la façon dont ces variables bibliques nous interpellent aujourd'hui, nous devons nous arrêter afin de nous rappeler certains éléments historiques et théologiques générés par (a) le développement de la démocratie, qui change sensiblement le bien que les chrétiens peuvent accomplir dans les coulisses du pouvoir de l'État[26]; (b) certaines des façons, dont la distinction établie par Jésus entre le Christ et César, ont été mises en œuvre dans des modèles très diversifiés de séparation entre l'Église et l'État; et (c) une réflexion au sujet des héritages provenant d'autres religions, notamment l'islam.

Réflexions historiques et théologiques

Il s'avérera plus simple de procéder en quatre étapes.

(1) Pour les Américains, le meilleur énoncé définissant les relations entre l'Église et l'État est probablement celui du «mur de séparation entre l'Église et l'État». Toutefois, peu de gens savent que l'expression «mur de séparation» ne se trouve pas dans le Premier Amendement; encore moins de gens reconnaissent que cet énoncé

---

26. J'ai brièvement traité de ces questions au chapitre 4. Je n'ai pas tenté de dire quoi que ce soit au sujet de l'histoire de la montée de la démocratie et des traditions légales qu'elle a intégrées; cela exigerait la rédaction d'un autre ouvrage allant au-delà de mon expertise. Pour une analyse érudite et provocatrice, voir les deux premiers tomes (un troisième est prévu) par Harold J. Berman, *Law and Revolution: The Formation of the Western Legal Tradition*, Cambridge, Harvard University Press, réimpr., 1983; *Law and Revolution II: The Impact of the Protestant Reformations on the Western Legal Traditions*, Cambridge, Belknap, 2006.

évoque diverses connotations d'un pays à l'autre, même s'il est largement employé dans divers pays démocratiques en Occident. Un bref arrière-plan historique ne fera pas de tort à ce stade-ci.

Le Premier Amendement de la Constitution des États-Unis déclare : « Le Congrès ne fera aucune loi qui touche l'établissement ou le libre exercice d'une religion, ni qui restreigne la liberté de parole ou de la presse, ou le droit qu'a le peuple de s'assembler paisiblement et d'adresser des pétitions au gouvernement pour le redressement de ses griefs. » Quoique le point soit débattu, « l'établissement d'une religion » vise probablement, à l'époque, le fait que certains États avaient une religion « établie » : par exemple, le Connecticut était associé à l'Église congrégationaliste. Le Congrès ne devait pas s'immiscer dans de telles affaires, ce qui eut pour effet de permettre une Église établie dans certains États, et de laisser d'autres États sans Église établie, selon la préférence de chacun d'eux.

En 1779, la Loi sur la liberté de religion de Thomas Jefferson adoptée en Virginie, que Jefferson lui-même considérait comme une expérience inédite, a placé toutes les formes de foi chrétienne sur un pied d'égalité avec l'islam ou l'hindouisme. La liberté de religion requiert à la fois le libre exercice de la religion et la privation d'un statut particulier conféré à la religion. À peu près au même moment, un ami et un rival de Jefferson, John Adams, préparant l'ébauche de la Constitution du Massachusetts, proposait une tout autre vision de la liberté de religion. Il croyait que l'État servirait mieux la cause de la liberté religieuse en équilibrant la liberté de plusieurs religions privées avec l'établissement légal d'une religion publique, à savoir le christianisme. Ainsi, le Massachusetts et la Virginie ont choisi des voies opposées, et selon la Charte des droits (qui incluait le Premier Amendement), ratifiée en septembre 1789 (notons cette date), le Congrès ne devait pas s'y immiscer.

Lors de l'élection amère de 1800, Jefferson a gagné le soutien de certains chrétiens conservateurs qui chérissaient la liberté de religion, même si la critique biblique radicale et le déisme romantique de Jefferson le rendaient anathème aux yeux de plusieurs autres chrétiens conservateurs[27]. Après avoir reçu une lettre de l'Association baptiste de Danbury, au Connecticut (où bien sûr leur propre affiliation religieuse ne faisait pas partie de l'*establishment*), le félicitant de sa victoire et applaudissant sa défense de la liberté religieuse, le président Jefferson leur a répondu au jour de l'An 1802. Dans des termes souvent cités, Jefferson a écrit :

> Croyant comme vous que la religion est une affaire touchant uniquement l'Homme et son Dieu, qu'il n'a de compte à rendre à personne d'autre au sujet de sa foi et de son culte, que les pouvoirs légitimes du gouvernement touchent uniquement les actions et non les opinions, je considère avec un respect souverain cet Acte de tout le peuple américain qui a déclaré que *leurs* pouvoirs législatifs ne pouvaient adopter « aucune loi qui affecte l'établissement ou interdise le libre exercice d'une religion », créant ainsi un mur de séparation entre l'Église et l'État.

Le voici donc : le mur de séparation. Quoique cette lettre ne soit pas devenue de notoriété publique avant le milieu du XIXe siècle, l'expression a dès lors acquis une existence indépendante dans plusieurs pays. L'interprétation la plus laïque voulait que la religion soit une affaire privée et qu'elle puisse être protégée dans ce cadre, tandis que l'État doit demeurer laïc. Il est très peu probable que c'est ce que Jefferson lui-même a voulu communiquer. Après tout, dans le contexte de sa lettre aux baptistes du Connecticut, l'objectif du président était de défendre le libre exercice de la religion, plutôt que de la restreindre à la vie privée. De plus, et c'est un fait connu, Jefferson a terminé sa missive par une prière, faisant ainsi écho aux prières des

---

27. Plusieurs d'entre eux avaient été influencés par Roger Williams, un réfugié du Massachusetts et fondateur du Rhode Island. Récemment, James Calvin Davis (*The Moral Theology of Roger Williams: Christian Conviction and Public Ethics*, Columbia Series in Reformed Theology, Louisville, Westminster John Knox, 2004) a affirmé que, bien que l'ecclésiologie de Williams fût distinctive, la plupart de ses arguments provenaient de ses convictions réformées, quelque peu modifiées par sa compréhension de la loi naturelle, plutôt que par un simple pragmatisme ou un relativisme moral.

baptistes à son égard. Quoi que Jefferson ait voulu signifier, le Premier Amendement fut néanmoins interprété de plus en plus à la lumière de cette expression. Cette dernière s'est inscrite dans le vocabulaire de la Cour suprême en 1878 (*Reynolds v. United States*), quoique son rôle fut atténué dans la décision qui fut rendue. L'apogée se situe plutôt dans un cas ayant fait date, *Everson v. Board of Education* (1947), dans lequel le juge Hugo L. Black, prenant note de l'opinion majoritaire et ne citant nulle autre jurisprudence que celle de *Reynolds*, affirma que, selon les mots de Jefferson, le Premier Amendement *lui-même* avait érigé « un mur de séparation entre l'Église et l'État. [...] Ce mur doit être maintenu bien haut et être imprenable. Nous ne pouvons approuver la moindre brèche[28]. » Cela prépara le terrain pour le genre de jurisprudence strictement séparatiste de la seconde moitié du XXe siècle[29]. On peut convenir que de nos jours, la Cour prend une certaine distance par rapport à une séparation aussi stricte[30]. De toute

---

28. La rhétorique évoquait le rôle de Jefferson comme principal architecte du Premier Amendement, bien sûr dans le but d'interpréter le Premier Amendement au sens de la lettre (tardive) du « mur de séparation ». Mais Jefferson était en France en 1789 lorsque le Premier Amendement fut rédigé et ratifié.

29. Un des ouvrages d'histoire les plus importants au sujet de la Cour est celui de James Hitchcock, *The Supreme Court and Religion in American Life*, vol. 1 : *The Odyssey of the Religion Clauses* ; vol. 2 : *From « Higher Law » to « Sectarian Scruples »*, Princeton, Princeton University Press, 2004. Un des éléments mis en évidence par Hitchcock est la façon dont les juges ultérieurs ont vu l'État comme devant se situer *au-dessus* de la religion. Même des commentateurs qui sont loin de soutenir une lecture « originaliste » de la Constitution et de la Charte des droits reconnaissent que la décision de la Cour à propos de la relation entre l'Église et l'État est un enchevêtrement d'incohérences et de faibles argumentations ; voir, par exemple, Charlie Fried, *Saying What the Law Is: The Constitution in the Supreme Court*, Cambridge, Harvard University Press, 2005.

30. Voir l'essai persuasif de John Witte Jr., « Publick Religion : Adams v. Jefferson », *First Things* 141, mars, 2004, p. 29-34. Voir aussi Noah Feldman, *Divided by God: America's Church-State Problem – And What We Should Do About It*, New York, Farrar, Straus and Giroux, 2005. Certains parmi ceux qui croient que cela se produit, soutiennent une position « originaliste » modifiée ; ainsi, Randy

manière, ce qui est évident, c'est que la métaphore du mur dans la lettre de Jefferson aux baptistes de Danbury est devenue plus importante dans la pensée de la Cour, sans parler de l'opinion populaire, que le libellé réel de la Charte des droits.

(2) Cet arrière-plan historique sert de fondement à une pléthore d'opinons adoptées de nos jours par différents groupes américains et autres groupes anglo-saxons sur ce que *devraient être* les relations entre l'Église et l'État. Ce chapitre n'en finirait plus si nous devions les survoler toutes. Néanmoins, il sera possible, à l'aide d'une poignée d'ouvrages et d'articles, de goûter quelque peu cette diversité, et de tenter de les évaluer un tant soit peu. Les auteurs de cinq des six points de vue que je décrirai maintenant ne croient *pas* que le « mur de séparation » soit absolu. Un des cinq premiers points de vue stipule même qu'il ne devrait pas exister. Et le sixième désire que le mur soit aussi haut et aussi imprenable que possible.

(a) Il arrive parfois que des théories disparates à propos des relations entre l'Église et l'État se réclament d'Augustin, qui se trouve ainsi blâmé (ou louangé) pour des opinions légèrement contradictoires. Ainsi, l'ouvrage bien documenté de Robert Dodaro affirme que, puisque la véritable *iustitia* (justice) commence et se termine par l'adoration envers Dieu, et parce qu'on ne peut connaître Dieu que par le mystère de l'incarnation, alors il ne peut en fin de compte y avoir de véritable *iustitia* sans Christ[31].

E. Barnett (*Restoring the Constitution: The Presumption of Liberty*, Princeton, Princeton University Press, 2004) croit que la « grille d'analyse » à partir de laquelle on doit lire et préserver la Constitution consiste en toute interprétation favorisant la liberté, elle-même une valeur fondamentale des artisans de la Constitution. Cependant, du moment où l'on *choisit* que certains thèmes originaux, on adopte nécessairement une position qui est amorale et qui n'est soumise à aucun contrôle (à moins d'avoir choisi au préalable que la liberté constitue le souverain bien).

31. Dodaro, *Christ and the Just Society in the Thought of Augustine*, Cambridge, Cambridge University Press, 2004.

Par voie de contraste, Robert Markus soutient qu'Augustin conçoit trois royaumes : le sacré, le profane, et, entre ces derniers, le laïc. La sphère du sacré se rapporte à la foi et à la pratique chrétienne ; la sphère du profane s'intéresse aux croyances et aux pratiques que les chrétiens doivent rejeter. Contrairement à ces royaumes, le laïc occupe un espace neutre. Celui-ci est composé d'éléments de la culture en général que les chrétiens peuvent légitimement adopter, ou du moins, adapter[32]. Le recours à une sphère laïque autonome permet à Markus de se distancier à la fois de ceux qui croient qu'Augustin lie incontestablement le christianisme à la vie publique, et ainsi au règlement constantinien, et de ceux qui croient devoir s'opposer bec et ongles au règlement constantinien. Chrétiens et non-chrétiens peuvent utiliser les biens de cette sphère laïque autonome, même s'ils le font à partir d'une « foi différente » et dans une « espérance différente ». En toute impartialité à l'égard de Markus, il importe de noter le soin avec lequel il distingue la sphère laïque du libéralisme séculier contemporain. Markus affirme que la sphère laïque chez Augustin, contrairement au libéralisme séculier, est dénuée de structures morales. Elle n'est rattachée qu'aux besoins matériels, qu'au fait d'établir l'ordre et la sécurité.

L'ouvrage très récent de Kristen Deede Johnson[33] fait appel à Augustin d'une manière légèrement différente. L'héritage provenant de la démocratie libérale a enseigné aux gens à élever la tolérance au rang des plus hautes vertus, tandis que ce qu'elle appelle la « célébration de la différence post-nietzschéenne[34] » met tellement d'accent sur la différence que le résultat est inconciliable avec la démocratie libérale. Johnson déclare que la solution va *au-delà* de la tolérance et de la différence (d'où le sous-titre de son ouvrage) : Augustin

---

32. Robert A. Markus, *Christianity and the Secular*, Notre Dame, University of Notre Dame Press, 2005.
33. Johnson, *Theology, Political Theory, and Pluralism: Beyond Tolerance and Difference*, Cambridge Studies in Christian Doctrine, Cambridge, Cambridge University Press, 2007.
34. *Ibid.*, p. 250 – quoique l'expression figure souvent dans son ouvrage.

nous enseigne qu'il n'existe aucune harmonisation finale des différences jusqu'à la venue de la Cité céleste. Il nous apprend aussi que le christianisme n'est « rien s'il ne constitue pas une éthique publique et sociale, incarnée dans la vie de l'Église (et non pas, notons-le, incarnée dans la sphère politique de la ville terrestre)[35] ». Dans notre attente de la Cité céleste, nous devons encourager le discours intègre et l'expression authentique, alors même que des communautés différentes dialoguent – et non pas célébrer la différence en elle-même (parce qu'il y aura finalement unité, même si nous devons attendre la Cité céleste pour la réaliser) ni célébrer une (fausse) apparence de « neutralité » si précieuse aux yeux du libéralisme (parce que, en fin de compte, cette neutralité exige que toutes les factions abandonnent en tout ou en partie certaines de leurs particularités, afin d'attribuer à la « neutralité » une valeur plus élevée).

(b) L'ouvrage récent de Jeffrey Stout[36] propose une position médiane semblable, bien que quelque peu différente. Il affirme que les sécularistes libéraux se perçoivent en tant qu'administrateurs et arbitres de la sphère publique, alors qu'en fait ils sont également partie prenante dans cette sphère – un point qu'ils omettent fréquemment. Ils constituent une des voix dans la conversation politique, et ne sont pas les législateurs et encore moins les juges de cette conversation. D'autre part, Stout désire rappeler à ceux qu'il appelle « les nouveaux traditionalistes » (essentiellement ceux qui critiquent les sécularistes libéraux) que la démocratie libérale *elle-même* est une « tradition forte », de sorte que les traditionalistes ne devraient pas prétendre qu'elle leur appartient en propre. Pour la forme donc, Stout souhaite se frayer un chemin entre les gens de la gauche tels que Richard Rorty (qui désire voir la religion disparaître du discours public) et John Rawls (qui croit que la religion devrait être confinée à des domaines privés limités et bien définis), et de « nouveaux traditionalistes » tels que John Milbank, Alasdair MacIntyre, et Stanley Hauerwas. Cependant,

---

35. *Ibid.*, p. 257.
36. *Democracy and Tradition*, 2ᵉ éd., Princeton, Princeton University Press, 2005.

l'ouvrage se montre plus solidaire envers la démocratie libérale (qui devient, aux mains de Stout, impossible à différencier du laïcisme libéral) en général, et celle de John Rawls en particulier, que Stout ne veut le faire croire. Stout semble penser que, s'il peut démontrer que la démocratie libérale est elle-même une « tradition forte », les nouveaux traditionalistes devront y souscrire. Toutefois, contrairement à ce qu'affirme Stout, la démocratie n'est pas une tradition conceptuelle qui s'oppose à l'aristotélisme ou à l'augustinisme ; elle est plutôt une forme de gouvernement qui s'oppose à la monarchie, à l'oligarchie, et au totalitarisme. Stout est souvent perspicace dans son analyse, mais il ne semble pas comprendre la nature des affirmations religieuses provenant de ceux qu'il étiquette « les nouveaux traditionalistes ».

(c) Un éventail de théologiens et de mouvements rejette toute espèce de modèle constantinien de relations entre Église et État. Les pires abus de la part des chrétiens envers la culture en général se sont produits lorsque les chrétiens détenaient trop de pouvoir. Ces penseurs désirent une pratique ecclésiastique basée sur le modèle de la « diaspora ». Les chrétiens, disent-ils, sont un peuple de pèlerins dans un pays étranger. Nous devrions nous considérer comme une nouvelle diaspora, encore en exil, jusqu'à l'aube du royaume final.

Selon une des formes de cet héritage, un retrait complet, ou un retrait aussi complet que possible, est la seule solution qui soit sensée. Les amish remportent la palme. Il existe cependant des formes plus nuancées de cette tradition, l'une d'elles à peine connue, et l'autre très bien connue et devenant de plus en plus populaire. Celle qui est relativement encore peu connue est habilement soutenue par Darryl G. Hart[37]. Il soutient fortement la perception (adoptée précédemment dans ce chapitre) selon laquelle on doit distinguer entre ce que

---

37. Voir en particulier son *A Secular Faith: Why Christianity Favors the Separation of Church and State*, Chicago, Ivan R. Dee, 2006 ; ou, plus brièvement, « Christianity and Politics: The Difference Between Christians and the Church », *Modern Reformation*, vol. 13, n° 5, septembre-octobre 2004, p. 32-33. Voir aussi Willis B. Glover, *Biblical Origins of Modern Secular Culture: An Essay in the Interpretation of Western History*, Macon, Mercer University Press,

l'Église en tant que telle a à communiquer, et la façon dont les chrétiens peuvent prendre part à la culture en général, y compris l'État. Mais il va plus loin, et affirme que tout *chrétien* (contrairement à l'Église) ne devrait pas présenter ses recours politiques et culturels à partir de fondements *chrétiens*. En d'autres termes, bien que les chrétiens doivent participer en faisant du bien dans la cité et à la cité, Hart ne croit pas que ce bien doit être considéré comme étant une action ou une opinion distinctement chrétienne.

L'alternative présentée dans plusieurs ouvrages de Stanley Hauerwas[38] se méfie encore davantage de l'État. L'Église doit être l'Église – un corps politique de plein droit. Si elle tente de servir l'État, elle est rapidement embourbée dans les compromis du règlement constantinien. Les chrétiens doivent percevoir – et promouvoir – une forme différente de démocratie, une forme qui fuit la prééminence et la puissance. Ainsi, plutôt qu'ignorer la culture, y compris l'État, nous devons totalement contester la culture et l'État, et chercher à démontrer une meilleure voie en constituant nous-mêmes une culture chrétienne, une culture du royaume prenant très au sérieux l'enseignement de Jésus. Si les adversaires d'Hauerwas lui demandent de justifier l'existence de l'État ou de présenter une théorie qui lui est favorable, il répète à maintes reprises qu'il n'a aucunement besoin

---

1984 ; Rodney Stark, *The Victory of Reason: How Christianity Led to Freedom, Capitalism, and Western Success*, New York, Random House, 2006.

38. Ses ouvrages les plus importants à propos de la théologie politique sont les suivants : Stanley Hauerwas et William H. Willimon, *Resident Aliens: Life in the Christian Colony*, Nashville, Abingdon, 1989 ; Stanley Hauerwas, *The Peaceable Kingdom*, Notre Dame, University of Notre Dame Press, 1991 ; Hauerwas, *After Christendom ? How the Church Is to Behave If Freedom, Justice, and a Christian Nation Are Bad Ideas*, Nashville, Abingdon, 1991 ; Hauerwas, *Where Resident Aliens Live: Exercises for Christian Practice*, Nashville, Abingdon, 1996 ; et Hauerwas, *Performing the Faith: Bonhoeffer and the Practice of Nonviolence*, Grand Rapids, Brazos, 2004. Voir aussi l'essai de Daniel M. Bell Jr., « State and Civil Society », dans Peter Scott et William T. Cavanaugh, éd., *The Blackwell Companion to Political Theology*, Blackwell Companions to Religion, Oxford, Blackwell, 2006, p. 423-438.

de le faire. Pour Hauerwas et la plupart des auteurs au sein de cette tradition, influencés par l'œuvre de l'érudit mennonite John Yoder, cette façon de vivre entraîne le fait de souscrire à un pacifisme total. Les dernières années ont certainement été le théâtre d'une intensité et d'une sophistication dans la polarisation et les débats entre les pacifistes et les tenants de la théorie de la guerre juste[39].

(d) L'ouvrage récent de Glen H. Stassen et David P. Gushee propose une légère variante, bien présentée, de ce genre d'approche[40]. L'ouvrage abonde en observations utiles et en exemples d'exégèse soignée. Par-dessus tout, cet ouvrage tente hardiment de joindre des points de vue que plusieurs jugent être irréconciliables. Par exemple,

---

39. Le meilleur endroit où l'on puisse voir une interaction détaillée dans cette ligne de pensée se trouve dans les pages de *First Things* de la dernière décennie. Pour aller plus loin dans ce domaine (en plus des ouvrages d'Hauerwas lui-même, dont plusieurs sont cités ci-dessus), voir Arthur F. Holmes, éd., *War and Christian Ethics. Classic and Contemporary Readings on the Morality of War*, 2ᵉ éd., Grand Rapids, Baker, 2005 ; John Howard Yoder, *Jésus et le politique. La radicalité éthique de la croix*, Lausanne, PBU, 1984, (2ᵉ éd. anglaise parue à Grand Rapids, Eerdmans, 1994) ; Richard A. Horsley, *Jesus and Empire. The Kingdom of God and the New World Disorder*, Minneapolis, Fortress, 2003 ; Alexander F. C. Webster et Darrell Cole, *The Virtue of War. Reclaiming the Classic Christian Traditions East and West*, Salisbury, Regina Orthodox Press, 2004 ; Jean Bethke Elshtain, *Just War Against Terror. The Burden of American Power in a Violent World*, 2ᵉ éd., New York, Basic Books, 2004; et, spécifiquement en interaction avec Hauerwas, voir en particulier L. Gregory Jones, Reinhard Huetter, et C. Rosalee Velloso Ewell, *God, Truth, and Witness. Essays in Conversation with Stanley Hauerwas*, Grand Rapids, Brazos, 2005. Voir aussi l'article-recension par Burnam W. Reynolds, « The Once and Future Just War – A Review Essay », *Christian Scholar's Review*, vol. 35, 2006, p. 259-274, et l'important ouvrage de J. Daryl Charles, *Between Pacifism and Jihad. Just War and Christian Tradition*, Downers Grove, InterVarsity Press, 2005.

40. Stassen et Gushee, *Kingdom Ethics. Following Jesus in Contemporary Context*, Downers Grove, InterVarsity, 2003. L'ouvrage d'Alan Storkey, *Jesus and Politics. Confronting the Powers* (Grand Rapids, Baker, 2005), n'est pas très éloigné de celui de Stassen et Gushee, mais il concentre son propos sur le domaine politique.

Stassen et Gushee affirment que les théoriciens pacifistes et ceux de la guerre juste doivent se percevoir mutuellement comme étant plus rapprochés qu'ils ne le voient habituellement. Les théoriciens de la guerre juste qui comprennent véritablement l'enseignement de Jésus désireront sûrement préconiser la non-violence et la justice, de sorte qu'ils devraient développer leur théorie de la guerre juste « comme étant la manière la plus efficace de minimiser la violence et l'injustice, et non pas simplement dans le but de rationaliser le fait de faire la guerre[41]. » Il est complètement erroné de prétendre que le monde ou le gouvernement possède sa propre sphère d'autorité divorcée de Jésus et de ses enseignements, et ensuite en appeler à la théorie de la guerre juste, *plutôt* que d'en appeler à l'enseignement de Jésus. De telles manières de procéder, et d'autres encore qui

> marginalisent et qui compartimentent la seigneurie de Jésus, mettent en place quelque autre seigneur – le gouvernement, la nécessité d'un châtiment, ou le nationalisme – régnant sur les autres domaines de leur vie. Ces manières de procéder sont donc idolâtres. Et elles engendrent le sécularisme, parce qu'elles proclament que Jésus n'est pas pertinent à l'extérieur de la vie privée ou de la vie à venir. Elles suppriment donc toute possibilité que cette théorie de la guerre juste puisse être corrigée par l'éthique de l'Évangile, de sorte que cette théorie sert un autre seigneur, et peut être ensuite utilisée pour soutenir des guerres qui ne sont pas justes. Nous maintenons que la théorie de la guerre juste n'est pas autonome. Ou bien elle sert à réduire la violence et cherche la justice sous la seigneurie de Christ, ou bien elle sert quelque loyauté idolâtre, telle que le fait de justifier une guerre que nous avons le désir d'entreprendre. Ou bien Jésus est Seigneur de la théorie de la guerre juste, ou bien la théorie de la guerre juste sert un autre seigneur que Jésus[42].

Stassen et Gushee ne sondent pas certaines des autres dimensions contribuant à juste titre à appuyer que Jésus doive demeurer

---

41. Stassen et Gushee, *Kingdom Ethics*, p. 164.
42. *Ibid.*, p. 165.

Seigneur de tout ce qui existe. Par exemple, dans la foulée d'autres théories de la guerre juste, Cole soutient que *dans certaines conditions et selon certaines limites de la théorie de la guerre juste* les chrétiens sont *moralement obligés* de participer à une guerre juste, c'est-à-dire que le fait de ne pas y participer, dans certaines conditions, c'est manquer à ce que Jésus désigne comme étant le deuxième commandement, le commandement d'aimer notre prochain comme nous-mêmes. Si nous sommes capables de mettre un terme à une terrible injustice coûtant la vie à plusieurs personnes, et que nous refusions de le faire parce que cela risquerait de mettre en péril la vie de certains citoyens de notre propre peuple, il nous manque l'amour[43]. De plus, d'autres ont résumé l'enseignement biblique au sujet du royaume de Dieu d'une manière légèrement différente que celle adoptée par Hauerwas ou Stassen et Gushee[44], ou affirment que tenter d'unifier les théoriciens pacifistes et ceux de la guerre juste est plus problématique que certains le croient[45].

Une note au passage : une anomalie quelque peu troublante à propos du livre de Stassen et Gushee, et à propos de plusieurs auteurs qui adoptent une approche semblable au sujet de la nature du royaume[46], est leur empressement à critiquer la superpuissance actuelle, c'est-à-dire les États-Unis, à cause de ses nombreux abus de pouvoir, tout en soutenant qu'une partie de la solution réside dans le fait de renforcer l'autorité d'une véritable super-superpuissance, les Nations Unies. Il semble, après tout, qu'ils ne craignent pas tellement

---

43. Darrell Cole, « Good Wars », *First Things* 116, octobre 2001, p. 27-34 ; Cole, *When God Says War Is Right: The Christian's Perspective on When and How To Fight*, Colorado Springs, WaterBrook, 2002.
44. Par exemple, Russell D. Moore, *The Kingdom of Christ: The New Evangelical Perspective*, Wheaton, Crossway, 2004.
45. Par exemple, Helmut David Baer et Joseph E. Capizzi, « Just War Theories Reconsidered: Problems with Prima Facie Duties and the Need for a Political Ethic », *Journal of Religion and Ethics*, vol. 33, 2005, p. 119-137.
46. Par exemple, N. T. Wright, *Evil and the Justice of God*, Downers Grove, InterVarsity Press, 2006.

la concentration du pouvoir en un seul endroit; ils n'aiment tout simplement pas le fait que ce soit les États-Unis qui possèdent ce pouvoir. Aucun de ces ouvrages ne soulève la question de l'absence effarante d'imputabilité au sein des structures de l'ONU, ou la facilité avec laquelle l'ONU peut être corrompue – démontrée notamment dans le scandale spectaculaire « pétrole contre nourriture ». En d'autres termes, lorsqu'ils passent de la théologie et de l'exégèse au fait d'essayer de parler de manière prophétique dans notre monde, ces auteurs démontrent leur naïveté et leur tendance à suivre les tendances actuelles.

(e) L'ouvrage subtil et indépendant d'Oliver O'Donovan est beaucoup plus difficile à situer[47]. Pour O'Donovan, le « constantinisme » n'est pas synonyme de honte ou d'opprobre. L'auteur s'inscrit dans la lignée de l'historien Robert Louis Wilken, qui affirme que, de manière générale, l'Église « n'a pas imposé son éthique à César » (ce qu'on l'a souvent accusée de faire), mais elle a plutôt exigé des empereurs qu'ils se conforment à des critères plus élevés – lorsque, par exemple, Ambroise a excommunié le chrétien Théodose à cause du massacre qu'il avait commis à Thessalonique. En effet, O'Donovan peut aller aussi loin que suggérer que le Premier Amendement de la Constitution américaine marque symboliquement la fin du christianisme, puisque cet amendement interdit au Congrès de promulguer une loi qui prônerait la religion ou lui nuirait, parce qu'elle décharge l'État de toute responsabilité de reconnaître l'autorévélation de Dieu dans l'histoire. Ceci ne signifie pas qu'O'Donovan se porte à la défense de la « chrétienté ». Cet auteur affirme plutôt, dans le sillage de la résurrection et de l'exaltation triomphantes de Jésus, que toutes les autorités politiques du monde ont été soumises au Christ, qui a

---

47. Dans les pages qui suivent, je réfère principalement à son *The Desire of the Nations*, 2ᵉ éd., Cambridge, Cambridge University Press, 2005, et son *The Ways of Judgment*, The Bampton Lectures 2003, Grand Rapids, Eerdmans, 2005. Voir aussi le compendium extraordinairement utile d'Oliver O'Donovan et Joan Lockwood O'Donovan, éd., *From Irenaeus to Grotius: A Sourcebook in Christian Political Thought 100-1625*, Grand Rapids, Eerdmans, 1999.

triomphé d'elles, de sorte qu'elles n'ont plus aucun pouvoir, du moins en principe. Dieu leur a néanmoins accordé l'autorité limitée d'agir dans le siècle présent, avant la pleine manifestation du royaume du Christ. Le Premier Amendement nie donc activement ce que la Bible enseigne, à savoir que l'État a l'obligation de reconnaître l'autorévélation de Dieu dans l'histoire. À l'intérieur de ce cadre, O'Donovan ne dit pas que les chrétiens devraient chercher intensément à fonder des États chrétiens, mais il note que ces derniers surgiront ici et là à l'occasion, même si aucun d'eux ne sera établi de façon permanente dans le présent siècle.

Dans son ouvrage intitulé *The Ways of Judgment*, O'Donovan affirme que «l'autorité du gouvernement séculier réside dans la pratique du jugement[48]». Par «jugement», O'Donovan n'entend pas le fait de restreindre l'autorité du gouvernement au simple domaine juridique. Le jugement est plutôt «*un acte de discrimination morale qui se prononce au sujet d'un acte précédent ou d'un état de fait actuel, dans le but d'établir un nouveau contexte public*[49]». Si donc les autorités politiques ont été mises en place dans le sillage de l'exaltation du Christ, ils constituent un témoignage secondaire aux actes de jugement de Dieu lui-même. En utilisant cette notion de jugement à titre déterminant, le reste de l'ouvrage traite en grande partie de la nature de l'autorité politique, de la représentation du peuple, de la nature de la démocratie, et plus encore. O'Donovan est clairement favorable à une forme de gouvernement plutôt limitée.

L'ouvrage d'O'Donovan a été scruté à la loupe[50]. Même si on peut remettre en question certaines des avenues qu'il a empruntées pour en arriver à sa conclusion, une des grandes qualités de l'auteur

---

48. O'Donovan, *The Ways of Judgment*, p. 3.
49. *Ibid.*, p. 7 (c'est l'auteur qui souligne).
50. Voir surtout Craig Bartholomew, Jonathan Chaplin, Robert Song, et Al Wolters, éd., *A Royal Priesthood? The Use of the Bible Ethically and Politically: A Dialogue with Oliver O'Donovan*, Scripture and Hermeneutics Series, Grand Rapids, Zondervan, 2002. Il est évident que nous n'avons pu intégrer à notre analyse les ouvrages plus récents d'O'Donovan.

est sa capacité de poser un fondement théologique au rôle du gouvernement, en évitant plusieurs des pièges dans lesquels maints théoriciens sont tombés.

(f) Plusieurs secteurs du large spectre du christianisme aux États-Unis sont prompts à critiquer d'autres secteurs. La gauche critique la droite[51] et la droite critique la gauche[52]. Toutes ces critiques pâlissent toutefois à la lumière de la rhétorique flamboyante de l'extrême gauche laïque. Même les titres de leurs ouvrages en disent long.

Dans *American Fascists: The Christian Right and War on America*[53], Chris Hedges regroupe à peu près tout ce qui est chrétien en une conspiration ténébreuse, contrôlée dans une large mesure par des théonomistes. Peut-être l'arrière-plan presbytérien de Hedges l'amène-t-il à choisir cette cible en particulier, mais, quelle qu'en soit la source, Hedges est convaincu que les chrétiens sont sur le point de réaliser ce que les nazis de la première heure ont perpétré en Allemagne.

L'ouvrage de Michelle Goldberg, *Kingdom Coming: The Rise of Christian Nationalism*[54], est un autre livre qui s'intéresse à la théonomie (ou au « reconstructionisme »). Elle réussit à mettre dans le même sac des gens tels que Timothy McVeigh (un précurseur de « l'autoritarisme théocratique »), Tim Keller, Marvin Olasky, et D. James Kennedy. Elle ne mentionne pas Rick Warren. Elle n'a aucune idée

---

51. Par exemple, Randall Balmer, *Thy Kingdom Come: How the Religious Right Distorts the Faith and Threatens America: An Evangelical's Lament*, New York, Basic, 2006 ; Jimmy Carter, *Our Endangered Values*, New York, Simon & Schuster, 2005 ; Carter, *Palestine: Peace Not Apartheid*, New York, Simon & Schuster, 2006. Il m'apparaît difficile de choisir lequel de ces trois ouvrages comporte les distorsions les plus flagrantes de l'histoire et de la théologie.
52. Newt Gingrich, *Rediscovering God in America: Reflections on the Role of Faith in Our Nation's History and Future*, Nashville, Integrity, 2006.
53. Hedges, *American Fascists: The Christian Right and War on America*, New York, Free Press, 2007.
54. Goldberg, *Kingdom Coming: The Rise of Christian Nationalism*, New York, Norton, 2006.

des nuances dans les croyances et les points de vue de ces auteurs, et d'autres évangéliques – ou alors elle ne le laisse pas paraître. Pire, lorsqu'elle perçoit certaines différences, son « approche, comme celle de tous les auteurs anti-théocratiques, est de présupposer que les formes extrêmes du conservatisme religieux doivent, par définition, en être l'expression la plus authentique[55] ».

Dans *The Baptizing of America: The Religious Right's Plans for the Rest of Us*[56], James Rudin prévoit l'existence de cartes d'identité indiquant l'affiliation religieuse des gens, des études bibliques obligatoires dans tous les ministères gouvernementaux et dans les grandes entreprises, un traitement privilégié accordé aux christocrates (*sic*), et ainsi de suite.

Kevin Phillips, dans son *American Theocracy: The Peril and Politics of Radical Religion, Oil, and Borrowed Money in the 21st Century*[57], rattache cette théologie périlleuse davantage à Hal Lindsey et à l'eschatologie de l'enlèvement, qu'à Rushdoony et aux reconstructionnistes. Y a-t-il *une seule personne* dans le cabinet de Bush qui souscrit à l'une ou l'autre de ces perceptions théologiques ? Peu importe ! Ou bien ils ont été trompés, ou alors ils cachent bien leur jeu.

Ces ouvrages frisent le ridicule en ce qui concerne le manque de qualité de leur recherche. Cependant, à New York, où ces livres se vendent comme des *hot-dogs* lors d'une joute de baseball, « l'évangélisme » est devenu un vilain mot, placé au même rang que le « jihadisme » ou le « fascisme ». Sans aucun doute, on peut trouver autant d'excentriques parmi les gens de la droite que parmi ceux de la gauche. Aussi doit-on faire preuve d'un peu plus de rigueur lorsqu'on tente de découvrir ce que les gens croient vraiment, et comment ils

---

55. Dans le même sens, Ross Douthat, « Theocracy, Theocracy, Theocracy », *First Things* 165, août-septembre 2006, p. 25.
56. Rundin, *The Baptizing of America: The Religious Right's Plans for the Rest of Us*, New York, Thunder's Mouth Press, 2006.
57. Phillips, *American Theocracy: The Peril and Politics of Radical Religion, Oil, and Borrowed Money in the 21st Century*, New York, Viking, 2006.

réagissent en réalité[58], et d'un peu moins de culpabilité par association ou par extrapolation débridée.

Je mentionne ces ouvrages seulement parce que la plupart d'entre eux font appel au « mur de séparation » pour soutenir leur point de vue. S'il doit y avoir des chrétiens conservateurs dans ce pays, ils doivent apprendre que la religion est une affaire strictement privée. En d'autres termes, le mur de séparation de Jefferson s'érige entre l'État *et toute expression extérieure de la religion qui peut avoir quelque rapport que ce soit à ce qui pourrait être de quelque intérêt pour l'État*. En bref, ces auteurs croient que la seule façon dont le mur de séparation peut être conservé est en rendant la religion, et le christianisme en particulier, aussi privée que possible. Certains de ces auteurs se sentent si menacés qu'ils croient que l'on devrait adopter des lois interdisant aux chrétiens d'occuper un quelconque poste au sein de la fonction publique. Il est difficile d'imaginer comment « le libre exercice » de la religion tel qu'ils l'entendent peut être renforcé par une telle prise de position. Au nom de la liberté, ils désirent intensément restreindre les libertés de ceux dont les points de vue divergent des leurs. Et parce que les États-Unis deviennent de plus en plus polarisés, la question des relations entre l'Église et l'État devient un sujet de débat plus intense et plus menaçant que jamais.

(3) Jusqu'ici, les notes historiques de ce chapitre se sont attardées aux expériences américaines caractéristiques par rapport aux sempiternelles tensions dans le monde occidental entre l'Église et l'État. Ces questions ont évidemment suivi une tout autre trajectoire au Royaume-Uni. Du fait que l'Angleterre et l'Écosse ont chacune leur Église nationale, les discussions à propos des relations entre l'Église et l'État tendent réellement à porter sur *l'Église en tant que telle*, tandis que les discussions au sujet des relations entre l'Église et l'État aux États-Unis, comme nous l'avons vu, ont tendance à déraper

---

58. On pense, par exemple, à l'étude sociologique intéressante d'Andrew Greeley et Michael Hout, *The Truth about Conservative Christians: What They Think and What They Believe*, Chicago, University of Chicago Press, 2006.

en des discussions relatives aux relations entre la religion chrétienne et l'État. En Angleterre, il est très probable que des questions reliées à la désinstitutionalisation de l'Église d'État soient débattues plus longuement, en raison du déclin de son influence (certains sondeurs d'opinion disent qu'il y a plus de fidèles dans les mosquées que dans les Églises, et ce, quel que soit le week-end de l'année), d'une division progressive dans l'Église à propos de controverses morales et doctrinales, et d'un désaveu public de tout confessionnalisme de la part du Prince de Galles, le prochain chef de cette Église[59]. Il existe bien sûr plusieurs autres modèles de relations entre l'Église et l'État. Dans certains pays (la Hongrie, par exemple), les autorités ont invité des leaders chrétiens à enseigner la Bible dans les écoles publiques, parce qu'elles désiraient s'assurer que la morale y soit enseignée. Nul ne sait combien de temps cette invitation durera, mais selon cette expérience hongroise dans le bloc de l'Est, cette approche est perçue comme une merveilleuse expression de la *liberté*.

L'idée à retenir est donc la suivante : tout comme la démocratie possède plusieurs visages (selon ce que le début de ce chapitre a tenté de clarifier), et tout comme l'idée d'État-nation revêt diverses formes, de même le concept de la liberté de religion a suivi diverses avenues. Ces variations changent inévitablement les relations entre l'Église et l'État. La Révolution américaine et la Révolution française ont pris place presque simultanément dans l'histoire, mais elles ont suivi des directions opposées à certains égards. L'origine de la Constitution américaine (y compris la Charte des droits) cherchait, dans une large mesure, à protéger la religion (chrétienne) vis-à-vis de l'État ; la Révolution française était beaucoup plus préoccupée à protéger l'État face à la religion. Dans son sillage, la valeur de la laïcité (un terme dont le sens se situe quelque part entre la laïcisation et la sécularisation) n'était pas remise en question – et elle ne l'est toujours pas.

---

59. Comme il a souvent été rapporté, à son couronnement, il préférerait être désigné «Défenseur de la *foi*» (en général) plutôt que «Défenseur de *la* foi» (c'est-à-dire, la foi anglicane).

Plusieurs ont déjà tenté de comparer la Révolution américaine et la Révolution française au sujet de leurs trajectoires respectives. Les résultats sont mitigés. Pour l'instant, il vaut la peine d'en mentionner deux. Le premier provient de Dietrich Bonhoeffer, qui a vécu quelque temps aux États-Unis avant la Seconde Guerre mondiale et en est reparti avec un certain sentiment d'ambivalence concernant l'interaction entre religion et démocratie aux États-Unis. Les chrétiens américains de tradition « Église libre » (puisqu'il n'y existe pas d'Église d'État) se sentent libres de remettre en question et même de restreindre les ambitions et les prétentions de l'État ; d'autre part, ils semblent aussi trop prompts à considérer les rôles respectifs de l'Église et de l'État comme étant égaux, ou du moins à les réunir. Dans la citation qui suit, il est important de se rappeler que Bonhoeffer appelle « spiritualistes » ces chrétiens américains d'allégeance « Église libre », et « spiritualisme » ou « illuminisme » le mouvement auquel ils souscrivent :

> À ce propos, il nous faut penser à l'évolution particulière que nous constatons dans les pays anglo-saxons, et surtout aux États-Unis. La révolution américaine, bien que presque simultanée et non sans lien politique avec la Révolution française, est pourtant profondément différente de celle-ci. La démocratie américaine a pour base non pas l'homme libéré, mais bien au contraire le royaume de Dieu, et la limitation de tout pouvoir terrestre par la souveraineté de Dieu. Il est révélateur, par comparaison avec la *Déclaration des droits de l'homme*, d'entendre dire par les historiens que la Constitution fédérale a été écrite par des hommes qui connaissaient le péché originel et la méchanceté du cœur humain. Les grands de ce monde, mais aussi le peuple, mus par ce désir de puissance qui est inné dans l'homme, sont forcés de reconnaître leurs limites face au pouvoir souverain de Dieu. L'idée, issue du spiritualisme des dissidents réfugiés en Amérique, que le royaume de Dieu sur terre ne peut être édifié par l'autorité publique, mais seulement par la communauté des croyants, s'allie à la pensée de Calvin qui lui est essentiellement opposée. L'Église proclame les principes de l'ordre social et politique. L'État fournit les moyens techniques nécessaires à la mise en

pratique de ces principes. Les deux argumentations, essentiellement étrangères l'une à l'autre, débouchent sur l'exigence de la démocratie, et c'est le spiritualisme exalté qui déterminera la pensée américaine. Le fait étonnant que le continent européen n'a jamais réussi à baser une démocratie sur le christianisme, alors que, dans les pays anglo-saxons, elle passe précisément pour la forme chrétienne de l'État, s'explique à partir d'ici. La persécution des spiritualistes et leur expulsion hors du continent ont été d'une grande portée politique. Si, malgré tout, les pays anglo-saxons souffrent eux aussi de graves signes de sécularisation, ceux-ci, loin d'avoir leur origine dans la différenciation mal comprise des deux fonctions, c'est-à-dire des deux règnes, proviennent plutôt de la confusion entre l'État et l'Église enracinée dans l'illuminisme. La prétention de la communauté des croyants à construire le monde avec des principes chrétiens aboutit à la dégradation totale de l'Église sous l'autorité de l'État. Un regard jeté sur les nouvelles ecclésiastiques de New York le montre suffisamment. Le fait que la séparation entre les deux règnes n'ait jamais été réalisée empêche cette situation d'évoluer vers un anticléricalisme radical. L'impiété reste plus voilée. Ainsi, il enlève à l'Église la bénédiction de la souffrance et le renouveau possible qui en résulte[60].

On pourrait toujours ergoter à propos de certains détails. L'analyse de Bonhoeffer est fortement tributaire de son arrière-plan luthérien lorsqu'il parle de sa théologie des « deux royaumes », et elle est encore plus rattachée au fait qu'il est conscient que l'État allemand où il vit possède des ambitions sans limites et quasi célestes. On pourra certes s'opposer à certains éléments de son analyse historique qui ont maintenant l'air surannés. C'est tout de même un excellent rappel du fait que la manière dont on traite des relations entre l'Église et l'État change de pays en pays en Occident, et de période en période à l'intérieur d'un même pays.

---

60. Dietrich Bonhoeffer, *Éthique*, 4ᵉ éd., coll. « Le champ éthique », n° 16, Genève, Labor et Fides, 1997, p. 78-80.

Ou encore, voici Jacques Maritain, écrivant peu de temps après la Seconde Guerre mondiale, lorsqu'il eut quitté la France pour aller vivre aux États-Unis :

> Une des choses qui frappent l'Européen arrivant aux États-Unis est le fait que l'expression « séparation de l'Église et de l'État » – fallacieuse en elle-même – n'a pas du tout le même sens ici et en Europe. En Europe, elle signifie, ou signifiait, cette situation de complet isolement qui provient de malentendus et de conflits séculaires, ce qui a produit les résultats les plus infortunés. En Amérique, elle signifie, en réalité, tout ensemble le refus d'avoir une religion d'État et d'accorder aucun privilège à une confession religieuse de préférence aux autres, et une distinction entre l'État et les Églises qui est compatible avec la bienveillance et la coopération mutuelles. Claire distinction et coopération réelle, voilà un trésor historique dont un Européen est peut-être mieux préparé à apprécier la valeur, du fait de ses amères expériences. Souhaitons que la conception américaine de la séparation ne se déforme pas dans le sens de la conception française, et que la conception française se rectifie dans le sens de la conception américaine[61].

Là encore, on pourrait s'objecter à tel détail ou à tel l'autre. Le contraste que perçoit Maritain n'est pas réellement entre les États-Unis ou l'Europe, mais entre les États-Unis et la France ; lorsque Maritain a écrit ces lignes, plus d'une nation en Europe se targuait d'avoir une Église d'État (par exemple, l'Angleterre) ou des Églises d'État (par exemple, l'Allemagne), générant ainsi des modèles de relations entre Église et État, différentes à la fois de celles existant aux États-Unis et de celles existant en France. Maritain décrit évidemment les États-Unis tels qu'ils existaient il y a plus d'un demi-siècle. Depuis lors, les processus de laïcisation et leurs contrecoups ont produit un climat quelque peu différent au sein des relations entre Église et État aux États-Unis. De plus, tandis que l'élite intellectuelle et l'élite médiatique adoptent plusieurs des positions

---

61. Jacques Maritain, *L'Homme et l'État*, Paris, PUF, 1965, p. 171-172.

du postmodernisme (dans sa version américaine), l'élite française souscrit encore fortement au modernisme structurel. Il n'y a pas si longtemps, le président Chirac a salué le projet universel humaniste, de même que le rôle de la France dans sa diffusion. Cependant, une fois toutes ces nuances concédées, les observations de Maritain apparaissent d'autant plus perspicaces aux yeux des lecteurs d'aujourd'hui. La Révolution américaine et ses conséquences visaient à soutenir, du moins en partie, la liberté *accordée à* la religion; la Révolution française et ses conséquences cherchaient à soutenir la liberté *face à* la religion. Encore aujourd'hui, plusieurs Européens rejettent tout appel chrétien avoué en matière de politique publique, sous prétexte qu'il s'agit de « religion civile[62] ».

Cela signifie que lorsqu'il s'agit de liberté de religion, ce que les chrétiens en France recherchent est bien différent ce que recherchent d'autres chrétiens d'Europe. Par exemple, certaines universités françaises interdisent tout rassemblement chrétien (ou toute autre rencontre à connotation religieuse) dans les locaux de l'université. Lorsque certains ont tenté de mettre en place une interdiction semblable aux États-Unis (parfois sous prétexte que des groupes chrétiens sont intolérants envers ceux qui pratiquent l'homosexualité, en ne leur accordant pas de fonction officielle), les chrétiens ont réagi en invoquant le Premier Amendement et ont gagné leurs causes en cour de justice, du moins jusqu'à présent. En France, les autorités universitaires possèdent beaucoup plus de pouvoir qu'aux États-Unis, de sorte que ce qui est permis ou interdit peut sembler un peu plus arbitraire. La nature de la contestation quant à l'usage des locaux publics universitaires est tout de même très différente. L'engagement français envers la liberté intellectuelle peut répondre favorablement, à la condition que les chrétiens utilisent leur temps en groupe pour étudier et enseigner la Bible. Lorsque les chrétiens désirent y incorporer l'adoration en commun, l'engagement français envers la laïcité peut

---

62. Par exemple, Geiko Müller-Fahrenholz, *America's Battle for God: A European Christian Looks at Civil Religion*, Grand Rapids, Eerdmans, 2007.

carrément mener à interdire à ces groupes de se rencontrer[63]. Ainsi, les chrétiens organisent leurs rencontres et leurs recours autour de l'étude et de l'enseignement. Je ne prétends pas que l'un ou l'autre de ces héritages possède toutes les réponses. Je ne fais que souligner que la forme des relations entre l'Église et l'État (y compris les institutions financées par l'État, telles que les universités) peut varier énormément, et qu'il est difficile d'apposer un statut normatif, ou même une stabilité à long terme à n'importe laquelle de ces formes. L'antipathie de la France à l'égard des États-Unis tient en partie à de telles divergences de perspective[64].

(4) Il est maintenant temps de regarder à l'extérieur du monde dont l'héritage est historiquement chrétien. Plus d'un historien et d'un érudit en sciences sociales avait supposé que le modernisme allait mener au flétrissement du christianisme. Pourtant, il existe tant d'exceptions à cette affirmation que de nouvelles études sont publiées dans le but de remettre en question ces vieilles hypothèses.

---

63. Je remercie David Brown des Groupes Bibliques Universitaires de France de m'avoir informé en ces matières. Voir le petit livret produit par les GBU, intitulé *Liberté de conscience, Liberté d'expression : communiquer l'Évangile en France aujourd'hui : est-ce légitime ?* (Juillan, Fédération Évangélique de France, 2004.) Peut-être convient-il de noter ici que les différences culturelles (y compris les différences intellectuelles) entre les universités de France et celles des États-Unis s'étendent à plusieurs domaines connexes. Il est difficile d'imaginer sur un campus américain la présence d'un ouvrage tel que celui de Luc Ferry, *Apprendre à vivre : traité de philosophie à l'usage des jeunes générations*, Paris, Plon, 2006. Ce livre présente de la philosophie populaire sérieuse, et se vend extraordinairement bien. Le point central de Ferry veut que la philosophie, lorsqu'elle est bien comprise, n'enseigne pas tant comment penser, mais plutôt comment vivre. Ferry présente ensuite cinq « philosophies » importantes et les évalue tour à tour. Le christianisme constitue l'une d'entre elles, et la présentation de Ferry est remarquablement juste et perspicace. Sa seule critique négative significative est que le christianisme est trop beau pour être vrai.

64. Évidemment, la question est plus vaste, mais elle est reliée à ces divergences. Voir Roger Scruton, *The West and the Rest: Globalization and the Terrorist Threat*, Wilmington, ISI Books, 2002.

Une des études les plus intéressantes est celle de David Herbert[65], qui esquisse certaines des manières complexes dont la religion peut interagir avec la « société civile » (sa propre expression). Un des points saillants de son ouvrage repose sur l'étude de quatre cas : le rôle de l'Islam en Grande-Bretagne de ce côté-ci des *Versets sataniques*, le rôle du catholicisme en Pologne, le rôle des diverses religions en Bosnie, et le rôle de l'islamisation (encore une fois, l'expression est la sienne) de l'Égypte après Nasser.

Il ne convient pas d'analyser une fois de plus que l'Islam (a) ne possède aucun héritage qui consiste à rendre « à César ce qui est à César, et à Dieu ce qui est à Dieu » (b) qu'il conçoit différemment l'État-nation, ce dernier étant soumis à l'*oumma*, au peuple de l'Islam (c) qu'il n'a rien qui ressemble à une Église nationale, et encore moins à des dénominations, de sorte que des discussions à propos des relations entre l'Église et l'État, employant des structures de pensée occidentales, soient compréhensibles[66] (d) qu'il ressent un profond sentiment d'injustice historique issu du déclin de sa propre influence pendant le dernier siècle et demi ou à peu près ; et (e) qu'il goûte à une sensation croissante de puissance provenant du « succès » de ses propres éléments radicaux, de sa puissance financière tirée de ses revenus pétroliers, et de son avantage démographique en Europe et ailleurs (un taux de natalité de 3,5, tandis que celui l'Europe en général n'est pas même de 1,4).

Les développements au sein de l'Islam peuvent prendre des directions tellement variées, que le fait d'émettre le moindre pronostic relève de la spéculation. Plusieurs auteurs ont noté des exemples du pouvoir grandissant des ramifications les plus militantes de l'Islam – qu'il s'agisse du *wahhabisme* en Arabie saoudite, de la

---

65. Herbert, *Religion and Civil Society: Rethinking Public Religion in the Contemporary World*, Ashgate Religion, Culture and Society Series, Aldershot, Ashgate, 2003.
66. Cette idée est cependant exagérée. Certains États musulmans ont un grand mufti, un enseignant musulman renommé possédant les qualifications nécessaires l'autorisant à prononcer des jugements ayant force de loi sur le peuple.

croissance de la rhétorique et de l'éducation islamistes en Égypte depuis les trente ou quarante dernières années, ou de petits indices tels que le fait qu'un musulman vivant en Malaisie il y a quinze ans pouvait se convertir à une autre religion sans devoir se présenter devant une cour de la *sharia*, une liberté maintenant disparue et remplacée par une sentence d'usage consistant en un châtiment. D'autre part, certains auteurs affirment que l'Islam possède des ressources internes lui permettant de développer sa propre appréciation et sa propre défense de la démocratie[67]. On peut suivre avec intérêt les forces concurrentes dans un pays comme la Turquie, des forces présentées avec une rare puissance dans le roman remarquable d'Orhan Pamuk, *Snow*[68]. Le monde musulman présente de nombreuses ironies et peut connaître des revirements d'envergure. Certains ont soutenu que les musulmans vivant dans des pays tels que l'Iran, où les gouvernements s'opposent farouchement à l'Occident, tendent à être les pays les plus ouverts à l'Occident. On note certaines évidences voulant que plusieurs musulmans ordinaires en aient assez de la violence de leurs propres djihadistes qui, loin de gagner la faveur du peuple à long terme, finira par se l'aliéner. Ou alors, trouveront-ils constamment un nombre suffisant de jeunes recrues dans des pays dont le taux de natalité semble être capable d'en fournir un nombre apparemment sans fin ?

Dans toute dispute, personnelle ou nationale, tout n'est pas perception, mais les perceptions jouent un très grand rôle. Si les seuls rapports significatifs entre des musulmans pieux et des Occidentaux ont été avec ceux dont l'héritage est libéral, ces musulmans ne seront vraisemblablement pas attirés par ce qu'ils voient et entendent. La tolérance religieuse, élevée par ces libéraux au sommet de toutes les vertus, apparaît aux yeux d'un musulman pieux comme étant

---

[67]. Par exemple, M. A. Muqtedar Khan, « American Muslims and the Rediscovery of America's Sacred Ground », dans *Taking Religious Pluralism Seriously: Spiritual Politics on America's Sacred Ground*, Barbara A. McGraw et Jo Renee Formicola, éd., Waco, Baylor University Press, 2005, p. 127-147.

[68]. Pamuk, *Snow* [2002], New York, Vintage Books, 2004.

une forme d'athéisme fonctionnel. Allah ne supporte aucun rival. Lorsque le choix est à poser entre l'Islam et le pluralisme religieux comme un bien en soi, alors le musulman pieux l'emporte haut la main. Même si ce musulman désavoue la violence des djihadistes, il ne voudra pas embrasser le pluralisme religieux si caractéristique de l'Occident.

Si ce musulman rencontre un chrétien conservateur confessionnel, une toute nouvelle conversation s'installe. Ce musulman rencontre maintenant des chrétiens aussi convaincus de confesser l'étendue universelle de la souveraineté de Dieu que le sont les musulmans. Ces chrétiens soutiennent que tout genou fléchira un jour devant le Roi Jésus. Ils rejettent, comme position de principe, le pluralisme religieux si typique à la pensée occidentale, si ce pluralisme religieux est présenté comme un idéal. D'autre part, cependant, tous deux rejettent la violence comme moyen de faire progresser l'Évangile et se réjouissent du pluralisme religieux des démocraties occidentales, non pas en tant que bien absolu, non pas comme étant la vertu suprême, mais comme procurant la meilleure avenue dans un monde déchu et brisé, rempli d'idolâtrie et d'erreurs (y compris les nôtres). Le pluralisme ne peut constituer le souverain bien, parce qu'il ne se trouvera pas dans les nouveaux cieux et la nouvelle terre que nous attendons avec impatience ; mais si le pluralisme parvient à modérer la violence et la coercition, s'il peut promouvoir une liberté relative entre ceux qui portent en eux l'image de Dieu (qu'ils le reconnaissaient ou non), alors nous remercions Dieu pour ses dons de grâce commune et pour la sagesse du Maître qui a insisté pour que nous fassions une distinction entre le domaine dévolu à César et le domaine dévolu à Dieu, même si cette distinction est complexe et si peu absolue. Nous nous réservons le droit de proclamer le Christ, et nous donnerons nos vies afin de préserver ce droit ; mais nous n'avons aucun intérêt à voir des « conversions » professées à la pointe de l'épée, et nous prenons nos distances par rapport à nos ancêtres qui n'avaient pas clairement compris une telle réalité.

Quant à la démocratie, si nous en faisons la promotion, ce n'est pas parce que nous croyons qu'il s'agit d'un souverain bien, encore moins d'une solution à tous les problèmes politiques, et pas non plus parce qu'il s'agirait d'une forme idéale de gouvernement, mais parce qu'elle semble être l'option la moins répréhensible, puisque ce monde est déchu et nous-mêmes sommes tous enclins au mal le plus grotesque. Notre eschatologie nous enseigne que la partie n'est pas terminée. La façon pour nous de parvenir à bon port n'est pas la conquête militaire, ou les urnes, mais le retour de notre Seigneur – et nous participons entretemps à la proclamation de la bonne nouvelle au sujet de Jésus en parole et en action, et nous nous souvenons que lui-même nous a enseigné que, sous l'autorité de Dieu, César possède son domaine qui doit être respecté, et une autorité à laquelle nous devons obéir.

Comme je l'ai mentionné ci-dessus, lorsqu'un musulman pieux rencontre des chrétiens de cette trempe, la conversation à propos de la vision politique, des fins politiques, et des moyens d'y parvenir, ne sera pas aussi antithétique. Il est loin d'être assuré que l'Islam puisse développer les ressources capables de produire son propre *modus vivendi* vis-à-vis d'un César ne souscrivant pas au fait de promouvoir l'Islam comme politique gouvernementale.

Nous devons considérer les États islamiques sous un autre angle encore : comment les Églises chrétiennes se portent-elles dans les pays musulmans ? En d'autres termes, si nous posons des questions à propos de l'Église et de l'État, en quoi consiste cette relation lorsque l'État est musulman ? Il existe dans ce cas une grande variété de réponses. Pendant les cinq dernières années en Indonésie, près de quatre mille chrétiens sont morts martyrs, et plusieurs Églises ont été réduites en cendres. Ce n'est pas le résultat d'une politique d'un gouvernement central, mais les gouvernements locaux ont tout simplement fermé les yeux. En Malaisie, les Églises chrétiennes jouissent d'une grande liberté, pourvu que les communautés chrétiennes se composent principalement de personnes issues de la population chinoise. Néanmoins, construire un bâtiment d'Église avec un clocher et une croix est interdit, même parmi la population chinoise, parce que de tels signes sont jugés trop provocateurs. Les Églises malaises n'existent pas de façon officielle en Malaisie, et les Malais (la majorité étant musulmane) qui se convertissent au christianisme font face à d'énormes difficultés.

Des Églises officielles au sein de la population saoudienne n'existent pas, et un Saoudien qui se convertit publiquement de l'Islam au christianisme a peu de chances de survivre. Tout édifice religieux, mis à part les mosquées, est interdit en Arabie saoudite. En Turquie, la politique publique permet officiellement plus de liberté, mais il existe de grands écarts au plan local, de même que plusieurs sources d'irritation un peu partout au pays ; par exemple, il est difficile pour un chrétien d'obtenir un emploi au gouvernement, et dans certaines régions, ceux qui témoignent publiquement de leur foi – tel que le fait de distribuer gratuitement des exemplaires du Nouveau Testament – courent le risque d'être sévèrement battus. En Iran, on assiste à des éruptions sporadiques de violence contre des leaders chrétiens. Alors la question doit être posée : comment les Églises vivant dans ces pays musulmans plus fermés perçoivent-elles leurs gouvernements ?

On peut bien sûr poser la même question à propos des régimes politiques non musulmans. Un sondage récent du ministère Portes Ouvertes accorde à la Corée du Nord le titre du « pire pays en ce qui trait à la persécution envers les chrétiens ». Là où la persécution est plus ou moins constante et souvent violente, la plus affable des approches de Niebuhr semblera tout simplement hors de propos aux yeux de la plupart des chrétiens qui y vivent. Dans les endroits où les chrétiens qui s'affichent publiquement un tant soit peu doivent s'attendre à l'opposition, à la persécution, et même au martyre, le bavardage sempiternel au sujet d'approches théoriques idéales par rapport à de possibles relations entre le Christ et la culture prend des allures de farce spéculative.

Quelques réflexions en guise de conclusion

Il est maintenant temps de rassembler nos idées.

(1) Bien que loin d'être complet, notre survol montre combien il est difficile de parler des relations entre l'Église et l'État sans traiter du sujet, plus étendu, des relations entre les chrétiens et l'État, et du sujet encore plus vaste des relations entre la religion et l'État. L'interaction entre ces polarités est extrêmement complexe, non seulement en raison des historiques propres à chaque pays, mais aussi parce qu'il existe différentes compréhensions de la démocratie, différents présupposés par rapport à la laïcisation, différentes visions à propos de Dieu et de sa fidélité, des religions très différentes les unes des autres, etc.

D'un point de vue chrétien, il est peu utile de parler de «l'Occident chrétien» ou de «notre nation chrétienne», ou d'autre chose du genre[69]. Aux États-Unis, c'est un fait, non seulement en raison de la portée légale du Premier Amendement (peu importe comment il est interprété), mais aussi parce que la démographie chrétienne est si variable de l'Ouest vers l'Est, et du Nord au Sud, que de telles expressions semblent étroites et désuètes. De façon encore plus importante, parler de «l'Occident chrétien» étouffe le progrès de l'Évangile dans certaines parties du monde où les religions et les idéologies adverses désirent que les gens croient en ce stéréotype de l'Occident chrétien, afin de débouter les affirmations chrétiennes sous le simple prétexte qu'elles sont occidentales. Par-dessus tout, les chrétiens qui désirent être fidèles à la Bible se rappelleront que leur citoyenneté est céleste. Faute de le comprendre, nous nous associons de manière trop étroite aux royaumes et aux systèmes de ce monde, et cela entraîne des conséquences désastreuses, tant sur le plan matériel

---

69. Voir Mark Weldon Whitten, *The Myth of Christian America: What You Need to Know About the Separation of Church and State*, Macon, Smyth & Helwys, 1999.

que spirituel. Comme l'a écrit Peter Swift : « Si un musulman devient chrétien, le coût civilisationnel va de soi ; il devient étranger à ses propres racines, et ceux qu'il laisse derrière sont consternés par le fait que leur bien-aimé a fait une telle défection civilisationnelle. Devenir un disciple de Jésus se fait au coût de laisser derrière soi les civilisations de ce monde et de découvrir son identité au sein du royaume de Dieu. Quelle tragédie lorsque ce coût est rabaissé au point d'être perçu comme un mouvement vers l'Ouest plutôt qu'un mouvement vers les sphères célestes[70] ! » Évidemment, la vérité complémentaire est que *nous vivons en effet* ici et maintenant dans un *certain* pays, et tout comme Paul a pu se déclarer citoyen romain, je peux moi aussi me déclarer citoyen ougandais, canadien, australien, français, ou japonais. Il ne doit certes y avoir aucune confusion dans la pensée des chrétiens à propos de leur identité *première*, alors même qu'ils se souviennent que les Écritures chrétiennes leur commandent de se soumettre aux autorités de l'État sauf là où le croyant serait conduit à désobéir au Dieu sur qui repose ultimement toute autorité.

(2) La majorité des lecteurs de ces pages vivent dans un pays démocratique. Si l'on compare cette réalité à celle des chrétiens du Ier siècle vivant sous l'autorité de l'Empire romain, cet état de fait amène de nouvelles libertés et comporte de nouvelles responsabilités. Du côté de la liberté, il est difficile d'imaginer un chrétien vivant en Judée vers l'an 65, qui chantonnerait : « Je suis fier d'être un Judéen, parce qu'au moins je sais que je suis libre[71]. » D'autre part, les commandements bibliques qui nous prescrivent de nous soumettre à l'État comme à Dieu impliquent, dans notre contexte, que nous *devons* prendre au sérieux notre responsabilité de *prendre part* à l'exercice démocratique. Cette obligation, jointe à notre devoir moral de « rechercher le bien de la ville », amène les croyants à s'engager dans les affaires de l'État à un *quelconque* niveau (partant de la simple

---

70. Swift, « The clash of civilizations and the Kingdom of God », *The Briefing*, n° 329, janvier 2006, p. 11.
71. Si un Juif pouvait prononcer quelque chose du genre (Jean 8.33), c'était apparemment dans le feu de la discussion plutôt qu'un jugement réfléchi.

participation au scrutin, jusqu'au fait d'influencer le gouvernement dans ses lois et sa gouvernance), ce qui était impossible à Paul ou à Luc – et cela signifie qu'il est aujourd'hui plus difficile de développer une mentalité d'«eux» par opposition à «nous», mentalité typique des croyants vivant sous un régime totalitaire. Alors que cette réalité peut améliorer notre sentiment de participation, elle augmente aussi sûrement la possibilité d'être trompés, en confondant le royaume de Dieu et notre propre gouvernement ou notre parti politique.

(3) La subtilité de ces dangers requiert un peu plus d'attention de notre part. Par exemple, considérons l'avis, maintes fois répété, selon lequel si nous désirons influencer la culture ambiante par les médias et les coulisses du pouvoir, nous devons traduire en quelque sorte nos valeurs et nos priorités chrétiennes et employer un langage séculier. Cet avis est-il justifié? En fait, oui et non. Cette suggestion contient évidemment une dose de sagesse pragmatique. Si nous désirons parler sur la place publique, de sujets tels que le racisme, l'avortement, la pauvreté ou l'homosexualité, nous attirerons un éventail plus vaste de personnes si nous n'employons pas de langage typiquement chrétien et si nous formons des alliances avec certains «cobelligérants» par rapport à certains sujets. Il serait toutefois naïf de ne pas percevoir que là réside précisément le danger. Si toute notre énergie est dépensée à rendre nos opinions acceptables à la masse en cherchant à atteindre des objectifs essentiellement séculiers, il n'y a qu'un pas à franchir pour que ces valeurs laïques deviennent prioritaires par rapport à notre cadre de référence chrétien qui se soumet, en principe, à la Seigneurie du Christ[72]. En d'autres termes, il nous est possible de nous adapter de façon ingénieuse, mais au prix d'un tel bagage d'idées, de sorte que ces adaptations prennent alors plus d'importance à nos yeux que le cadre de référence biblique ayant initialement donné naissance à nos prises de position. De plus, la

---

72. Plusieurs auteurs de tradition chrétienne libérale ont mis en garde les chrétiens conservateurs à cet égard; par exemple, «on nous a offert l'action sociale en échange de la fidélité, et nous y avons mordu à pleine dent» (Jason Byassee, «The Almost Formerly Important», *Christianity Today*, vol. 50, n° 3, mars 2006, p. 72).

politique est un exercice plutôt pervers; nos adversaires flaireront nos croyances chrétiennes de toute manière, et ils nous accuseront ensuite de cacher notre jeu, de tenter de nous présenter comme des laïcs alors qu'en réalité nous sommes des loups religieux déguisés en brebis laïques. Et nous serons alors mis au pilori, non seulement en raison de nos convictions, mais aussi parce que nous avons tenté de les dissimuler.

Pire encore, en adoptant une telle forme laïque de langage, nous communiquerons que les sécularistes *ont raison* après tout : il *nous faut* nous abstenir de faire appel à nos convictions « religieuses » parce que nous souscrivons à la séparation de l'Église et de l'État. Cette prise de position publique accorde un subtil avantage à l'opinion extrêmement dangereuse selon laquelle le « mur de séparation » interdit aux chrétiens – ou aux musulmans ou hindous ou bouddhistes ou animistes – de prendre part aux débats publics, de façonner la politique publique, plutôt que de défendre le point de vue selon lequel le « mur de séparation » interdit de mêler l'État dans les affaires de *l'Église en tant que telle*. Si les chrétiens ne peuvent se prononcer sur la place publique *en tant que chrétiens*, alors nous souscrivons tacitement aux affirmations de Pete Singer, de Richard Dawkins et leurs amis, selon lesquelles les sécularistes athées sont les seuls à présenter leurs points de vue de manière « objective ».

Cinq autres couches de subtilités requièrent notre attention.

(a) Lorsque le gouvernement distribue des sommes financières destinées à des programmes sociaux – pour un programme de création d'emploi, par exemple, ou pour aider les victimes du SIDA, le gouvernement devrait-il octroyer des sommes à des organisations chrétiennes qui ne sont pas des Églises (ou à toute autre organisation religieuse) et qui tentent de venir en aide à la communauté de cette manière? Dans plusieurs pays démocratiques, c'est précisément ce qui se passe; dans d'autres, c'est exactement l'inverse. Aux États-Unis, ce type d'aide est remis en question. On aurait pu penser qu'une telle distribution de l'aide financière, sans égard à l'affiliation religieuse, ne contrevient pas au Premier Amendement, à la condition que d'autres organisations religieuses reçoivent un traitement équitable, parce qu'il est difficile de voir comment cela contribue à « l'établissement » de l'une ou de l'autre religion. Une telle compréhension de la Constitution est une lecture « originaliste ». Depuis quelques décennies, les cours de justice ont eu tendance à limiter de tels octrois financiers si ces derniers étaient partiellement employés à des fins religieuses (par exemple, enseigner la Bible tout en distribuant de la nourriture aux pauvres). Il est cependant très difficile de séparer la composante « religieuse » de la composante « séculière » dans plusieurs ministères. Et d'un point de vue chrétien, une telle chose n'est pas du tout souhaitable. J'aurais cru que le Premier Amendement n'était pas violé si l'État retirait un intérêt substantiel d'un tel ministère, et si des sommes comparables avaient été accordées à plusieurs confessions et religions, lorsque les citoyens qui sont membres de ces organisations se regroupent et travaillent de la même manière – mais on doit traiter avec les cours de justice et leurs jugements actuels, et non pas avec les jugements qu'on souhaite voir être rendus.

(b) Au plan local, la démographie joue un rôle dans une démocratie. Lorsqu'un quartier est surtout musulman, ou chrétien, ou peu importe, ces groupes ne devraient pas revendiquer auprès du gouvernement, *au plan local*, un soutien égal pour tous les ministères religieux pouvant être soutenus *ailleurs dans le pays*. En d'autres termes, même si cela semble déraisonnable aux oreilles de certains, une dose de bon sens ne ferait pas de tort en ces matières.

(c) Plus que dans tout autre pays démocratique en Occident, les États-Unis ont développé, chez leurs individus, l'art de se plaindre. Si une école subventionnée par l'État présente une pièce de théâtre de Noël dont le thème soit chrétien, il ne suffit que d'un athée revendicateur ou d'un musulman tapageur se plaignant de ce que son enfant s'est senti brimé ou blessé, pour que les administrateurs de l'école bannissent les traditions chrétiennes et qu'ils s'en tiennent à présenter des pièces sous le thème générique de « Joyeuses Fêtes », dont les personnages sont des Martiens ou des gens de race, de culture, de sexe, ou de croyance indéterminés qui ne risquent pas de froisser nos convictions. Évidemment, si cette école est située dans un quartier où coexistent différentes religions, on peut certainement présenter différentes célébrations religieuses et ainsi instruire toute la communauté à leur sujet. Lorsqu'il suffit d'un seul geignard craignant d'être lésé dans son estime personnelle, on peut toutefois se demander pourquoi si peu d'attention est accordée à l'estime de toute la *communauté*, et pourquoi il y a si peu de tolérance *au sein de* la communauté, si peu d'enthousiasme à soutenir la tradition de la *majorité*[73].

(d) Le domaine moral est encore un peu plus complexe. Certains États américains, sans même parler des cours de justice canadiennes, ont légalisé le mariage entre personnes de même sexe. La plupart des pays démocratiques dirigent des casinos, ou du moins en permettent l'existence. Les catholiques et les protestants pratiquants seront offensés par ces mariages, et les protestants seront également mécontents des maisons de jeu. La législation ou les décisions judiciaires permettant ces deux réalités ne restreignent évidemment pas leur propre liberté ; on ne les oblige pas (du moins, pas encore) à approuver de tels mariages ou de telles institutions. Plusieurs chrétiens y verront non seulement un pas dans une direction s'éloignant de la « norme directrice » de l'Écriture, mais y percevront aussi quelque chose de profondément nuisible au tissu social. Les chrétiens peuvent analyser ces maux en employant des termes sociologiques, et donc y voir l'érosion de la famille ou des dépendances avilissantes ; ils peuvent également les analyser à partir de structures théologiques et y percevoir la colère de Dieu sur une nation ; ils peuvent même combiner ces deux grilles d'analyse, mais ils auront alors le sentiment de devoir influencer ces politiques pour qu'elles empruntent une autre direction, non seulement en raison de leur loyauté envers Dieu, mais aussi parce qu'ils se soucient de leur nation. En d'autres

---

73. Ces changements mènent à des conséquences dangereuses, comme le fait d'accorder au gouvernement le pouvoir exclusif de décider quel discours est permis en vertu du Premier Amendement, et quel discours est interdit, parce que jugé offensant par d'autres.

termes, nous préférerions voir des lois interdisant un certain genre de conduite parce que nous sommes convaincus que de tels comportements sont mauvais – à la fois au sens théologique et au sens sociétal. Les sécularistes y verront une manipulation religieuse ; nous le percevons comme une conséquence de notre amour envers le prochain et comme le résultat inévitable de notre confession affirmant que Jésus est Seigneur. Les sécularistes peuvent bien interpréter ces efforts politiques de la part des chrétiens comme étant d'effrayants exemples de théocratie ; les chrétiens peuvent bien voir dans la rhétorique séculariste une tentative de réprimer les efforts chrétiens à faire adopter des loirs qu'ils estiment être morales – en fait, un signe de la profonde corruption morale qui ne se soucie pas du bien-être de la nation, sans même parler de la gloire de Dieu.

Bien malin qui peut prédire combien de temps de telles polarités pourront coexister sans que la démocratie elle-même change de forme. En effet, la plupart des solutions proposées afin de faire face à divers défis adoptent une position, soit chrétienne, soit séculariste. Par exemple, Winnifred Fallers Sullivan reconnaît que toutes les religions s'opposent implicitement au monopole législatif de l'État. Leur recours à une autorité transcendante remet en question les prétentions de l'État à l'exclusivité, et elles insistent en réalité pour avoir le droit de « vivre à l'extérieur de l'État[74]. » Faisant preuve d'un optimisme étonnant, Sullivan croit qu'elle peut répondre à ce besoin en faisant adopter des lois qui garantissent l'égalité pour tous. Cela laisse toutefois entendre que l'État a fondamentalement raison dans sa perception séculière, et qu'un tel État, fonctionnant avec sagesse, ne désire au fond que protéger les points de vue (implicitement erronés) de ses citoyens religieux.

(e) Les réflexions des paragraphes précédents ne visent qu'à présenter, avec prudence et sagesse, de quelle manière nous pouvons comprendre la maxime de Jésus : « Rendez à César ce qui est à César,

---

74. Sullivan, *The Impossibility of Religious Freedom*, Princeton, Princeton University Press, 2005, p. 158.

et à Dieu ce qui est à Dieu », à la lumière de la situation sociale et politique actuelle. Cependant, si cette tension croissante ne se situe pas entre sécularistes et chrétiens, mais entre sécularistes et marxistes convaincus, ou entre sécularistes et musulmans pratiquants, le résultat serait sensiblement différent. Nous répétons ici qu'aucune de ces traditions ne possède de structures de pensée qui *s'attendent* à ce que la communauté marxiste ou la communauté musulmane soit *distincte* de l'État, ou qui estiment qu'il est de leur devoir de préserver cette distinction, en obéissance à leurs fondateurs.

(4) Par voie de conséquence, nous avons d'autres raisons de croire que la typologie de Niebuhr en cinq temps, bien que très influente, ne suffit pas à la tâche. Tout d'abord, comme nous l'avons vu précédemment, cette typologie présente différentes pistes de réflexion à propos de la relation entre le Christ et la culture, mais l'une d'elles ne possède pas de fondement scripturaire, tandis que les quatre autres se trouvent dans l'Écriture ; cela suscite des interrogations, à savoir si ces pistes sont véritablement interchangeables, ou si elles ne sont pas simplement les sous-ensembles d'un modèle plus grand – un modèle qui émerge à la lecture de la trame biblique à l'aide de catégories issues de la théologie biblique. De plus, cette typologie en cinq temps est peu efficace lorsqu'on tente d'interagir avec le postmodernisme. Et enfin, elle cadre difficilement avec le monde actuel, où des idées telles que « l'Occident chrétien » ne peuvent réellement être défendues, où le multiculturalisme a façonné plusieurs décisions de la Cour suprême, et où les tendances de l'immigration nous obligent à réfléchir sur la manière dont des religions non chrétiennes, notamment l'Islam, perçoivent les approches énoncées par Niebuhr. Bref, malgré toute son influence passée, la typologie en cinq temps de Niebuhr paraît maintenant étroite[75].

---

75. Plusieurs traitements des relations entre l'Église et l'État connaissent le même problème – des traitements qui analysent diverses possibilités, mais sans reconnaître la forte influence d'autres religions *à l'intérieur même des pays démocratiques en Occident*, sans parler d'autres pays. Voir, par exemple, A. T. B. McGowan, « Church and State: The Contribution of Church History

(5) Les chrétiens croient en deux libertés religieuses fondamentales : la liberté de se convertir d'une religion à une autre (ou aucune), et la liberté d'évangéliser. La plupart des pays musulmans se réjouissent des conversions vers l'Islam, mais pas de l'inverse. Cela tient en partie aux attentes impérialistes de l'Islam, mais également à une compréhension bien différente de la « conversion » lorsqu'on la compare à celle des chrétiens. On devient musulman simplement en confessant qu'il n'y a de Dieu qu'Allah et que Mahomet est son prophète. On s'engage envers les cinq piliers (les cinq pratiques fondamentales) de l'Islam, mais plusieurs musulmans nominaux ne s'en préoccupent tout simplement pas. Devenir musulman, donc, signifie croire en une confession et observer certains rites. On n'y parle pas de connaître Dieu ; un tel langage paraît présomptueux, parce que Dieu est si transcendant qu'on ne peut directement le connaître. Devenir musulman signifie se soumettre à la volonté de Dieu telle que révélée dans le Coran. Par voie de contraste, bien qu'elle inclue un changement d'allégeance et l'adoption de certaines pratiques, la conversion chrétienne s'entend au sens d'une interrelation avec l'œuvre de l'Esprit de Dieu dans la vie d'un individu. La régénération transforme notre vie, et marcher par la foi en Jésus-Christ nous conduit à parler de connaître Dieu d'une façon bien différente d'avant notre conversion. Un enfant ayant grandi au sein d'une famille chrétienne peut bien dire qu'il s'est converti à l'âge de 8 ou 15 ans, ou une fois devenu adulte ; un enfant ayant grandi dans un foyer musulman n'affirmerait jamais s'être converti à l'Islam. L'Islam exige une conformité à un système ; le christianisme exige la transformation intérieure, parfois appelée la régénération. Une personne qui songe à se convertir à l'Islam doit simplement exercer un acte de volonté – un engagement volontaire, et se conformer à une nouvelle allégeance. Une pression sociale énorme peut être placée sur cette personne afin d'assurer qu'elle persévérera dans ses nouveaux engagements.

---

to Evangelical Models for Public Theology », *European Journal of Theology*, vol. 14, 2005, p. 5-16.

Selon l'apôtre Paul, une personne désirant le Christ doit être illuminée par l'Esprit de Dieu, ou alors elle demeurera seulement une personne « naturelle » (1 Corinthiens 2.14). En résumé, il est primordial que nous préservions le caractère intrinsèquement surnaturel de la conversion (même si elle implique la volonté humaine), et le fait qu'elle exige ce que certaines traditions appellent la « liberté de l'âme » qui va bien au-delà de la simple pratique religieuse.

Philip Yancey fait état d'une conversation avec un musulman au cours de laquelle ce dernier lui dit : « Je ne trouve pas de conseils dans le Coran sur la manière dont les musulmans doivent vivre en tant que minorité sociale, et pas de conseils sur la manière dont les chrétiens doivent vivre en tant que majorité[76]. » Ce n'est peut-être pas tout à fait vrai, mais, note Yancey, cela met en lumière « une différence fondamentale entre les deux croyances. L'une, née au jour de la Pentecôte, tend à prospérer au-delà des cultures et même à l'encontre des cultures, vivant souvent sous des formes de gouvernements oppressives. L'autre, ancrée à la Mecque, fut fondée simultanément en tant que religion et en tant qu'État[77]. »

(6) Peut-être est-ce le moment d'affirmer ceci : même si les discussions théoriques au sujet des relations entre Église et État peuvent se complexifier, la démonstration de loin la plus attrayante des relations entre l'Église et l'État se trouve chez le chrétien individuel ou chez un groupe de chrétiens qui, précisément parce qu'ils mettent leur foi en pratique, s'activent non seulement à rendre un témoignage hardi de leur foi, mais également à aider leur prochain dans la communauté, dans des domaines normalement régis par l'État. Une Église située dans un quartier pauvre ouvre un centre afin de venir en aide à des jeunes qui n'ont pas de père ou qui ne savent pas lire ; ou alors, ils mettent sur pied un centre destiné à s'occuper des malades et des vieillards ; cette Église ouvre une école où l'on accorde

---

76. Yancey, « The Lure of Theocracy », *Christianity Today*, vol. 50, n° 7, juillet 2006, p. 64.
77. *Ibid.*

une attention plus soutenue à l'éducation, prodiguant une meilleure discipline, une meilleure influence chrétienne, et une plus grande rigueur que dans d'autres écoles ; etc. Laissons alors nos détracteurs nous traiter de fous et exiger que la religion soit confinée à la vie privée. Nous servons un Seigneur qui ne nous permet pas de demeurer silencieux ni de battre en retraite.

(7) Enfin, peu importe dans quelle mesure nous discuterons des difficultés que posent ces paroles de Jésus : « Rendez à César ce qui est à César, et à Dieu ce qui est à Dieu », au cœur de toutes nos réflexions chrétiennes sur ce sujet, nous ne pouvons oublier, pas même un instant, que Jésus est Seigneur de tout, et en même temps, que la fin n'est pas encore venue. Je ne connais aucune déclaration brève à propos des tensions eschatologiques qui soit mieux formulée que celle écrite en 1981 par John Richard Neuhaus, dans l'énoncé fondateur de l'Institut pour la religion et la démocratie :

> Jésus-Christ est Seigneur. C'est la première et la seule affirmation des chrétiens au sujet de toute réalité, y compris la politique. Les croyants affirment par la foi ce qui, un jour, sera manifeste aux yeux de tous : toute souveraineté terrestre est subordonnée à la souveraineté de Jésus-Christ. L'Église est le porte-étendard de cette déclaration. Puisque l'Église prête allégeance au royaume proclamé par Jésus, l'Église doit se distancier de tous les royaumes de ce monde, existants ou souhaités. Les chrétiens trahissent leur Seigneur, en théorie ou en pratique, s'ils associent le royaume de Dieu à tout ordre politique, social ou économique, dans ce monde qui passe. Au mieux, ces ordres permettent la proclamation de l'Évangile du royaume, et ressemblent partiellement à la liberté, la paix, et la justice que nous attendons.

–6–

Des programmes contestés, des utopies contrecarrées, et des tensions continuelles

Récapitulation

Au premier chapitre, nous nous sommes initiés au débat actuel sur le sens de la culture. Nous avons rejeté l'ancienne idée de « haute culture » et avons plutôt adopté l'approche de Clifford Geertz : « Le concept de culture... désigne un modèle de significations incarnées dans des symboles qui sont transmis à travers l'histoire, un système de conceptions héritées qui s'expriment symboliquement, et au moyen desquelles les hommes communiquent, perpétuent et développent leur connaissance de la vie et leurs attitudes devant elle[1]. » Ce concept a pavé la voie au survol d'un nombre important de questions auxquelles les chrétiens doivent réfléchir lorsqu'ils s'interrogent au sujet des rapports à entretenir avec la culture plus vaste dans laquelle ils se situent. Les chrétiens de partout font face au même défi, qu'ils vivent au Soudan du Sud, en Corée du Nord, en Europe occidentale, en Asie orientale, ou

---

1. Geertz, *The Interpretation of Cultures*, New York, Basic Books, 1973, p. 89.

ailleurs. Dans le monde anglophone, la discussion gravite encore autour de l'œuvre de H. Richard Niebuhr et de sa typologie en cinq temps : le Christ contre la culture, le Christ de la culture, le Christ au-dessus de la culture, le Christ et la culture en paradoxe, et le Christ transformateur de la culture.

Le chapitre deux a présenté une première critique de l'œuvre de Niebuhr. La deuxième approche de sa typologie en cinq temps ne peut être appuyée par l'Écriture. Niebuhr concède également que sa propre interprétation de la cinquième approche, « le Christ transformateur de la culture », exige plus d'espérance universaliste que le texte biblique ne cautionne. Mais par-dessus tout, la typologie de Niebuhr présente ces cinq approches comme des options idéales en concurrence les unes avec les autres. Cependant, cet accent placé sur le choix parmi différentes propositions ne correspond pas à une lecture canonique de l'Écriture. Dans la mesure où quatre des approches de Niebuhr peuvent trouver une certaine justification biblique, nous devons nous poser la question suivante : les textes bibliques présentent-ils ces possibilités comme des options à choisir ou à rejeter ? Ou s'inscrivent-elles dans une compréhension plus unifiée et plus globale des relations entre le Christ et la culture, de sorte que quatre des cinq options de la typologie de Niebuhr constituent plutôt des accents particuliers d'une plus grande totalité, mieux intégrée ? Si c'est le cas, alors les chrétiens ne sont pas appelés à choisir parmi les options d'une typologie en cinq temps, comme si chacune d'elles devenait alors cette totalité. Une telle manière de procéder est réductionniste.

La suite du chapitre deux a présenté une autre façon de parvenir à intégrer ces options. Plutôt que de chercher à découvrir d'autres manières possibles d'étudier la question des relations entre le Christ et la culture, cette section présente les points saillants de la théologie biblique, y compris la création, la chute, l'appel d'Israël, la venue de Jésus, le début d'une communauté internationale qui ne constitue pas une nation comportant des frontières géographiques et un système politique, et enfin l'attente des nouveaux cieux et de la nouvelle terre, de même qu'une existence éternelle après la résurrection. Il est possible de démontrer que les cinq options de Niebuhr tendent à mettre l'accent sur certains de ces points saillants et à minimiser l'importance d'autres points saillants. Par exemple, la deuxième approche, «le Christ de la culture», décrit allègrement la bonté de la création, mais minimise l'importance de la chute et de ses conséquences. Somme toute, l'analyse de Niebuhr rend difficilement compte du fait que les relations *actuelles* entre le Christ et l'Église ne peuvent être comprises qu'à la lumière de l'éternité, de la crainte de l'enfer et de l'espérance de parvenir aux nouveaux cieux et à la nouvelle terre. Lorsque nous tentons de réfléchir de manière constructive et globale aux relations entre le Christ et la culture, *tous* ces points saillants doivent être maintenus simultanément et en tout temps.

Cependant, certains objecteront que toute cette analyse souffre d'une compréhension simpliste de la «culture» et qu'elle repose sur une épistémologie moderniste à peine voilée. Le troisième chapitre tente donc de traiter de ces deux problèmes, et se termine par une évaluation de l'ouvrage de James K. A. Smith, *Who's Afraid of Postmodernism? Taking Derrida, Lyotard, and Foucault to Church*[2].

Quelles sont donc ces pressions qui s'exercent sur les chrétiens qui réfléchissent sur la façon dont nous devons interagir avec la culture plus vaste dont nous faisons partie, même si nous en sommes une composante distincte? Nous aurions pu examiner un grand nombre de ces pressions, mais le chapitre quatre s'attarde à quatre d'entre elles: le sécularisme, la démocratie, la liberté, et le pouvoir. Ces quatre éléments possèdent un potentiel énorme à faire du bien, *à la condition d'être solidement fondés sur les structures normatives de la trame biblique et des priorités bibliques*, mais chacun peut également devenir dangereux et idolâtre lorsqu'il aspire à devenir autonome et qu'il se construit un cadre de référence opposé aux normes scripturaires. Les chrétiens se trouvent inévitablement pressés entre,

---

2. Smith, *Who's Afraid of Postmodernism? Taking Derrida, Lyotard, and Foucault to Church*, Grand Rapids, Baker, 2006.

d'une part, les prétentions de la culture générale et ses obligations, et d'autre part, leur allégeance au Christ. Les tensions entre le Christ et la culture sont à la fois diverses et complexes; d'un point de vue chrétien, elles tirent leur origine du fait que les êtres humains, créés à l'image de Dieu, refusent obstinément de reconnaître leur état de créature, dépendante de son Créateur.

Le chapitre cinq analyse un élément précis de la relation entre le Christ et la culture, notamment, l'Église et l'État. L'objectif de ce chapitre consiste à clarifier le sens de quelques-uns des termes et des débats entourant ce sujet, à survoler certains textes bibliques pertinents, et à démontrer comment des affirmations parfois opposées se sont développées en différents endroits. Quoiqu'il existe de bons et de mauvais exemples de ce que peuvent produire ces tensions, il n'existe pas de paradigme idéal qui peut être exporté d'un endroit à un autre et d'une époque à une autre; chaque culture est en perpétuel changement, rendant ainsi impossible le fait qu'une de ces structures politiques puisse devenir la «solution» permanente de cette tension.

Enfin, nous en venons au présent chapitre, plus bref. Je tenterai ici de survoler quelques analyses traitant du Christ et de la culture[3], de démontrer pourquoi aucune, même la plus perspicace, ne devrait servir de référence ultime, et enfin de revenir à une approche globale qui permet une grande variété d'accents.

Des programmes contestés, des utopies contrecarrées

Les penseurs évangéliques les plus importants dans ce domaine depuis cent cinquante ans sont probablement Abraham Kuyper,

---

3. Je ne réitèrerai pas comment la simple polarité «Christ» et «culture» est trompeuse, puisque toute manifestation du Christ est intégrée au sein d'une culture (voir, par exemple, Graham Ward, *Christ and Culture*, Challenges in Contemporary Theology, Oxford, Blackwell, 2005, p. 21-22), ni les raisons (déjà présentées) pour lesquelles ces catégories sont néanmoins utiles.

Carl F. H. Henry, Francis Schaeffer, et John Howard Yoder. C'est vraisemblablement ce que croit J. Budziszewski, lorsqu'il analyse leurs contributions respectives[4]. Il existe bien sûr d'autres ouvrages importants, livres ou articles, à propos des relations entre le Christ et la culture – on pense, par exemple, à J. Gresham Machen il y a plus d'un siècle[5], ou à la présentation de I. Howard Marshall lors d'une récente conférence au Fellowship of European Evangelical Theologians[6]. Nous avons entamé notre étude en analysant l'œuvre de Niebuhr, mais nous devons nous rappeler que des chrétiens de tout temps ont réfléchi à ces questions. On peut facilement trouver des passages pertinents chez les puritains[7]. On ne peut oublier, à l'époque de la Réforme en Angleterre, le sermon de l'évêque Hugh Latimer en présence du roi Henri VIII, dans lequel, se livrant à des soliloques, il s'exclama : « Latimer ! Latimer ! Latimer ! Prends garde à ce que tu dis. Le roi d'Angleterre est ici… Latimer ! Latimer ! Latimer ! Prends garde à ce que tu dis. Le Roi des rois est ici[8]. » Le temps et l'espace nous manqueraient si nous devions survoler les passages pertinents dans *L'Institution* de Calvin, ou les réflexions profondes d'Augustin sur ce qui est propre à la Cité de Dieu, écrites après le saccage de Rome par Alaric, ou si nous devions suivre le filon de

---

4. J. Budziszewski, *Evangelicals in the Public Square: Four Formative Voices on Political Thought and Action*, Grand Rapids, Baker, 2006.
5. Machen, « Christianity and Culture », trouvé à l'adresse Internet suivante : http://homepage.mac.com/shanerosenthal/reformationink/jgmculture.htm, (page consultée le 10 octobre 2006). Adapté de l'article suivant : « The Scientific Preparation of the Minister », *The Princeton Theological Review*, vol. 11, 1913, p. 1-15.
6. Marshall (« Biblical Patterns for Public Theology », *European Journal of Theology*, vol. 14, 2005, p. 73-86) qui expose les textes de 1 Samuel 12 ; Jérémie 29.1-14 ; 1 Timothée 2.1-10 ; 2 Chroniques 28.1-15.
7. L'ouvrage de Leland Ryken (*Worldly Saints: The Puritans as They Really Were*, Grand Rapids, Zondervan, 1986) constitue un bon point de départ.
8. Christopher Bryan, *Render to Caesar: Jesus, the Early Church, and the Roman Superpower*, Oxford, Oxford University Press, 2005, p. 126.

l'une ou de l'autre de ces réflexions jusqu'à la pensée fondamentale du Nouveau Testament.

Nous continuerons à subir les tensions difficiles et parfois pénibles dans ces domaines, jusqu'à leur résolution dans la culture des nouveaux cieux et de la nouvelle terre. Il existe différents modèles de relations entre le Christ et la culture, chacun cherchant à décrire comment cette relation peut être vécue dans la réalité; mais il est possible que les chrétiens ayant adopté l'un de ces modèles ne possèdent qu'une vision partielle de ce qui pourrait exister, de ce qui devrait être tenté, ou de ce qui doit être réalisé. Un survol rapide de différents modèles de relations entre le Christ et la culture peut s'avérer enrichissant; il peut aussi mettre en lumière les points communs entre ces différents modèles et entre ces diverses expériences.

L'option fondamentaliste

Si les fondamentalistes de la fin du XIXe siècle et de la première moitié du XXe siècle ont eu tendance à se retirer de tout contact soutenu avec la culture en général, certains de leurs héritiers ont eu tendance à faire tout le contraire[9]. D'une certaine manière, cela est préférable à l'isolationnisme de jadis. Cependant, une large part de cet engouement envers la culture est réactionnaire : les fondamentalistes déterminent certaines orientations de la culture ambiante qu'ils jugent immorales ou dangereuses, et adoptent des stratégies afin d'y faire face et, si possible, de les renverser. Au risque de généraliser, ils font preuve de beaucoup d'efficacité à combattre ce qu'ils n'aiment pas au sein de la culture, mais démontrent peu d'intérêt à soutenir la culture, dans le monde des arts ou de la musique. Leurs revendications sont surtout adressées au nom de la tradition : les États-Unis ne sont peut-être pas une nation chrétienne, disent-ils, mais ils ont comme fondement des principes chrétiens – et le mouvement fondamentaliste même est un appel à revenir à ces principes chrétiens.

---

9. L'ouvrage à lire est celui de George M. Marsden, *Fundamentalism and American Culture*, 2e éd., Oxford, Oxford University Press, 2006.

Il serait cependant plus réaliste de concéder que cette nation a vu le jour dans la mouvance d'une adhésion générale à certains principes chrétiens, et non à d'autres. Après tout, aucun individu, de quelque allégeance qu'il soit, ne voudrait revenir à l'esclavage.

En fin de compte, les chrétiens doivent reculer plus loin qu'au milieu du XVIIIe siècle – ils doivent retourner aux Écritures mêmes, et aux événements auxquels elles rendent témoignage – et réfléchir à ce que nous sommes aujourd'hui et à ce que nous serons demain. Tirer des leçons de l'histoire est une chose; mais y faire appel constamment nous confine à une appréciation nostalgique de l'histoire et nous distance de sa valeur prophétique. De plus, les fondamentalistes semblent viser certains problèmes en particulier – l'avortement, l'homosexualité, la laïcité qui s'insère dans les programmes scolaires, et d'autres, semblables – et ignorer une liste beaucoup plus longue de maux sociaux. Et le triomphalisme qu'ils affichent lorsqu'ils remportent une victoire effraie leurs adversaires. L'avancement du royaume semble s'aligner essentiellement sur certains objectifs politiques, et lorsque la réalisation de ces objectifs est à portée de main, l'euphorie dans le camp fondamentaliste est indéniable.

Cependant, surtout à l'égard de ceux qui les accusent de tendre vers une théocratie qui viendrait détruire les principes démocratiques, nous devons préciser que la plupart de leurs revendications ne sont pas plus dangereuses que le conservatisme américain des années 1950. Cela peut résonner comme un programme un peu désuet aux oreilles de certains de leurs adversaires, mais aucun d'eux n'oserait prétendre que les États-Unis des années 1950 n'étaient pas une démocratie[10]. Et lorsque leurs adversaires les accusent d'être esclaves du consumérisme et d'autres éléments liés au rêve américain, on doit se rappeler que plusieurs études ont démontré que, bien que la gauche américaine appuie les hausses de taxes, c'est la droite américaine qui ouvre plus largement son portefeuille (même si nous admettons tous que la générosité est encore bien limitée).

---

10. Voir le chapitre 4, aux notes 28-29.

Il demeure tout de même que certains fondamentalistes et certains de leurs opposants qui les démonisent et leur crient « Théocrates ! » croient que l'avenir dépend entièrement d'eux.

Luther et ses successeurs

La théorie des deux royaumes est devenue assez sophistiquée, et les luthériens eux-mêmes l'interprètent de diverses manières. John Witte Jr. en présente un savant résumé :

> Le royaume terrestre est dénaturé par le péché, et régi par la Loi. Le royaume céleste est renouvelé par la grâce, et guidé par l'Évangile. Le chrétien participe simultanément à ces deux royaumes, et il est invariablement soumis au gouvernement de chacun d'eux. En tant que citoyen céleste, le chrétien conserve sa liberté de conscience, appelé à vivre à la pleine lumière de la Parole de Dieu. Mais en tant que citoyen terrestre, le chrétien est lié à la loi, et il est appelé à obéir aux autorités et aux offices naturels que Dieu a ordonnés et institués pour le gouvernement de ce royaume terrestre[11].

Cette perception des choses rend bien compte de l'existence d'une tension. D'une part, que nous les appelions les deux royaumes ou les deux sources d'autorité, nous voyons bien que les royaumes de ce monde ne reconnaissent pas la seigneurie du Christ. Il est peu utile de répéter constamment que nous faisons tous partie de la même culture, alors qu'un segment important de cette culture reconnaît une autorité suprême qui n'est pas acceptée du reste de la culture. D'autre part, du fait qu'elle maintient que les chrétiens sont citoyens à la fois du royaume céleste et du royaume terrestre, la perspective luthérienne ne permet pas de solution facile aux tensions inévitables entre ces allégeances parallèles et concurrentes.

Il est toutefois si facile de placer ces deux royaumes en opposition que nous pouvons oublier que Dieu surpasse tout ce qui existe.

---

11. John Witte Jr., *Law and Protestantism: The Legal Teachings of the Lutheran Reformation*, Cambridge, Cambridge University Press, 2002, p. 5-6.

Pire encore, si nous appliquons cette théorie des deux royaumes à chaque domaine de la vie, nous ne pourrons même pas tenter d'en arriver à une vision unifiée de la connaissance : il y aura une connaissance fondée sur la raison humaine, et une connaissance fondée sur la révélation et la foi, sans que ces deux connaissances ne puissent jamais s'unir. Bien sûr, au sens ultime, une telle vision unifiée s'accomplira lors de la venue des nouveaux cieux et de la nouvelle terre. Ne pas tenter d'avancer dans cette direction ici et maintenant, c'est répéter l'erreur désastreuse commise par les croyants lorsque la synthèse médiévale s'est écroulée. Thomas d'Aquin avait séparé le travail séculier et les activités religieuses ; de la même manière, il a distingué la vérité basée sur la raison, de la vérité fondée sur la révélation. Comment peut-on empêcher le fossé de se creuser ? L'Église a posé le mauvais choix : les vérités spirituelles surpasseraient tout simplement les autres vérités. L'effet à long terme d'une telle pensée a contribué à marginaliser l'enseignement chrétien quant à l'expérience quotidienne[12]. Pour citer le luthérien Robert Benne :

> Si nous devions mener à terme cette version de la théologie luthérienne, elle priverait l'Évangile de tout contenu intellectuel, et la loi de tout contenu moral. Le récit biblique et la réflexion théologique ne posséderaient aucun statut épistémologique leur permettant de confronter la connaissance séculière. Elle ferait la promotion d'une forme de quiétisme luthérien dans le domaine de l'éducation. De la même manière que les luthériens allemands des années 1930 ont séparé les deux royaumes (le gouvernement sous la loi, séparé du christianisme sous la grâce) et ont permis au mouvement nazi de progresser sans opposition en en appelant au contenu intellectuel et moral de la vision chrétienne, ainsi cette approche permettrait à la

---

12. Voir surtout Arnold S. Nash, *The University and the Modern World: An Essay in the Social Philosophy of University Education*, Londres, SCM, 1945, p. 181-182 ; voir aussi Duane Litfin, *Conceiving the Christian College*, Grand Rapids, Eerdmans, 2004, p. 144-145.

connaissance séculière moderne d'avancer sans être interpelée par cette vision[13].

De manière plus générale, les luthériens ont adopté des positions différentes par rapport à la façon dont les deux royaumes devraient interagir. Par exemple, la loi civile devrait-elle préserver la moralité spirituelle en interdisant le blasphème et en imposant des sanctions à ceux qui désobéissent à la loi ? Luther ne le croyait pas ; Mélanchton pensait le contraire. Le conducteur du royaume terrestre devait soutenir la moralité spirituelle (portant sur les relations entre Dieu et les êtres humains). Poussons Mélanchton suffisamment loin, et il sera difficile de voir comment éviter la formation d'une Église d'État ; poussons Luther assez loin, et il sera difficile de voir comment échapper à la marginalisation des chrétiens et de leurs perspectives sur presque tous les sujets, loin du discours public.

Abraham Kuyper

L'année 1998 a marqué le centenaire des célèbres conférences de Kuyper de 1898, les « Stone Lectures », présentées au Princeton Theological Seminary. Plusieurs conférences ont célébré ce centenaire, notamment au séminaire de Princeton, à l'Université libre d'Amsterdam, et au Calvin Theological Seminary[14]. Les meilleures œuvres de Kuyper ont été traduites en anglais et regroupées dans une anthologie, et une analyse pénétrante des Stones Lectures a

---

13. Robert Benne, *Quality with Soul: How Six Premier Colleges and Universities Keep Faith with Their Religious Traditions,* Grand Rapids, Eerdmans, 2001, p. 133 ; cité également par Litfin, *Conceiving the Christian College,* p. 145.
14. Les travaux de ces conférences ont été édités par Luis E. Lugo, éd., *Religion, Pluralism, and Public Life: Abraham Kuyper's Legacy for the Twenty-first Century,* Grand Rapids, Eerdmans, 2000 ; Cornelis van der Kooi et Jan de Bruijn, éd., *Kuyper Reconsidered: Aspects of His Life and Work,* Amsterdam, VU Uitgeverij, 1999 ; et *Markets and Morality,* vol. 5, n° 1, 2001.

été publiée[15]. Peu de temps après le centenaire, une biographie de Kuyper a vu le jour, suivie d'une analyse détaillée de sa théologie[16]. Depuis, plusieurs études spécialisées sont parues[17].

Si Kuyper attire tant d'attention, c'est en partie parce qu'il était un penseur chrétien ayant réussi de manière spectaculaire à mettre ses idées en pratique. Sa vision de la théologie l'a directement mené à fonder des syndicats chrétiens et d'autres organisations chrétiennes, une université chrétienne, un parti politique chrétien, et elle l'a finalement conduit à son rôle au sein du gouvernement. D'autres penseurs à l'intelligence aussi féconde, en fait des théologiens ayant développé des idées très semblables aux siennes, ont été beaucoup moins influents, pour la simple raison que leurs idées au sujet de la théologie publique n'ont jamais connu le même succès public. Sean Michael Lucas note avec perspicacité combien les opinions publiques d'Abraham Kuyper et celles de Robert L. Dabney, décédé à l'âge de soixante-dix-sept ans en 1898, se ressemblaient – bien qu'aucun groupe n'ait souligné le centenaire de la mort de Dabney en 1998[18]. Situé du côté des vaincus après la Guerre civile américaine, Dabney s'est retrouvé essentiellement dans une position défensive, alors que Kuyper construisait avec énergie de nouvelles institutions. Il n'est donc pas surprenant que plusieurs leaders chrétiens à l'aube du XXIe siècle se tournent vers Kuyper et non pas vers Dabney pour guider leurs propres efforts.

---

15. James D. Bratt, éd., *Abraham Kuyper: A Centennial Reader*, Grand Rapids, Eerdmans, 1998 ; Peter S. Heslam, *Creating a Christian Worldview: Abraham Kuyper's Lectures on Calvinism* , Grand Rapids, Eerdmans, 1998.

16. James E. McGoldrick, *Abraham Kuyper: God's Renaissance Man*, Darlington, Evangelical Press, 2000 ; John Bolt, *A Free Church, A Holy Nation: Abraham Kuyper's American Public Theology*, Grand Rapids, Eerdmans, 2001.

17. Par exemple, Vincent Bacote, *The Spirit in Public Theology: Appropriating the Legacy of Abraham Kuyper*, Grand Rapids, Baker, 2005.

18. « Southern-Fried Kuyper ? Robert Lewis Dabney, Abraham Kuyper, and the Limitations of Public Theology », *Westminster Theological Journal*, vol. 66, 2004, p. 179-201.

Le passage de Kuyper le plus souvent cité est sans contredit le suivant : « Ah, il n'existe aucune partie de notre univers psychique qui doive être scellé hermétiquement et dissocié du reste, et il n'y a pas un centimètre carré de la vie des hommes dont le Christ, souverain sur *toutes choses*, ne puisse dire : "C'est à moi !"[19] » Cette vérité, que tous les chrétiens réfléchis confesseront, doit cependant s'insérer au sein d'autres vérités – par exemple, le fait que la souveraineté du Christ est actuellement très contestée, mais qu'elle ne le sera pas dans les nouveaux cieux et la nouvelle terre ; qu'une tension inévitable existera jusqu'à la fin entre la communauté du peuple de Dieu et ceux qui, selon les chrétiens, ne le connaissent pas ; qu'il existe un fossé épistémologique entre ceux qui reçoivent la révélation de Dieu en Jésus-Christ et ceux qui ne la reçoivent pas. Kuyper se démarque dans la manière dont il regroupe ces éléments. Parce que toute vérité vient de Dieu, parce que rien de ce que nous étudions n'est sans rapport avec le Christ, Kuyper s'est senti obligé de démontrer comment la souveraineté du Christ opère dans chacune des sphères de la vie. Kuyper a réfléchi à ces questions pendant au moins la première moitié de sa carrière, tout en insistant sur le caractère distinct de l'Église, sur le caractère distinct de la grâce particulière que seuls les chrétiens ont reçue. En mettant sur pied une université *chrétienne* et en fondant un syndicat *chrétien*, de même qu'un parti politique *chrétien*, tout en soulignant que le Christ est Seigneur de *toutes choses*, il soutenait à la fois que la révélation *chrétienne* possédait une perspicacité unique, et que les chrétiens avaient reçu le mandat de proclamer la seigneurie du Christ dans *chacune* de ces sphères. De tout cela, il découle une conception qui souligne le caractère unique de l'Église[20] et de ce que nous appelons aujourd'hui la révélation spéciale ou surnaturelle, et qui souligne également l'importance de ce qui sera appelé plus tard le mandat culturel. Si l'on ajoute cette synthèse au succès remarquable

---

19. Bratt, éd., *Abraham Kuyper: A Centennial Reader*, p. 488.
20. Et même, comme discuté au chapitre 5, la distinction entre ce que fait *l'Église en tant que telle* et ce que les *chrétiens* sont appelés à faire.

qu'il a connu pendant sa vie, on peut comprendre la très grande influence d'Abraham Kuyper.

Cependant, une fois parvenu au pouvoir, Kuyper a effectué quelques changements subtils dans sa pensée. Trois problèmes ont éventuellement vu le jour – enchâssés dans une certaine mesure dans sa propre pensée, ces problèmes ont été mis en évidence dans la pensée de ses successeurs. (A) L'antithèse croyance-incroyance, ou grâce rédemptrice-grâce commune, a décliné. Un spécialiste des œuvres de Kuyper tel que James Bratt se réjouit de ce changement[21]; avec plus de discernement, Klaas Schilder pleure ce développement. Le petit ouvrage, assez dense, de Schilder, *Christ and Culture*[22], souligne fortement cet aspect. Lorsque Kuyper met démesurément l'accent sur la création au détriment de la rédemption, sur la grâce commune aux dépens de la grâce rédemptrice, dit Schilder, il s'éloigne de l'orthodoxie réformée. Richard Mouw, de façon plutôt insolente, appelle cet énoncé le « rectificatif anabaptiste » que Schilder opère à la pensée de Kuyper – en admettant, bien sûr, que Schidler lui-même aurait nié une telle influence anabaptiste[23]. Quoi qu'il en soit, il semble que pendant la seconde moitié de sa carrière, Kuyper se soit lentement

---

21. James D. Bratt, *Dutch Calvinism in Modern America: A History of a Conservative Subculture*, Grand Rapids, Eerdmans, 1984, p. 19.
22. On peut avoir accès plus facilement à cette œuvre sur la toile, au http://www.reformed.org/webfiles/cc/christ_and_culture.pdf (consulté en dernier lieu le 18 février 2007), sous les droits d'auteur de G. van Rongen et W. Helder (1977).
23. Richard J. Mouw, « Klaas Schilder as Public Theologian », *Calvin Theological Journal*, vol. 38, 2003, p. 281-298. D'une manière semblable, Sean Michael Lucas (« Southern-Fried Kuyper ? », p. 200) affirme que « l'on peut retracer les limites des théologies publiques, telles que celles de Dabney et de Kuyper, au fait de n'avoir étrangement pas su maintenir l'antithèse entre l'Église et le monde. » Une manière différente de parvenir à ce même problème est suggérée par Henry R. Van Til (*The Calvinistic Concept of Culture*, Grand Rapids, Baker, 1959, p. 244), à l'effet que l'expression « grâce commune » devrait toujours être placée entre guillemets, de sorte qu'elle ne serait jamais mise sur un pied d'égalité avec la grâce rédemptrice – une idée reprise par Mouw (p. 297).

éloigné de ce qui est *central* dans la trame biblique[24]. (B) Un deuxième élément ayant contribué au déclin très rapide de l'influence chrétienne au sein du gouvernement et de la culture des Pays-Bas après que Kuyper eut quitté la scène politique, fut le fort accent que certains successeurs de Kuyper ont placé sur la présomption de la régénération. Cela ne signifie pas que les enfants ayant grandi dans des foyers chrétiens doivent nécessairement vivre une expérience de conversion spectaculaire, et encore moins traumatique ; cela ne signifie pas non plus qu'il existe un modèle biblique exigeant que l'on connaisse le moment précis de sa propre conversion. Nous affirmons plutôt que sur le plan théologique, la présomption de régénération n'est pas fermement soutenue bibliquement et théologiquement, et que sur le plan pratique, elle a produit, aux Pays-Bas et en Afrique du Sud (là où cette doctrine a été le plus fréquemment défendue) des Églises comportant un nombre substantiel de personnes non régénérées (même si ces gens étaient conservateurs sur le plan culturel), et dont les enfants ont carrément quitté la foi[25]. (C) Un troisième point

---

24. Je crois que l'on peut affirmer la même chose à propos de ceux qui ont tenté de développer la pensée de Kuyper. L'ouvrage de Bacote (*The Spirit in Public Theology: Appropriating the Legacy of Abraham Kuyper*), mentionné ci-dessus, tente de développer la doctrine du Saint-Esprit, l'Esprit de la création et celui qui médiatise la grâce commune, afin de maintenir à flot la vision de Kuyper et de l'enrichir. Le travail de Bacote est stimulant, mais il s'appuie trop sur de simples inférences possibles. Pire encore, il maintient encore et toujours, sans le démontrer, que cet aspect de la doctrine du Saint-Esprit est aussi important que le rôle de l'Esprit dans la rédemption. Mis à part ces affirmations au sujet d'une importance égale à accorder à ces deux rôles, si Bacote désire éviter la critique de Schilder (auquel Bacote ne réfère pas), il devra démontrer comment ces rôles complémentaires de l'Esprit sont correctement liés l'un à l'autre. Un ouvrage plus soigné et plus complet au plan théologique est celui de T. M. Moore, *Consider the Lilies: A Plea for Creational Theology*, Phillipsburg, P & R, 2005.

25. Une défense de la présomption de régénération se trouve chez Lewis Bevens Schenck, *The Presbyterian Doctrine of Children in the Covenant*, 1940 ; Phillipsburg, Presbyterian & Reformed, 2003 ; Douglas Wilson, *Standing on*

n'est pas sans rapport aux deux premiers : le système de Kuyper est à son point le plus attrayant lorsque la piété de Kuyper s'y dévoile (de la même façon que le zèle réformateur de Wilberforce suscite l'admiration en raison de son engagement envers l'Évangile et de sa piété évangélique évidente). Lorsque le « kuypérianisme », une section de la théologie réformée européenne, devient la structure intellectuelle sur laquelle nous basons nos tentatives d'influencer la culture, sans toutefois y inclure la piété de la Confession de Heidelberg, par exemple, le prix à payer est la mort subite.

Des attentes minimalistes

Au chapitre précédent, j'ai mentionné l'approche de Daryl G. Hart, à titre d'exemple d'une position entretenant très peu d'espoir quant à l'influence que les chrétiens pourraient exercer sur la culture ambiante. Dans le domaine intellectuel, par exemple, Hart soutient que les chrétiens universitaires doivent abandonner les tentatives, provenant de la pensée de Kuyper, d'intégrer leur foi à leur érudition[26]. Ils doivent reconnaître que les lois de l'érudition ont été édictées par l'académie moderne, et ainsi jouer le jeu – une forme de soumission « luthérienne » (selon lui) au royaume de ce monde, à l'autorité de ce monde, qui ne peut transiger avec le royaume de Dieu. De manière quelque peu semblable, Frederica Mathewes-Green compare la culture à la température, et croit que nous pouvons avoir autant d'influence sur la culture que sur la météo (enfin, bien sûr, nous pouvons parfois semer des nuages ici et là, déclare-t-elle)[27]. Nous ne faisons simplement qu'y vivre, et devons apprendre à y

---

the Promises: A Handbook of Biblical Child-rearing, Moscow, Canon, 1997. Le premier de ces ouvrages est recensé et évalué par Maurice J. Roberts, « Children in the Covenant », *Banner of Truth*, n° 501, juin 2005, p. 20-24.

26. Daryl G. Hart, « Christian Scholars, Secular Universities and the Problem of Antithesis », *Christian Scholar's Review*, vol. 30, 2001, p. 383-402.

27. Frederica Mathewes-Green, « Loving the Storm-Drenched », *Christianity Today* vol. 50, n° 3, mars 2006, p. 36-39.

vivre fidèlement. Et quelque changement positif que nous réussirons à y apporter produira simultanément un « problème dans un autre domaine » ou alors ce changement ne durera pas. « La culture sera toujours en mouvement, et elle existera toujours[28]. » En d'autres termes, notre tâche n'est pas de changer la température, mais « de nous occuper *des gens* pris dans la tempête[29]. »

Si ces auteurs, et d'autres encore, ne faisaient que nous mettre en garde contre l'utopisme et les déceptions qui s'ensuivent lorsque ces utopies ne se réalisent pas, ils nous rendraient déjà un grand service[30]. Nous devons nous rappeler que l'Église est la seule organisation humaine qui poursuivra sa course jusque dans l'éternité, que tous les gains culturels sont souvent suivis de pertes, que le péché se dresse, parfois sous la forme de violentes persécutions, parfois sous celle de la séduction (Apocalypse 13 !), que la trame biblique elle-même démontre qu'un bon roi est souvent suivi d'un mauvais, et vice versa. Il est déraisonnable de parler d'une « culture rédemptrice » ; si la signification unique rattachée à la *rédemption* acquise par le Christ en sa mort et sa résurrection est mise de côté, nous perdons alors la tension continuelle entre le Christ et la culture, une tension qui doit persister jusqu'à la fin.

Il est également possible de nous préoccuper de la délivrance et de la régénération des *individus* de telle manière que nous perdons de vue ce que nous pouvons apporter de bien afin d'améliorer et même de transformer certaines structures *sociales*. On n'abolit

---

28. Mathewes-Green, « Loving the Storm-Drenched », p. 38.
29. *Ibid.* (C'est nous qui soulignons.)
30. Certaines propositions font montre d'un utopisme à l'égard de divers problèmes, tels que la pauvreté mondiale, et presque sans jamais retenir les leçons du passé. Voir la compilation désastreuse de William Easterly, *The White Man's Burden: Why the West's Efforts to Aid the Rest Have Done So Much Ill and So Little Good*, New York, Penguin, 2006. Cela ne signifie pas que rien d'utile ne soit accompli, comme Easterly lui-même le démontre.

pas l'esclavage uniquement en venant en aide à des esclaves individuels[31]. Les structures chrétiennes éducationnelles et intellectuelles *peuvent* aider plusieurs milliers de personnes à penser de manière contre-culturelle sous la seigneurie du Christ[32]. Il arrive parfois qu'une maladie *puisse* être enrayée; l'industrie du sexe *peut* parfois être ralentie; l'esclavage *peut* parfois être aboli dans une région; certaines lois plus équitables *peuvent* parfois promouvoir la justice et réduire la corruption; une implication dans le monde des arts *peut* parfois produire des œuvres magnifiques qui inspireront une nouvelle génération. Lorsque de telles choses émanent d'un ensemble de croyances, et que ces dernières sont transmises à la génération suivante, elles font alors partie de la culture, elles ont produit un certain changement culturel. Bien sûr, aucun de ces changements ne possède la garantie de perdurer, et aucune ne déclenche la venue du royaume final. Cependant, des changements culturels sont possibles grâce à de telles réalisations, et à une foule d'autres. De manière plus importante, chercher le bien de la cité, pratiquer le bien envers tous (même si nous avons des responsabilités envers la famille de Dieu), fait partie de notre responsabilité en tant que peuple racheté par Dieu dans cette période de tension entre le « déjà » et le « pas encore »[33].

Des perspectives postchrétiennes

L'ouvrage le plus important qui se rapporte à notre propos est celui récemment écrit par Craig A. Carter, *Rethinking Christ and Culture: A Post-Christendom Perspective*[34]. Cet ouvrage utile et bien rédigé

---

31. Voir Deann Alford, « Free at Last. How Christians Worldwide Are Sabotaging the Modern Slave Trade », affiché sur http://www.christianitytoday.com/40851, consulté le 21 février 2007.
32. Voir William C. Davis, « Contra Hart. Christian Scholars Should not Throw in the Towel », *Christian Scholar's Review*, vol. 34, 2005, p. 187-200.
33. Voir l'ouvrage provocateur, mais utile, de Paul F. M. Zahl, *Grace in Practice. A Theology of Everyday Life*, Grand Rapids, Eerdmans, 2007.
34. Grand Rapids, Brazos, 2007.

conjugue une critique de la typologie de Niebuhr et une approche anabaptiste à la culture, dans la foulée de Yoder et d'Hauerwas[35]. Il est facile de voir comment ces deux éléments – la critique qu'il formule à l'égard de Niebuhr et l'appui qu'il apporte à Yoder – sont liés dans la pensée de Carter. La typologie de Niebuhr n'est possible que si l'on accepte la légitimité du règlement constantinien[36]. Des pans substantiels doivent changer lorsque nous comprenons « pourquoi la chrétienté était une mauvaise idée[37] ». Si l'on y ajoute le déclin important de l'influence chrétienne dans les parties du monde jadis considérées comme chrétiennes, alors les raisons pour lesquelles il est urgent de repenser les approches de Niebuhr deviennent évidentes. De plus, plusieurs des approches de Niebuhr sont beaucoup trop polarisées les unes par rapport aux autres. En voici un exemple : Carter adopte la pensée de Yoder lorsqu'il affirme qu'être disciple de Jésus a pour effet de prendre part à une communauté contre-culturelle. Être loyal à Jésus dans cette communauté signifie s'opposer aux prétentions totalitaires de l'État-nation, de la modernité, de la raison autonome, du consumérisme. Ceci ressemble quelque peu à l'approche de Niebuhr du « Christ contre la culture ». Carter soutient cependant qu'être disciple de Jésus ne nous conduit pas à nous opposer à la musique classique, aux fermes familiales, ou à la médecine. Le Christ ne s'oppose pas à la culture à tous les égards. Les antithèses de Niebuhr doivent donc être nuancées.

Dans la seconde partie de son ouvrage, Carter y va de sa propre typologie. Il trace une ligne de démarcation entre d'une part trois types de chrétienté et, d'autre part, trois types de non-chrétienté. Les trois types de chrétienté acceptent la coercition violente. Ces trois types sont :

---

35. Carter prend soin de ne pas regrouper des auteurs de manière à gommer leurs particularités.
36. Ceci est constamment souligné dans la littérature, et à travers tout le spectre théologique. Voir, à titre d'exemple, l'éditorial de James F. Kay, « Overture », *Theology Today*, vol. 63, 2006, p. 1-4.
37. Tel est le titre du cinquième chapitre de l'ouvrage de Carter.

(a) Type 1 : le Christ légitimant la culture
(b) Type 2 : le Christ humanisant la culture
(c) Type 3 : le Christ transformant la culture.

Comme exemples du type 1, on trouve les Croisades et les chrétiens allemands de la Seconde Guerre mondiale ; la christologie de ce type est essentiellement docétique. Le type 2 inclut des gens tels que Luther et Billy Graham, alors que la christologie demeure partiellement docétique. Le type 3 comprend des personnages tels qu'Augustin et Cromwell ; on fait appel à la théocratie vétérotestamentaire, et la christologie est « nicéenne, mais de manière incohérente. »

Par voie de contraste, les trois types de *non*-chrétienté rejettent toute coercition violente. Deux de ces trois types possèdent un titre semblable à deux des trois types mentionnés ci-dessus, mais ils s'en différencient en raison de leur rejet de principe à l'égard de la coercition violente. Il s'agit des trois types suivants :

(a) Type 4 : le Christ transformant la culture
(b) Type 5 : le Christ humanisant la culture
(c) Type 6 : le Christ nous séparant de la culture.

Comme exemples du type 4, on peut penser à William Penn, Martin Luther King Jr., et Desmond Tutu ; la christologie de ces trois derniers types est entièrement nicéenne. Le type 5 renvoie à mère Térésa et au Comité mennonite central ; le type 6, fondé sur l'Apocalypse, comprend les bénédictins et les anabaptistes.

Ainsi, dans la pensée de Carter, la différence fondamentale entre les trois premiers types, qui se compromettent en souscrivant à la chrétienté, et les trois derniers, qui sont nicéens et qui refusent de participer à la chrétienté, tient au refus de ces derniers d'utiliser la force (quoique Carter force la note en employant le langage de « coercition violente » plutôt que celui de « force », refusant ainsi de reconnaître certaines nuances dans le genre de force et dans la manière de l'exercer).

L'appel de Carter est certainement attrayant. Quel chrétien véritable n'admirera pas le désir de Carter de suivre totalement le Christ, de s'assurer que suivre Jésus ne dégénérera pas en une spiritualité ostentatoire, détachée de la vie dans l'ici et maintenant? En outre, Carter appartient à cet héritage qui s'interroge non seulement au sujet de ce que devraient être les relations du *chrétien individuel* avec la culture ambiante, mais aussi de ce que devraient être les relations de *la communauté chrétienne* avec cette culture, et si cette communauté démontre adéquatement ses engagements contre-culturels en obéissance à Jésus. On peut comprendre pourquoi la critique de Schilder à l'égard de Kuyper peut être comprise comme étant, selon les termes de Mouw, un «rectificatif anabaptiste». De plus, lorsqu'il s'agit de traiter de sujets concrets tels que le souci chrétien envers les pauvres, ou comment les chrétiens doivent s'opposer au dieu du consumérisme, Carter dit plusieurs choses utiles, et, pour cette raison, plusieurs provenant d'autres traditions chrétiennes se joindront certainement à lui et à ses disciples.

Cependant, bien que sa critique de Niebuhr soit précise, et quoique sa propre typologie mérite qu'on s'y attarde, la thèse de Carter soulève un certain nombre de questions. J'ai traité de la plupart d'entre elles, de façon plus ou moins détaillée, plus tôt dans cet ouvrage, mais il ne fera pas de tort de souligner sommairement trois d'entre elles.

D'abord, la ligne de démarcation dans la pensée de Carter se situe au degré de la «coercition violente» – à savoir si l'on pense qu'elle possède ou non un rôle à jouer. Sur le plan historique, cela équivaut plus ou moins à utiliser le pacifisme comme facteur de démarcation. Même si l'on croit que l'interprétation que Carter présente des Écritures et des thèmes scripturaires est juste – et souvent, elle ne l'est pas – on comprend mal pourquoi le pacifisme devrait jouer un tel rôle. Il accorde un rôle secondaire à la Confession de foi de Nicée, mais soutient, contre toute évidence, que ceux qui croient en une forme ou l'autre de «coercition violente» possèdent une christologie déficiente selon les termes de Nicée, tandis que les pacifistes adhèrent pleinement à la christologie nicéenne. Je reconnais d'emblée qu'il existe beaucoup de composantes d'« orthopraxie » à l'intérieur du christianisme authentique (bien que je ne sois pas toujours d'accord avec Carter en quoi elles consistent), mais l'orthodoxie va bien au-delà de la christologie nicéenne. Par exemple, Paul peut être assez incisif lorsqu'il s'agit de départager le christianisme authentique du christianisme non authentique, et leurs adhérents respectifs (Galates 1.8,9). Sa ligne de démarcation s'éloigne sensiblement de Nicée ou du pacifisme. On trouve peu de choses dans l'ouvrage de Carter au sujet de ce qu'est *réellement* l'Évangile, et comment il se rapporte non seulement à la christologie, mais aussi au péché et au jugement, à la miséricorde, à la croix et à la résurrection de Jésus. Non pas que Carter souhaite nier la résurrection de Jésus, par exemple; loin de là, il l'affirme. Toutefois, son argumentation contient très peu d'éléments qui rappellent la trame biblique de manière convaincante, y compris les points saillants de l'histoire du salut. Il est las, dit-il, de ces divisions entre libéralisme et conservatisme, étant tous deux des voies sans issue, et tous deux le reflet d'une forme sécularisée de la foi qui n'est rien de moins que la « déviation hérétique du christianisme, et qui se meurt[38] ». Sans contredit, le modernisme a trop souvent apprivoisé le christianisme, mais Carter, semble-t-il, cherche à l'apprivoiser à l'aide de ses idéaux pacifistes postchrétiens. On ne perçoit pas chez Carter une soumission soignée à l'Écriture, pas plus qu'une compréhension équilibrée des chrétiens à travers l'histoire. On perçoit plutôt une pure défense du pacifisme, auquel toute autre considération doit rendre hommage, le tout sous le couvert de l'obéissance à Jésus.

Deuxièmement, cela nous conduit à une série d'omissions et de distorsions – je ne sais pas comment les appeler autrement – qui amène les lecteurs à se demander s'ils se font abuser. Par exemple, Carter cite la fameuse remarque d'Agricola, un chef s'adressant à ses compagnons bretons, telle que rapportée par Tacite : « *[Pour les*

---

38. Carter, *Rethinking Christ and Culture*, préface.

Romains], rafler, massacrer, saccager, c'est ce qu'ils appellent à tort asseoir leur pouvoir. Font-ils d'une terre un désert ? Ils diront qu'ils la pacifient. » Cependant, Carter ne parle pas de *la pax romana*, de ces surprenantes occasions où d'anciennes nations sollicitaient la possibilité de se soumettre à l'autorité romaine (par exemple, le roi Eumène II léguant à Rome l'ancien royaume de Pergame, de sorte que ce dernier devint une province romaine d'Asie Mineure), ou la façon dont l'anarchie se montrait tout aussi vile que ne pouvait l'être l'impérialisme corrompu ; l'Écriture condamne l'un autant que l'autre. On trouve chez Carter très peu de réflexions à propos de la « grâce commune » (sous cette appellation ou une autre). Cet engagement envers le pacifisme, c'est-à-dire ce rejet absolu de la « coercition violente », l'amène à consacrer plusieurs pages à défendre l'idée selon laquelle les Croisades et la Seconde Guerre mondiale se situent au même plan moral, et qu'ils sont l'un et l'autre moralement insoutenables.

Troisièmement, après la lecture de l'ouvrage de Carter, le lecteur ne comprend toujours pas à quel point il est difficile et complexe de régler les questions concernant le Christ et la culture. Alors que Carter se perçoit lui-même comme appartenant à l'ère postchrétienne, il dépeint, de manière surprenante, les choses en noir et blanc. Le Nouveau Testament et les grands corridors de l'histoire de l'Église ont vu des chrétiens qui se sont penchés sur ces questions, à savoir comment vivre fidèlement dans le « maintenant » et le « pas encore ». L'ouvrage de Carter nous enseigne, en fait, à rejeter la « coercition violente », et selon lui, le tour est joué. Cependant, son interprétation de la parabole des brebis et des boucs ne m'apparaît pas être très persuasive, pas plus que ses incursions exégétiques occasionnelles ; je demeure tout à fait convaincu que la Bible laisse beaucoup de détails inexpliqués en ce qui a trait à Paul (par exemple) comme étant simultanément citoyen du ciel et citoyen de l'Empire romain. Bref, en dépit de plusieurs observations inestimables, l'ouvrage de Carter donne l'impression non seulement d'être erroné, mais également d'être tristement réductionniste.

La persécution

Bien qu'il soit possible de donner toute une liste d'autres modèles qui se développent entre le Christ et la culture, nous trahirions nos frères et sœurs vivant sous des régimes oppressifs si nous ne discutions pas de ce sujet. Certains chrétiens vivent sous des régimes brutalement répressifs, de manière systématique ou sporadique, sur le plan local ou sur le plan national. Lorsque j'étais enfant, les chrétiens lisaient *Le Livre des martyrs* de Foxe. L'ouvrage mérite encore d'être lu. Mais de nos jours, cet ouvrage a besoin d'être augmenté. On pense par exemple au récit touchant et pénétrant de Don Cormack des sacrifices et des martyrs chrétiens au Cambodge, surtout sous Pol Pot[39]. Les deux millions de personnes mortes au Soudan du Sud depuis vingt ans attendent toujours qu'on raconte leur histoire.

Ce qui vient tout de suite à la pensée, c'est le fait que les chrétiens vivant dans de telles circonstances ne prennent pas forcément le temps de contempler les approches de Niebuhr. Cela ne signifie pas néanmoins que ces chrétiens se limitent à l'approche du « Christ contre la culture ». La réalité s'avère en fait beaucoup plus complexe.

On entend souvent dire que le sang des martyrs est la semence de l'Église. C'est inexact lorsque la persécution atteint des degrés de violence tels que l'Église est anéantie ou presque (par exemple, en Albanie sous les communistes, ou au Turkménistan de nos jours). Par contre, lorsque la persécution est partielle, ou qu'elle se produit par vagues, alors ce vieil adage s'avère exact. La persécution tend à réduire le nombre de fausses conversions et de « chrétiens » qui manquent de sérieux, de sorte que lorsqu'un certain degré de liberté, même minime, paraît à l'horizon, l'Église peut alors croître très rapidement.

Dans de telles situations, les chrétiens se perçoivent certainement comme étant « autres » que la culture dominante à bien des égards. Comment pourrait-il en être autrement ? Lorsque les menaces et la brutalité font rage pendant des décennies, la communauté

---

39. *Killing Fields, Living Fields*, Londres, Monarch Books, 1997.

chrétienne finit parfois par être meurtrie et découragée. Il arrive aussi que la ténacité et l'efficacité de ces chrétiens soient au mieux sous ces régimes oppressants, précisément parce qu'ils vivent dans la perspective d'une éternité qui n'est pas si lointaine.

Il arrive aussi que des chrétiens vivant en ces endroits difficiles souhaitent pouvoir émigrer ailleurs, là où les choses sont plus faciles, et ils le font lorsqu'ils en ont l'occasion. Nous avons constaté, depuis que l'Islam se montre plus militant, une émigration de chrétiens en provenance de plusieurs pays majoritairement musulmans. Mais il arrive parfois que des chrétiens décident de rester parce qu'ils désirent aider là où le besoin se fait le plus sentir. Sans vouloir critiquer l'une ou l'autre de ces décisions, il est évident que ces groupes ont des perceptions légèrement différentes de leur rôle et de leur interaction avec la culture qui les entoure.

L'idée principale est la suivante : choisir entre différentes approches sur ce que *devraient être* les relations entre le Christ et la culture – ou, plus étroitement, sur ce que devraient être les relations entre l'Église et l'État – est un luxe réservé à ceux qui possèdent ce choix. Ceux parmi nous qui vivent relativement en sécurité doivent apprendre cette leçon avec humilité.

Conclusion

Ce que ce survol doit nous enseigner, c'est d'abord qu'aucune des théories énoncées pour expliquer les relations entre le Christ et la culture ou pour appliquer une nouvelle dynamique ne réussit à rendre compte de la totalité de la situation ni ne peut être justifié de manière limpide. Chacune possède des forces évidentes ; certaines réussissent à tisser les différents fils de l'Écriture et de son interprétation à travers l'histoire, alors que d'autres laissent paraître des tendances nettement réductionnistes. De plus, bien que certaines grilles empiriques s'avèrent utiles, les chrétiens avisés hésiteront grandement à adopter l'une ou l'autre, surtout à une époque où nous sommes conscients du degré d'influence qu'exerce notre propre milieu culturel, pour le meilleur ou pour le pire, sur notre compréhension de ces sujets théologiques, et de tous les sujets théologiques[40]. Par-dessus tout, nous devons comprendre que même la théorie la plus solide sur le plan intellectuel concernant la façon dont le tout doit fonctionner, ou devrait fonctionner, vacillera en pratique en une ou deux générations, parce que les êtres humains vacillent : nous omettons une chose, nous tordons l'équilibre des choses ou, parce que nous vivons dans un monde déchu et brisé, nos actions bien intentionnées trouvent une réponse désagréable de la part des incroyants, et la tension entre le Christ et la culture prend une nouvelle direction. On se rappellera la sagesse de C. S. Lewis :

> À quoi sert-il de dire aux navires comment naviguer pour éviter les collisions si, en fait, ils ne sont que de vieux rafiots délabrés et ingouvernables ? À quoi sert-il de coucher sur le papier des règles de conduite sociale si nous savons qu'en fait notre avidité, notre couardise, notre mauvais caractère et notre fatuité nous empêcheront de les observer ? Mais loin de moi l'idée que nous cessions de réfléchir intensément aux améliorations à apporter à notre système social et économique ! Je veux dire plutôt que tout ne reste que fariboles si nous ne nous rendons pas compte que seuls le courage et l'oubli de soi seront capables d'assurer le bon fonctionnement de n'importe quel système. Il est assez facile d'éliminer les formes particulières de rapine ou de goujaterie, de mise dans notre système actuel ; mais aussi longtemps que les hommes seront des chicaneurs ou des brutes, ils trouveront quelque nouvelle astuce pour continuer le vieux jeu sous le nouveau système. On ne peut rendre les hommes bons par le biais de la loi ; et sans hommes bons, on ne saurait avoir une bonne société[41].

---

40. Voir Craig Ott et Harold A. Netland, éd., *Globalizing Theology: Belief and Practice in an Era of World Christianity*, Grand Rapids, Baker, 2006.

41. *Voilà pourquoi je suis chrétien*, trad. Aimé Viala, Guebwiller, Ligue pour la Lecture de la Bible, 1979, p. 84-85.

Des tensions continuelles

Michael Horton a entamé un de ses essais par cette introduction, une des plus captivantes qu'il ait jamais écrites :

> Il était pour le moins confondant de grandir en chantant à la fois « Ce monde n'est point ma demeure » et « Ce monde appartient à mon Père ». Ces hymnes incarnent deux réponses courantes et vraisemblablement contradictoires à la culture. Le premier voit en ce monde un désert d'impiété, avec lequel le chrétien devrait transiger le moins possible. L'autre présente la transformation culturelle comme étant quasi identique au fait de « s'affairer au sein du royaume »[42].

Un des points majeurs du présent ouvrage est le suivant : ces deux options et d'autres encore sont douloureusement réductionnistes lorsqu'on les soumet à la lumière de l'Écriture. Moyennant certains avertissements et certains contextes, ces deux cantiques peuvent s'appuyer sur un certain fondement biblique ; et l'on pourrait toujours soutenir bibliquement d'autres cantiques disant également le contraire. Autrement dit, chacun des points de vue représentés par ces cantiques repose sur une sélection bien partielle des thèmes bibliques.

Les sociologues construisent évidemment leurs propres grilles afin d'analyser des mouvements complexes et de trouver des manières de structurer les diverses réponses chrétiennes à la culture en général. Leur capacité de rendre compte de ces phénomènes, à l'aide de ces grilles, est certes fort utile, et on peut remettre en question leurs résultats sur leur propre terrain. Par contre, lorsque des grilles, telles que celles énoncées par Niebuhr ou par Carter (ou par quiconque, en fait) prétendent détenir une autorité *prescriptive*, elles doivent être soumises à un examen scripturaire. J'ai tenté de démontrer qu'une prétendue évaluation à partir de l'Écriture n'est pas suffisante, lorsque cette dernière est conduite à partir de textes-preuves et de précédents

---

42. Michael S. Horton, « How the Kingdom Comes », *Christianity Today*, vol. 50, n° 1, janvier 2006, p. 42-46.

bibliques triés sur le volet. Non seulement est-il nécessaire d'analyser avec soin toute une gamme de textes, mais nous devons aussi réfléchir à la façon dont ils s'intègrent aux points saillants de l'histoire du salut, de ce récit grandiose allant de la création jusqu'aux nouveaux cieux et à la nouvelle terre, en passant par d'autres événements (et nous y arrêtant) tels que la chute, l'appel d'Abraham, l'essor, le déclin et le retour du peuple d'Israël, la venue du Messie promis, son enseignement, sa mort et sa résurrection, le don de l'Esprit, et la naissance de l'Église. Nous ne pouvons pas non plus ignorer les grandes structures théologiques, y compris la nature trinitaire de Dieu, ou encore tout ce que la croix accomplit, et les conséquences inévitables de l'eschatologie néotestamentaire, y compris la tension continuelle entre eschatologie inaugurée et eschatologie future.

Si ces grandes structures bibliques et théologiques guident notre analyse en ces matières, et si de telles structures se traduisent en une vie d'adoration et d'action, alors ces diverses manières de réfléchir sur les relations entre le Christ et la culture seront certes utiles dans notre recherche, mais elles ne se verront jamais accorder de statut canonique. Nous serons alors en mesure d'être aussi souples à cet égard que le sont les documents du Nouveau Testament, sans mettre en péril des réalités absolues, telles que «Jésus est Seigneur!» La même structure fondamentale de la théologie biblique parlera avec autant de puissance aux chrétiens vivant sous la persécution et soupirant après leur délivrance et la venue du royaume final, qu'aux chrétiens qui, pressés par l'amour du prochain, accomplissent des exploits héroïques auprès des victimes du SIDA. Elle inclura les affirmations exclusives du Christ et le caractère unique de l'Église comme foyer de la grâce rédemptrice, mais elle exigera cependant que les croyants reconnaissent leur existence créaturielle en ce monde ancien, déchu, et qu'ils réfléchissent aux commandements omniprésents d'aimer Dieu et d'aimer leur prochain comme eux-mêmes. Plutôt que de penser que les positions «le Christ *contre* la culture» et «le Christ *transformant* la culture» s'excluent mutuellement, la riche complexité des normes bibliques, mises en œuvre tout au long du récit biblique, nous enseigne que ces deux positions opèrent souvent simultanément.

> En tant que point de vue unique, la position « *contre* » se transforme très souvent en une condamnation cassante, une position de hautaine supériorité morale (présumée), des chariots placés en cercle. La position « *transformatrice* », si elle demeure seule, peut dégénérer en un idéalisme naïf, voire un utopisme, une position à l'égard de laquelle Dietrich Bonhoeffer a formulé ses critiques les plus sévères. La personne radicale en veut à Dieu pour la création, soutient Bonhoeffer, parce que la personne radicale cherche une autosouveraineté inconciliable avec le fait de reconnaître notre dette envers les autres, dans le passé aussi bien que dans le présent. La personne radicale est l'ultime, prête à sacrifier la pénultième, l'ici et maintenant, dans le but d'atteindre un certain objectif eschatologique.
>
> Cherchant à éviter ces extrêmes, nous devons voir le Christ à la fois « contre » *et* « pour », à la fois agoniste *et* soutien, disputant *et* accueillant. Cette réalité est éminemment complexe, mais la complexité n'est certes pas étrangère au christianisme[43].

La totalité de la théologie biblique est solide, et elle nourrit l'âme. Le fait de la rechercher avec intensité, de l'adopter à titre de perspective d'ensemble dans notre analyse des relations entre le Christ et la culture, nous aidera, non sans ironie, à être beaucoup plus souples que les grilles inflexibles qui, souvent, tentent de se substituer à la Bible. L'Écriture requiert que nous pensions de manière globale et subtile, sagement et profondément, sous la seigneurie du Christ – tout en étant totalement insatisfaits de l'anesthésiant de la culture[44]. Cette complexité requerra notre engagement à servir, sans que nous exigions que les choses se produisent d'une manière prédéterminée ;

---

43. Jean Bethke Elshtain, « With or Against Culture ? », *Books & Culture*, vol. 12, n° 5, septembre-octobre 2006, p. 30.
44. Cette métaphore est celle de Thomas de Zengotita, « The Numbing of the American Mind : Culture as Anesthetic », *Harper's Magazine*, avril 2002, p. 33-40.

nous apprenons à faire confiance à Dieu, à lui obéir, et à lui laisser le soin de produire les résultats, parce que nous apprenons, à partir de l'Écriture et de l'histoire, que la fidélité mène parfois au réveil et à la réforme, parfois à la persécution et à la violence, et parfois même au deux simultanément. Parce que la création nous a accordé une existence corporelle, et parce que notre espérance finale est une vie de ressuscité dans les nouveaux cieux et la nouvelle terre, nous comprendrons qu'on ne peut réduire le fait d'être réconcilié avec Dieu et de se soumettre à la seigneurie du Roi Jésus à la vie privée, ou à une forme de spiritualité ostentatoire, détachée de l'existence corporelle dans sa totalité, et dans le temps présent.

Une telle lecture de l'Écriture, avec toute sa richesse, produira deux autres résultats. À une génération qui cherche à atteindre le sommet, et qui, une fois rendue, se demande : « Est-ce là tout ce qu'on y trouve ? », une perspective biblique qui s'attarde au Christ et à sa croix, aux liens entre ce monde et celui à venir, à une vie chrétienne audacieuse et à un témoignage fidèle, et à une perspective étendue qui nous amène à considérer notre paroisse comme s'étendant au monde entier, mais qui se préoccupe également d'aimer son voisin de palier, une telle perspective nous amène à lever les yeux au-delà de nous-mêmes et à nous délecter de la gloire de Dieu. Lorsque des Églises enseignent de telles vérités à leurs membres et qu'elles les envoient servir dans le monde, leurs membres ont beaucoup moins tendance à être trompés par le monde au sein duquel ils sont appelés à rendre témoignage et à faire le bien. Nous éviterons alors le piège décrit avec justesse par Horton : « Plutôt qu'être dans le monde, mais pas de ce monde, nous devenons rapidement de ce monde, mais pas en lui[45]. » Nous vivons plutôt dans cette tension qui réclame chaque centimètre carré au nom du Roi Jésus, même si nous savons très bien que la fin n'est pas encore arrivée, que nous marchons par la foi et non par la vue, et que les armes avec lesquelles nous combattons ne sont pas celles de ce monde (2 Corinthiens 10.4).

---

45. Horton, « How the Kingdom Comes », p. 46.

Index des sujets

Abraham, 75, 77, 79
Astérix, 15
Autonomie personnelle (Joel Osteen), 159

Bible, genres dans la, 64-65
Bible, relations entre l'Église et l'État et la, 210-226
   à la fin, Jésus remporte la victoire, 224
   des allégeances fondamentalement différentes, 217-219
   opposition et persécution, 214-215
   sommaire de la diversité des thèmes bibliques, 224-226
   styles de gouvernance différents, 219-223
   transformation de la vie et des institutions, 223
   une confrontation restreinte, 215

Christ et la culture (Niebuhr), 26-27, 52-67, 95, 261, 265-267
   but de, 25
   canon, 63-67
   classification des personnages historiques, 62
   compréhension, 52-58
   définitions de Christ et de culture, 25-30
   emploi des Écritures chez, 58-61
   épistémologie, 26-28. *Voir aussi* Épistémologie ; Postmodernisme
   influence de, 50
   méthodologie qui distingue différents modèles au lieu de les intégrer, 86-90, 100, 112-118, 129-130, 266. *Voir*

aussi Théologie biblique, nécessité d'une sage intégration

résumé de la pensée de, 12-13, 25-50

Christ et la culture (Niebuhr), modèles dans

1er modèle : « Christ contre la culture », 30-34, 87, 98-101, 106n.14, 107, 287, 291 ; exemples : les amish, 32, 111, 112, 178, 233 ; les anabaptistes, 112 ; Hauerwas, 32, 112 ; Kierkegaard, 32 ; les mennonites, 31, monastères, 32 ; montanisme, 34 ; les quakers, 32 ; Tertullien, 30-33, Tolstoï, 32-34 ; Yoder, 112

2e modèle : « Le Christ de la culture », 34-38, 57, 62, 89, 106n.14 ; 112-114 ; exemples : Abélard, 35, Emerson, 36, le gnosticisme, 34-35 ; Jefferson, 36, Jésus, 36-37 ; Kant, 35 ; le libéralisme, 53-58 ; Locke, 35 ; Maurice, 36 ; Ritschl, 36 ; Schleiermacher, 36

3e modèle : « Christ au-dessus de la culture » (synthèse), 38-42, 114 ; exemples : Clément d'Alexandrie, 40 ; Justin Maryr, 40 ; Thomas d'Aquin, 40-41, 273

4e modèle : Le Christ et la culture en paradoxe (dualiste) : 38n.20, 42-45, 88 ; exemples : Augustin, 43 ; Kierkegaard, 44 ; Luther, 43 ; les luthériens, 88, 272-274 ; Marcion, 43 ; Paul, 43

5e modèle : Le Christ transformateur de la culture (conversionniste / transformationniste) : 23, 39n20, 45-49, 60-62, 87-88, 107, 291 ; exemples : Augustin, 47-48 ; les calvinistes, 88, 111-112 ; Kuyper, 23, 112, 202, 274-279, 284 ; Maurice, 48 ; Niebuhr (?), 48-49 ; Wesley, 48

Christ et la nouvelle alliance, 77-85, 214

Coutumes, socialement acceptées, 19, 26

Credo du christianisme, 39, 163, 285

Croix de Christ, 80-81, 114, 116, 153, 188, 220-222. *Voir aussi* Christ et la nouvelle alliance

Culture

attentes minimalistes des chrétiens face à la (par ex. Darryl G. Hart), 279-281

au-dessus de Christ, 23

Christ au-dessus de la, 90-94, 112

défi contemporain de la, 19-25

définition de la, 12, 15-18, 28-30, 105, 118-119, 134, 265
diversité de l'expérience chrétienne de la, 9-12, 287-288
diversité de revendications religieuses au sein de la, 20-23
divisions de la, 109-110
facteurs de changements dans la, 108
facteurs particuliers qui façonnent nos réflexions sur la, 20-21
fondamentalisme par rapport à Christ et la, 270-272
« haute », 15, 18n.5, 96
Kuyper au sujet de Christ et la, 274-279
linguistique (langue et parole), une analogie trompeuse pour comprendre la, 96-99
métanarration et la, 17
peaufiner la notion de, 96-120
penseurs évangéliques les plus importants concernant Christ et la, 268-269
perspectives postchrétiennes au sujet de Christ et de la (Craig A. Carter), 281
populaire, 15
supériorité ou infériorité d'une quelconque, 20, 100-105, 111
suppositions concernant les relations entre Christ et la, 23-24

tensions continuelles entre le Christ et la, 290-294

Degrés de châtiment, 103
Déisme, une forme de laïcisation, 158-159. *Voir aussi* Laïcisation
Démocratie. *Voir aussi* Bible, relations entre l'Église et l'État et la ; Église et État
complexité de la, 93, 165-169, 252
conditions requises pour la, 167-168
définition de la, 233
grandioses transformations effectuées par la, 164
la moins répréhensible des options, 164-165
libérale et non libérale, 168, 175-178, 185, 231-232
minorité au sein de la, 169
montée de la, 226n.26
mystique de la, 164-172
tensions liées à la, (avantages et désavantages), 93, 164-165, 170-171, 179-184, 189-190, 212, 234, 257, 267, 271

Église d'Orient, 116
Église émergente, 128, 139, 143-145
Église et État, 19, 193-264, 268. *Voir aussi* Bible, relation entre l'Église et l'État
critiques effrénées de la gauche envers les chrétiens, 240-241

dans l'Islam, 83, 164, 167, 181, 249-254, 261-264, 288
« l'Église », 197-204
en Amérique, France, et au Royaume-Uni, 21, 165-166, 172-181, 189, 203, 209, 226-231, « nation/État », 204-210, 243
« religion », 23-24, 194-197, 242-248, 254, 258-259
Premier Amendement et, 226-227
présence de dangers (et façons de les éviter), 201-204
progrès social, 89, 117, 223, 263, 271
réflexions historiques et théologiques sur, 226-254
séparation de, 21, 82-85, 160, 170, 193, 203, 209, 226-248, 242, 254n.69, 257
Éléments fondamentaux du christianisme, 54-55, 80-83
Éléments non négociables de la foi chrétienne. *Voir* Métanarration biblique
Empire romain, 19, 25, 204-206, 213-216, 218, 255, 286
Épistémologie, 51, 123-126, 131-132. *Voir aussi* Postmodernisme
approche asymptotique vers la vérité, 124-125, 138
de Niebuhr (perspectivisme), 27
de Smith, 135-153
foi et, 144-150
objectivité (paradigme cartésien), 136-153, 267-268
théologie biblique et, 131-135
Eschatologie inaugurée (et réalisée), 47, 59-60, 79-81, 86, 91-92, 212, 224, 237, 264, 281, 291, 293
Eschatologie réalisée. *Voir* Eschatologie inaugurée
Esclavage, 44, 69, 75, 165, 202, 223, 271, 280-281
État. *Voir* Église et État
Évangélisation, 117
Évangile. *Voir aussi* Métanarration biblique ; Théologie biblique
centralité de l', 130-132, 155, 187, 190
gouvernance chrétienne incrustée dans l', 222
importance de demeurer fidèle à l', 198
résurrection, élément crucial de l', 147
transformation effectuée par l', 87, 223, 225
unité de l', 65

Foi, 147-152
Augustin : « Je crois, voilà pourquoi je comprends », 145, 147, 149-150
mise en œuvre de la, 226
nature publique de la, 224
nécessité de la, 150-151
sola fide, 132
vérité et, 132, 133, 147-150

Fondamentalisme, 24, 145, 150, 173
le Christ et la culture au sein du, 270-272

Genres dans la Bible, 64-65
Gnosticisme, 34-35, 52-54, 58
Gouvernement. *Voir aussi* Bible et relations entre Église et l'État ; Église et État ; Démocratie ; Liberté ; Pouvoir
différents styles de, 219-223
Empire romain, 19, 25, 204-206, 213-216, 218, 255, 286
payer les taxes au, 82-85, 211-213, 217
vision des chrétiens au sujet du, 9, 19
Grâce commune, 33, 57n.11, 74, 87, 92, 103, 221, 251, 277, 286

Histoire de la rédemption. *Voir* Métanarration biblique ; Théologie biblique
Histoire du salut. *Voir* Métanarration biblique ; Théologie biblique
Homosexualité, 158, 170, 174, 177, 247, 256, 259, 271

Idolâtrie (la réification de Dieu), 31, 37, 60, 70-75, 82, 92, 98, 103, 113-114, 130, 153, 161-162, 171, 184, 190, 215-216, 236, 251, 267
Image de Dieu, 69-71, 74, 84, 133, 161, 182, 184, 251, 268

Impôts, payés à César, 82-84, 211-212, 217
Incarnation, 77-78, 113, 222, 230
Incompréhensibilité (échappe à la connaissance) de Dieu, 132-133
Intolérance. *Voir aussi* Laïcisation
réactions chrétiennes à l', 23
vis-à-vis le christianisme public, 21-22, 26, 38, 110n.16, 157, 173, 205, 231, 247, 250
Islam (musulmans),
Église et État dans l', 83, 164, 167, 180-181, 249-255, 261-263, 288
en France, 109
exclusivité de Jésus en comparaison avec Mahomet, 78
nombre croissant, 22
réactions aux caricatures offensantes, 180-181 (voir p. 258)
Israël, 75-77, 83, 167-168

Jésus-Christ. *Voir Christ et la culture* (Niebuhr), modèles dans ; Christ et la nouvelle alliance ; Évangile ; Résurrection de Christ

Laïcisation, 22, 170, 175, 228, 242. *Voir aussi* Église et État
charme (le) de la, 156-164

conceptions d'Augustin (le sacré, le profane et le laïc), 231-232
défense de la, par Stout, 232-233
définition de la, 156,
déisme, 158-159
inévitabilité de la, 158
montée de l'État-nation et la, 207, 227-228
Premier Amendement, 257-258
pressions sociales exercées par la, 157-158
tensions reliées à la, 251-252, 268
Langues, unité et diversité de (illustration de l'habilité de l'homme à corrompre toute bonne chose), 104-105
« Leader-serviteur », 220-221
Liberté. *Voir aussi* Bible et relations entre l'Église et l'État ; Église et État
changement dans la, 179
chrétienne, 184-185
contrôle coercitif et, 183
culte de la, 172-185
de presse, 167-169, 179-180, 186, 227
de religion, 167, 196, 223, 226-227, 242-243, 247, 260n.74, 262
« droits » et, 179
idées de la gauche sur la, 24-25, 50-56, 240-242
pouvoir du gouvernement à accroître la, 183

tensions en ce qui concerne la, 179-182, 268

Melchisédek, 75, 76n.26
Métanarration biblique, points saillants dans la, 13, 57, 63-92, 95, 113, 266, 286
Christ et la nouvelle alliance, 77-85, 114, 211
consommation (ciel et enfer), 85-86, 93, 113, 224, 293
création et chute, 69-74, 84, 113-115, 171
Israël et la loi, 75-78
Métanarration. *Voir aussi* Métanarration biblique
définition, 17, 139-141
méfiance de la, 121
rejet de la, 127-128, 140-141
Modernisme, 27, 124-126, 140, 153, 247, 285
Mondialisation, 24, 248n.64
Multiculturalisme, 20, 102n.6, 106-108, 194, 205, 261
Musulmans. *Voir* Islam

Nation/État. *Voir* Église et État

Orthodoxie et hétérodoxie (hérésie), 35, 53-55, 150, 204n.8, 277, 285
Orthodoxie radicale, 143-153, 167n.17
Orthopraxie, 128, 151, 285

Pacifisme, 24, 186, 235, 284-286. *Voir* Théorie de la guerre juste

Pardon des péchés, 42, 73, 80
Péché (mal), 71-74, 103-105, 113-114, 161, 190. *Voir aussi* Idolâtrie ; pouvoir
  distanciation de la pure centralité de Dieu, 103
  rébellion contre l'autorité de Dieu, 91
Persécution des chrétiens
  Christ et la culture et la, 30, 87, 117, 168, 216, 225, 245, 253, 287
  conséquences politiques de la (Bonhoeffer), 245
  défi de la, 19
  priorités bibliques concernant les relations entre l'Église et l'État, 93, 214-215, 280, 238, 293
Perspectivisme. *Voir* Postmodernisme
Pluralisme (religieux). *Voir* Laïcisation
Pornographie, 169, 174, 179-180, 183n.36, 185n.41
Postmodernisme, 24, 27, 90-91, 95-153, 261, 267. *Voir aussi* Épistémologie
  approche asymptotique à la vérité, 124-125, 138
  en Amérique versus la France, 24, 27, 120-122, 124, 246-247
  redéfinir le, 120-130
  retenu ou « modéré » (semblable au modernisme retenu), 124-130, 136-138, 145-147
  selon une perspective donnée, 27, 124, 126, 129-130, 137, 153
  vérité objective et, 136-153
Pouvoir. *Voir aussi* Église et État
  abus de, 186
  Christ comme exemple de (un frein constant), 187
  consumérisme, 188-189
  exercé par les pasteurs, 187
  soif du, 185-190
  tensions reliés au, 268
Premier Amendement, 226-229, 238-239, 247, 254, 257-250
Progrès social, 88, 117, 170, 202-204, 223, 255-260, 263-264, 271, 280-281. *Voir aussi* Église et État
Propitiation, 80
Propositions et récit, 140-142, 148
Providence, 79, 84, 91, 158

Québec comme « nation », 207

Récit et propositions, 140-142, 148
Religion. *Voir* Bible et relation entre l'Église et l'État ; Église et État ; Laïcisation
Résurrection de Christ, 56, 80-81, 132, 147-148, 190, 238, 280. *Voir aussi* Christ et la nouvelle alliance
  comme élément non négociable de l'Évangile, 147

Révolutions américaine et française comparées, 165, 209, 243-247
Royaume de Dieu. *Voir* Eschatologie inaugurée
Ruth, 75

Séparation de l'Église et de l'État. *Voir* Église et État
Sola fide, 132. *Voir aussi* Foi
Sola Scriptura, 136, 152n.70
Souveraineté de Dieu, 46, 62, 79, 87, 90-94, 211, 244, 251, 264, 276
Substitution pénale, 114. *Voir aussi* Christ et la nouvelle alliance

Théisme ouvert, 57
Théocratie, 76-77, 83, 85, 173-175, 177n.31, 213, 240, 260, 263n.76, 271, 283
Théologie biblique. *Voir aussi* Métanarration biblique
définition de la, 68-69, 117-119
épistémologie et la, 131-135
l'Évangile de Jésus-Christ, le centre et le point culminant de la, 131-132, 155, 188, 190
nécessité d'une sage intégration de la, 86-90, 95, 100, 113-118, 120, 129, 163, 171, 191, 225, 267, 292
visions du monde et la, 130-135, 161, 190
Théologie libérale, 54-58, 61
Théologie postlibérale de l'école de Yale
approche linguistico-culturelle, 110n.16, 152
Théorie de l'expiation, erreur au plan méthodologique sur les « modèles » de la, 89-90
Théorie de la guerre juste, 19, 186-187, 235. *Voir aussi* Pacifisme
Théorie des deux royaumes, 272-274
Tolérance, *Voir* intolérance
Trame biblique. *Voir* métanarration biblique

Unité, 41, 104-105, 163n.16, 232
Universalisme, 47, 60-61

Vérité, 123-128, 129, 136-154, 162, 197n.3
Visions du monde, 115, 129n.49, 95-135, 161-164, 190-191, 195n.1

Index des noms propres

Abélard, Pierre, 35, 54, 89
Adams, John, 227
Ahmadinejad, Mahmoud, 168
Alexander, T. D., 68n.22
Alford, Deann, 281n.31
Allah, 56, 78
Alston, William, 125n.38
Ambroise, 238
Aristippe, 37
Aristotle, 10
Atatürk (Mustafa Kemal), 183
Audi, Robert, 125n.38
Auguste, 218
Augustin, 43, 45, 47-48, 60, 62, 86, 145-147, 149, 150-151, 230-231, 269, 283
Avram, Wes, 24n.14
Awwad, Johnny, 211n.16
Aymard M., 17n.4

Bach, J. S., 15
Bacote, Vincent, 275n.17, 278n.24

Baer, Helmut David, 237n.45
Bailey, D. Jeffrey, 205n.9
Bailyn, Bernard, 166n.19
Ball, David T., 84n.28
Balmer, Randall, 240n.51
Barnett, Randy E., 230n.30
Barr, James, 68n.22
Bartholomew, Craig, 239n.50
Bauckham, Richard, 23-24, 61n.17, 184n.38
Bauer, Walter, 53-54
Bell, Daniel M., Jr., 234n.38
Benne, Robert, 273
Benoît XVI, 161n.12
Berger, Peter L., 156
Berman, Harold J., 226n.26
Birkett, Kirsten, 160n.11
Bismarck, Otto von, 207-208
Black, Hugo L., 229
Blake, William, 49
Blocher, Henri, 12, 55, 76n.25, 97, 104

Bloesch, Donald, 133n.56
Bockmuehl, Markus, 65n.20
Bolt, John, 275n.16
Bonhoeffer, Dietrich, 11, 244-245, 292
Bonjour, Laurence, 125n.38
Bottum, Joseph, 118n.24
Bouchard, Donald F., 142n.64
Boulton, David, 157n.3
Bratt, James D., 112n.19, 275n.15, 276n.19, 277n.21
Brault, Pascale-Anne, 144n.67
Bright, Bill, 11
Brown, David, 248n.63
Brueggemann, Walter, 116
Bryan, Christopher, 269n.8
Bouddha, 56
Bouillot F., 17n.4
Budziszewski, J., 124n.35, 269
Bultmann, Rudolf, 132n.54
Bush, George, 172-173
Byassee, Jason, 256n.72

Cadwallader, Alan H., 84n.29
Calvin, Jean, 48, 60, 62, 86, 88, 133, 244
Capizzi, Joseph E., 237n.45
Carson, D. A., 20n.6, 59n.13, 64n.19, 68n.22, 125n.36, 128n.49, 131n.52, 136-141, 163n.16
Carter, Craig A., 281-286
Carter, Jimmy, 240n.51
Carter, Stephen L., 182n.35
Cavanaugh, William T., 234n.38
Chaplin, Jonathan, 239n.50
Charlemagne, 49
Charles, J. Daryl, 235n.39

Cheney, Dick, 174
Chirac, Jacques, 247
Christie, Agatha, 15
Churchill, Winston, 165
Cicéron, 19, 205
Claude, 218
Clément d'Alexandrie, 40, 45, 62
Cole, Darrell, 235n.39, 237n.43
Cole, Graham, 74n.24
Confucius, 26
Constant, Pierre, 12
Constantin, 19, 35
Cormack, Don, 11n.1, 287
Corral, Will H., 129n.49
Cotter, Wendy, 216n.12
Cromwell, Oliver, 49, 283

Dabney, Robert L., 275
Dante, 49
Davids, Peter H., 68n.22
Davis, James Calvin, 228n.27
Davis, William C., 281n.32
Dawkins, Richard, 257
de Bruijn, 274n.14
de Saussure, Ferdinand, 97
de Zengotita, Thomas, 292n.44
Dehn, Günther, 119n.25
Démocrite, 37
Deneen, Patrick J., 189n.43
Derrida, Jacques, 93n.49, 135-136, 143-144, 150, 153
Desjardins, Michel, 54n.4
deSolaPool, Ithiel, 175n.29
Dever, Mark, 13, 199n.5
Devereux, Georges, 96
Dewey, John, 37
Dodaro, Robert, 230
Dostoïevsky, Fyodor, 49

Douthat, Ross, 241n.55
Dowd, Maureen, 173
Dulles, Avery Cardinal, 158
Dunn, James D. G., 63n.18
Durkheim, Émile, 208

Eagleton, Terry, 17n.4
Easterly, William, 280n.30
Ehrman, Bart, 53n.2
Eliot, T. S., 18n.5
Ellis, John M., 124n.35
Elshtain, Jean Bethke, 235n.39, 292n.43
Emerson, Ralph Waldo, 36
Erickson, Millard J., 123n.35, 125n.38
Eumène II, 286
Ewell, C. Rosalee Velloso, 235n.39

Feldman, Noah, 229n.30
Ferry, Luc, 121n.27, 248n.63
Fichte, Johann Gottlieb, 208
Flaubert, Gustave, 15
Formicola, Jo Renee, 250n.67
Forsyth, P. T., 74
Foucault, Michel, 17n.4, 136, 142-143
Frame, John, 69n.23
Franke, John, 123, 125, 133n.55
Frei, Hans, 110n.16
Fried, Charlie, 229n.29
Friedman, Tom, 172
Friesen, Duane K., 112n.18
Fulchignoni, P., 17n.4

Ganel, G., 17n.4
Garnsey, Peter, 206n.10
Garver, S. Joel, 128n.49

Gautama, 26
Geertz, Clifford, 17-18, 98, 118, 265
Gingrich, Newt, 240n.52
Gladstone, William, 49
Glover, Willis B., 233n.37
Goethe, Johann Wolfgang von, 15
Goldberg, Michelle, 240
Goldsworthy, Graeme, 68n.22
Gordon, Charles George "Chinese", 49
Gorringe, T. J., 24
Graham, Billy, 283
Gramsci, Antonio, 17n.4
Greeley, Andrew, 242n.58
Greene, Colin, 106
Grenz, Stanley, 125, 136, 140
Gross, Paul R., 124n.35
Gushee, David P., 24, 235-237
Gustavus Adolphus, 49
Gutmann, Amy, 175-177

Hadrien, 223n.24
Hagner, Donald A., 65n.20
Hamilton, Alexander, 166n.19
Harland, Philip A., 206n.11
Harper, Stephen, 207
Harrington, Daniel J., 53n.4
Harris, Howell, 202
Harris, Murray J., 185n.39
Hart, Darryl G., 233-234, 279
Hart, David, 182-183, 185
Hartshorne, Charles, 122
Hauerwas, Stanley, 32, 112, 232, 234-235, 237, 282
Hays, Richard B., 222n.23
Hedges, Chris, 240
Hegel, George W. F., 140, 208

Heine, Heinrich, 208
Helm, Paul, 123
Helseth, Paul Kjoss, 123n.35
Hengel, Martin, 65n.20
Henri VIII, 269
Henry, Carl F. H., 269
Herbert, David, 23n.9, 249
Heslam, Peter S., 275n.15
Hitchcock, James, 229n.29
Hitler, Adolf, 186
Hittinger, Russell, 208n.13, 209n.14
Holmes, Arthur F., 235n.39
Holmes, David L., 179n.33
Horsley, Richard A., 235n.39
Horton, Michael, 290, 293
Hout, Michael, 242n.58
Hume, David, 160
Hussein, Saddam, 173
Huetter, Reinhard, 235n.39

Ignace, 197
Ingraffia, Brian D., 140

Jefferson, Thomas, 36, 158, 170, 227-230, 242
Johnson, Chalmers, 24n.14
Johnson, Kristen Deede, 231
Johnson, Luke Timothy, 160n.10
Johnson, Phillip E., 162n.15
Jones, David W., 50n.21
Jones, L. Gregory, 235n.39
Jones, Peter, 35n.18
Justin Martyr, 40, 62

Kant, Emmanuel, 35, 133, 140
Kay, James F., 282n.36
Keller, Tim, 13, 240

Kennedy, D. James, 240
Kennedy, John F., 175n.29
Kenzo, Mabiala Justin-Robert, 101n.5
Kepler, Johannes, 49
Ketcham, Ralph, 166
Kierkegaard, Søren, 32, 44-45
King, Martin Luther, Jr., 283
Kirk, J. Andrew, 125n.38
Klinghoffer, David, 157
Kluckhohn, C., 16
Köstenberger, Andreas J., 78n.27, 123n.35
Koyzis, David T., 128n.49
Kroeber, A. L., 16
Kuttner, Robert, 173
Kuyper, Abraham, 11, 23, 49, 112, 202, 268, 274-279, 284

Laroche P., 17n.4
Lasch, Christopher, 189
Latimer, Hugh, 269
Lee, Brian J., 212n.18
Lee, Robert E., 49
LeVine, Robert A., 17n.2
Levitt, Norman, 124n.35
Lewis, C. S., 54, 119, 129, 185n.40, 289
Lincoln, Abraham, 49
Lindbeck, George, 110n.16
Lindsey, Hal, 241
Litfin, Duane, 162n.16, 273n.12, 274n.13
Locke, John, 35
Longfield, B. J., 157n.4
Lucas, Sean Michael, 275
Lugo, Luis E., 274n.14
Luther, Martin, 43-44, 88, 274, 283

Lyotard, François, 121, 136, 139-140, 143

Machen, J. Gresham, 54, 269
MacIntyre, Alasdair, 232
Madison, James, 166n.19
Mahomet, 26, 78, 180, 262
Malik, Charles, 162n.16
Manent, Pierre, 210n.15
Manetsch, Scott, 11
Marcion, 43
Maritain, Jacques, 246-247
Markus, Robert, 231
Marsden, George M., 157n.4, 270n.9
Marshall, I. Howard, 53, 269
Martin, Dale R., 110n.16
Martin, Ralph P., 68n.22
Marx, Karl, 37
Mathewes-Green, Frederica, 279
Maurice, F. D., 36, 45, 48-49, 60-62, 87
McGoldrick, James E., 275n.16
McGowan, A. T. B., 261n.15
McGrath, Alister, 22n.8
McGraw, Barbara A., 250n.67
McLaren, Brian, 136, 141
McVeigh, Timothy, 240
Meacham, Jon, 179n.33
Meek, Esther Lightcap, 127-128
Mélanchton, Philippe, 274
Mère Térésa, 283
Middleton, J. Richard, 112n.19, 140
Milbank, John, 232
Miller, Patricia Cox, 110n.16
Milton, John, 49
Moore, Russell D., 237n.44
Moore, T. M., 278n.24

More, Thomas, 49
Moreland, J. P., 124n.35
Mouw, Richard, 284
Mozart, Wolfgang Amadeus, 15
Müller-Fahrenholz, Geiko, 247n.62
Münzer, Thomas, 52
Muqtedar Khan, M. A., 250n.67

Naas, Michel, 144n.67
Nash, Arnold S., 273n.12
Netland, Harold A., 289n.40
Neuhaus, Richard John, 158n.6, 170n.22, 188, 264
Newbigin, Lesslie, 67n.21
Newton, Isaac, 49, 96
Newton, John, 202
Nicole, Émile, 12
Niebuhr, H. Richard, 11-13, 15-67, 86-96, 100-101, 103, 106-108, 111, 113-114, 120, 193, 253, 261, 266-267, 269, 282, 284, 287, 290
Nietzsche, Friedrich W., 142
Novak, Michael, 183

O'Brien, Peter T., 218n.20
O'Donovan, Joan Lockwood, 20n.7, 238n.47
O'Donovan, Oliver, 20n.7, 238-239
Oakes, Peter, 219n.21-22
Ogden, Schubert M., 122
Olasky, Marvin, 240
Ortlund, Raymond C., Jr., 216n.19
Osteen, Joel, 159
Ott, Craig, 289n.40

Paine, Thomas, 158
Pamuk, Orhan, 250

Pannenberg, Wolfhart, 115
Pascal, Blaise, 49
Patai, Daphne, 129n.49
Pearcey, Nancy, 24, 162n.15
Penn, William, 283
Penner, Myron B., 121n.28
Perrus, C., 17n.4
Phidias, 37
Phillips, D. Z., 126
Phillips, Kevin, 241
Piper, Ronald A., 65n.20
Plantinga, Alvin, 126, 129n.49
Platon, 26, 35, 37, 222n.24
Pol Pot, 73, 287
Ponnuru, Ramesh, 174-175
Priest, Robert J., 13, 16n.2, 102n.7

Race, Alan, 177n.31
Raschke, Carl, 130n.51, 132
Rawls, John, 232
Redfield, Robert, 16, 98
Reynolds, Burnam W., 235n.39
Richardson, Don, 89
Rifkin, Jeremy, 122
Ritschl, Albrecht, 36, 45
Roberts, Maurice J., 279n.25
Robespierre, Maximilien, 165
Rorty, Richard, 121, 232
Rose, Ian, 129
Rosner, Brian S., 168n.22
Rousseau, Jean-Jacques, 33
Rudin, James, 241
Rushdoony, Rousas John, 241
Ryken, Leland, 269n.7

Said, Edward, 17n.4
Schaeffer, Francis, 140, 153, 269
Schenck, Lewis Bevens, 278n.25

Schilder, Klaas, 112, 277-278, 284
Schleiermacher, Friedrich, 36, 208
Scott, Peter, 234n.38
Scruton, Roger, 248n.64
Shafer, Ingrid, 177n.31
Shaftesbury (Anthony Ashley-Cooper), 49
Shakespeare, William, 15
Sharansky, Natan, 168n.21
Shweder, Richard A., 16n.2, 98n.3
Singer, Peter, 257
Sismondo, Sergio, 126n.42
Smith, Christian, 126, 156n.2, 158n.6
Smith, James K. A., 135-153, 163n.17
Socrate, 26, 35, 37
Song, Robert, 239n.50
Soskice, Janet Martin, 133n.57
Sowell, Thomas, 102n.6
Spriggs, David, 105n.12
Spinner-Halev, Jeff, 178n.32
Stark, Rodney, 234n.37
Stassen, Glen H., 24, 235-237
Steiner, George, 104
Storkey, Alan, 235n.40
Stott, John, 199
Stout, Jeffrey, 232-232
Sullivan, Winnifred Fallers, 260
Swift, Peter, 255

Talbot, Mark R., 127
Tanner, Kathryn, 110n.16
Taylor, Justin, 123n.35
Tertullien, 30-31, 33, 40, 45, 62, 87
Thate, Michael, 13, 119n.26, 175n.29
Théodose, 238

Thomas d'Aquin, 40-41, 273
Tolstoï, Léon, 32-34, 45
Trebilco, Paul, 53n.3, 224n.25
Triplett, Timm, 125n.38
Troeltsch, Ernst, 208
Turcan, Robert, 205n.9
Turner, H. E. W., 53n.4
Tutu, Desmond, 283

van der Kooi, Cornelis, 274n.14
Van Til, Cornelius, 140
Van Til, Henry R., 112n.19, 277n.23
Vanhoozer, Kevin J., 64n.19, 126
Vattimo, Gianni, 121-122
Vidal, Gore, 15
Voltaire, 15
von Ranke, Leopold, 27n.17

Walls, Andrew F., 105n.13
Walsh, Brian J., 112n.19
Ward, Graham, 235n.39
Warraq, Ibn, 181
Warren, Rick, 240
Weber, Max, 12
Webster, Alexander F. C., 235n.39
Wells, David, 57
Werner, Eric, 204-205
Wesley, John, 48, 202

Westcott, Brooke Foss, 27n.17
Whitefield, George, 202
Whitehead, Alfred North, 122
Whitten, Mark Weldon, 254n.69
Wilberforce, William, 49, 202, 279
Wilken, Robert Louis, 238
Williams, Raymond, 17n.4
Williams, Roger, 228n.27
Willimon, William H., 234n.38
Wills, Garry, 173
Willson, Sandy, 13-14
Wilson, Douglas, 278n.25
Wilson, Woodrow, 164
Witte, John, Jr., 229n.30, 272
Wolin, Richard, 142n.65
Wolters, Al, 239n.50
Woodbridge, John, 64n.19
Woodhouse, John, 105n.11
Wright, N. T., 237n.46

Yancey, Philip, 263
Yarbrough, Robert W., 68n.22, 134n.58
Yoder, John Howard, 111-112, 235, 269, 282

Zabala, Santiago, 121
Zahl, Paul F. M., 281n.33
Zakaria, Fareed, 168-169

Index des références bibliques

ANCIEN TESTAMENT

Genèse
1.26	84
3	73, 115-116
5	70
9	73
14.18-20	75, 76n.26

Exode
13.9	84
20.5	73
20.5,6	73

Lévitique
19.18	71

Deutéronome
6	71
7	75
10	75

29.29	132

1 Samuel
12	269n.6

2 Chroniques
28.1-15	269n.6

Psaumes
8	92
48	78
51.6	71
87	75
110	75, 76n.26

Proverbes
7.3	84
14.34	171, 213

Ésaïe
9	78
19.19-25	75

44.5	84

Jérémie
29.1-7	201
29.1-14	269n.6
29.7	93, 191, 213
38.33	84

Sophonie
3.9	104n.10

NOUVEAU TESTAMENT

Matthieu 45, 65, 68
2	79
5.10	214
5.10-12	19
5.11,12	214
6.19-21	85
8.10-12	80
10	214

10.17	214	3.3,5	79	13.4	84
10.18	214	3.16	59	13.6,7	84
11.20-24	103	3.36	72		
16.18	81	5.28,29	60	**1 Corinthiens**	
18.15-18	200	6.39,40	60	1.18-25	81, 224
20	221	8.33	255	1.18 – 2.5	222
20.20-28	19, 219	8.34-36	185	2.1-5	80
20.28	80, 221	14	59	2.14	150, 263
22.21	40, 82	15.18 – 16.4	19, 214	5.12	217
24.6	184	16.7-11	81	8	19, 216
26.39	220	17	48	10	216
28	212			11.17-34	200
28.18	79	**Actes**	214	11.23-26	81
28.18-20	224	1.3	147, 150	14	200
28.19	206	4.19,20	217	15	212
		6.1-7	201	15.1-11	147
Marc	65	6.2	201	15.12-19	148
4	79	8	206	15.19	149
10.45	80	16	215-216	15.21,22	116
12	211-212	16.19-21	216	15.25	224
12.13-17	211	16.23	216	15.25-28	79
12.17	20, 82	17.16	162	15.45-49	116
12.28-34	71	17.26-28	69		
		19.35-41	217	**2 Corinthiens**	
Luc	65	26 – 28	217	5.11	150
1.4	147			10.4	293
10.1-24	79	**Romains**	65	11.3,4	54
12.47,48	103	1.18 – 3.31	77	11.21-28	215
20.25	82	3.21-26	80		
22.20	81	3.27-31	150	**Galates**	64-66
		5.1-19	77	1.8,9	54, 198, 285
Jean	46-48, 58-61,	5.12-21	116	2.14	150
	64-66	11	132	2.15-18	150
1.1-3	58	13	19, 32, 40,	3	77
1.1-18	77		66, 210, 212,	3.13	72
1.10	58		213, 217	4.26	218
1.14	78	13.1	84	6.10	213
2.19-22	78	13.1-7	211, 212n.17		

Index des références bibliques

Éphésiens	
2.3	72
2.4,5	72
2.8-10	149
5.6	72

Philippiens	
2.1-11	222
2.5	222
2.5-8	199n.5
2.5-11	78
2.6	222
2.7,8	222
2.11	224
2.13	196
3.20,21	218-219

2 Thessaloniciens	
1.8,9	72

Épîtres pastorales	187

1 Timothée	
2.1-10	269n.6
3.16	195

2 Timothée	
3.16,17	200

Philémon	19, 223

Hébreux	65, 76, 148
2	78
7	75
7.11-28	76
11	148
11.10	218
13.14	171
13.17	221

Jacques	45
1.1	191
1.17	103
1.26,27	195

1 Pierre	
1.1	191
2	90
2.11	223
2.13 – 3.16	19
2.24	72, 80
3.15	150

1 Jean	30, 32, 54, 64, 66, 71
4.8	30
4.16	30

3 Jean	
9	187

Apocalypse	30, 66, 85, 104, 141, 215, 283
2 – 3	215
2.6	216
2.14	216
2.14-16	216
5.9	104, 107
6	19
7.9	104
10.11	104
11.15	224
13	280
13.1-10	215
13.7	215
13.11-18	215
19	19, 224
21 – 22	85
21.24	93

« **Impact Académia** » est une marque déposée de « **Publications Chrétiennes inc.** », une maison d'édition québécoise fondée en 1958. Sa mission est d'éditer ou de diffuser la Bible ainsi que des livres et brochures qui en exposent l'enseignement, qui en démontrent l'actualité et la pertinence, et qui encouragent la croissance spirituelle en Jésus-Christ.

Pour notre catalogue complet :
www.publicationschretiennes.com

Publications Chrétiennes inc.
230, rue Lupien, Trois-Rivières, Québec, CANADA – G8T 6W4
Tél. (sans frais) : 1-866-378-4023, Téléc. : 819-378-4061
commandes@pubchret.org

www.ingramcontent.com/pod-product-compliance
Lightning Source LLC
Chambersburg PA
CBHW050242170426
43202CB00015B/2879